LIFE DESIGN

COMO ASSUMIR O CONTROLE E CRIAR
A VIDA DOS SEUS SONHOS.

Coordenador Editorial: Mario Henrique Meireles

Autores *(Por ordem de aparição):*
Bianca Ronchi
Marcella Bianca
Wendy Bueno
Nany Martins
Gustavo Kahil
Jakeline Duarte
Flávia Vascon
Mario Meireles
Vagner Ferreira
Bárbara Lins
Carolina Ferrer
Monica Oliveira

Equipe ILC Editora:
Revisão: Mayumi Tadokoro
Diagramação e Design: Diego Sisnandes
Produção: Hellen Mendes
Assessoria e Comunicação: Juliana Rossetti

Fale Conosco: contato@institutolifecoaching.com.br

www.institutolifecoaching.com.br
Instagram: @ilccoaching

INSTITUTO
LIFE COACHING

Instituto
Life Coaching

Agradecimentos

Acredito que falo em nome de todos os autores, editores, revisores e designers que, de algum modo, tocaram este livro.

Falo também em nome do time de vendas da ILC Editora, da gráfica e das pessoas que produziram e enviaram este livro até que ele chegasse às suas mãos.

Somos gratos pelo privilégio de estarmos com você para mais esta aventura.

Sem o leitor, não há livro, não há gráfica, não há editora nem livraria... Não há autor!

Portanto, somos gratos, hoje, principalmente a todos aqueles que apoiam nosso trabalho e confiam em nós os seus segredos, medos, dificuldades e desafios.

Vocês têm 100% do nosso amor e dedicação.

Agradecemos também às nossas famílias por nos aguentarem durante os dias trancados no escritório pensando nas linhas que aqui estão escritas.

Agradecemos às pessoas que ainda não conhecemos, mas que, por obra do Universo, um dia cruzarão com estas palavras e farão parte de nossas vidas.

O Sucesso deste livro é fruto da pura gratidão que permeia o coração de todos os autores e, por fazer parte deste sucesso, somos gratos.

Um abraço e ótima leitura.
#NosVemosNoTopo,

Mario Henrique Meireles
Idealizador e Coordenador Editorial - Livro Life Design

Como tirar o melhor deste livro?
(Por Mario Henrique Meireles)

Você tem em mãos um livro único. Um conceito de livro que nunca foi escrito antes e essa era a nossa vontade ao criá-lo: verdadeiramente escrever um livro de transformação!

Queríamos criar algo que fosse muito além de uma leitura prazerosa, queríamos um caderno de atividades! Quando ele foi concebido – mentalmente, a princípio – ele seria um encontro do leitor com 12 especialistas em todas as áreas da roda da vida, uma das principais ferramentas do Coaching.

A ideia é fugir de um livro monotemático, ou seja, que traga 200 páginas sobre apenas uma área da vida – saúde, finanças, relacionamentos, mente, desenvolvimento cognitivo, etc. – e desse ao leitor uma possibilidade de, nestas mesmas 200 páginas, encontrar a essência, o núcleo, o cerne que sustenta cada uma dessas áreas e, a partir deste centro, pudesse elevar sua satisfação em todas elas.

Para elevar esse grau de satisfação, é preciso ir além da leitura. Encontramos aqui o ponto chave deste livro: Este é um livro de ação!

Sendo assim, caro amigo leitor, para que você tire o melhor deste livro, precisamos que você se comprometa a dar o seu melhor na parte prática, realizando os exercícios propostos em cada uma das áreas de forma sistemática e intensa.

Somente com os exercícios é que faremos mudanças. Novas ações levam a novos resultados, e nós acreditamos que, ao comprar este livro, seja exatamente isso o que você esteja buscando: Novos resultados.

Faremos uma Roda da Vida juntos! Esta ferramenta de Coaching te dará um norte, um ponto de partida, um rumo para iniciar a jornada. Com ela, poderemos enxergar claramente quais as áreas que estão precisando de mais carinho e atenção.

É incrível perceber como negligenciamos áreas importantes da vida por causa da correria e exigências das nossas rotinas. Somos tão tomados pelo cotidiano que não percebemos que, aos poucos, vamos deixando de lado hábitos saudáveis, relacionamentos enriquecedores, atividades que nutrem nossa autoestima e muito mais.

Quando isso for identificado, e você puder ver todas as áreas da sua vida de forma clara, você poderá "percorrer" o livro de duas maneiras. Preste atenção e escolha a que mais te agradar!

A primeira maneira é, após definir, com a ajuda da Roda da Vida, a área que precisa de sua atenção com maior urgência, ir direto para o capítulo do especialista no assunto, ler seus insights e fundamentos, realizar os exercícios e incorporá-los à sua rotina. Esta maneira é adequada quando alguma área está realmente deficitária e precisa de ações imediatas.

Você pode, então, voltar a leitura do início, caminhando por todas as 12 áreas. Você pode, caso tenha outra área de urgência, ir direto para esta segunda área e ir realizando este movimento – por prioridades e urgências – por todas as áreas. Claro, sempre após as realizações das tarefas que estão definidas em cada uma das áreas da vida. Lembre-se: sem novas ações, sem novos resultados.

A segunda maneira de caminhar por este livro é, após realizar a Roda da Vida, caminhar por todas as 12 áreas de forma contínua e sequencial, uma por vez. Deste modo, você pode ir realizando os exercícios conforme eles aparecem na leitura. Pode ser que esta maneira traga mais prazer e diversão à leitura.

De qualquer modo, a recomendação definitiva é: faça todos os exercícios e comprometa-se com isso. Independentemente da maneira que você escolher para caminhar com a gente, todas as áreas da vida merecem a sua atenção.

A corrente sempre se rompre no elo mais frágil

Acreditamos que a vida é um emaranhado sistêmico de aspectos diferentes. Não há sucesso profissional se há um fracasso familiar. Não adianta ter todo o dinheiro, se não houver saúde, ou ainda, de nada vale estar no auge de uma carreira que te faz infeliz. A verdade é que, normalmente, as pessoas não consideram estes pontos como parte de suas definições de uma vida bem sucedida.

Estas afirmações, que hoje são clichê, são o objeto de trabalho de nossas vidas. Sabemos que a corrente estoura no elo mais frágil, o que exige de todos nós uma contínua observância de todas as áreas da vida de forma global, sem separações.

Todas as áreas estão, literalmente, conectadas.

A nossa promessa é caminharmos com você rumo a uma vida com saúde, inteligência intelectual e emocional, propósito de vida, dinheiro e contribuição social, causando impacto.

Uma vida com relacionamentos saudáveis entre você, seus amigos e sua família. Uma vida cheia de amor e repleta de experiências novas. Experiências que tragam plenitude e conectem-no, profundamente, consigo mesmo e com o divino.

Essa é a nossa promessa e daremos nosso melhor para que isso seja uma verdade em sua vida.

É hora de pegarmos o lápis e projetarmos, juntos, os melhores anos de sua caminhada!

Mantenha o espírito calmo e a mente aberta. Essa é, sem dúvidas, a maneira de tirar o melhor deste livro!

Bem-vindo (a) ao Life Design.

Abordagem sistêmica

Costumo dizer que a vida é um emaranhado, um nó bem complexo, daqueles que nem marinheiro consegue desatar. Quem me conhece sabe que eu uso muito este exemplo, acho ele um exemplo e uma analogia muito inteligentes.

A Roda da Vida, esta ferramenta incrível que usaremos nas próximas páginas, representa bem este "nó". Com ela, temos uma maneira visual e clara de entender a abordagem do *Life Coaching.*

Não faz, pelo menos para mim, sentido algum separar as áreas da vida para um processo de coaching.

Claro que, hoje em dia, existe *coach* específico para cada uma delas. Assim como existe, na Medicina, um especialista para cada área. Contudo, o diagnóstico, faz mais sentido quando entendemos todo o contexto da pessoa.

Podemos imaginar o seguinte exemplo. Imagine uma pessoa que sofre com a falta de um parceiro, ou uma companheira. Por não saber lidar emocionalmente com a situação, por baixas competências de inteligência emocional, ela pode, sem perceber, aceitar relacionamentos nocivos, que consomem sua saúde, sua felicidade e podem, inclusive, destruir suas finanças.

Por este motivo acredito que é preciso entender todo o contexto para que, depois, possamos procurar a solução para a essência de todo o problema. No nosso exemplo, o não desenvolvimento de habilidades na área de inteligência emocional está causando uma destruição nas finanças da pessoa.

Para dar um outro exemplo, igualmente comum, trago questionamento de vários clientes que me procuraram para se desenvolverem no trabalho. Eles chegam até mim e dizem: *"Quero crescer no trabalho, estou insatisfeito e sinto que estou patinando. Tenho dificuldades de me expressar, me impor e não consigo crescer em meio aos meus colegas".*

É uma situação bem comum, não é mesmo? A pessoa, em seguida, diz que quer fazer um Coaching Profissional, focada no trabalho.

Eu entendo que o objetivo da pessoa ao buscar o coaching seja crescer profissionalmente, pois é nesta área que se encontra a sua insatisfação. Porém, quando mostro o exemplo do nó, a pessoa entende que estas dificuldades são causadas por condições que estão em uma área da vida completamente diferente.

Saiba que você pode deixar, conscientemente, seus problemas em casa ao ir para o trabalho, entretanto, inconscientemente, você leva todos consigo. Você é uno, completo, indivisível e, portanto, suas questões pessoais e bloqueios estarão lá contigo. Faz sentido esta afirmação para você?

A Roda da Vida nos ajuda a enxergar todas essas conexões.

É por este motivo que ela é, sem sombra de dúvidas, a ferramenta mais usada pelos *Coaches* no mundo.

É interessante ver como não nos damos conta de como tudo está ligado. Às vezes os seus bloqueios e dificuldades com hierarquias no trabalho é uma questão ligada ao seu pai ou irmão e uma possível relação problemática.

Outras vezes, a maneira como você se sente intimidado em uma apresentação em público é uma questão de insegurança ao se expor diante de homens, ou pessoas que você julga terem mais conhecimento do que você.

O que te impede de progredir hoje pode ser uma infinidade de coisas.

A verdade é que só você pode encontrar as respostas e identificar o que realmente te bloqueia!

Sendo assim, essa abordagem, que chamamos de sistêmica, é nosso ponto de partida.

PESSOAS BEM SUCEDIDAS INTERNAMENTE, SÃO PESSOAS BEM SUCEDIDAS EM QUALQUER LUGAR.

Neste complexo nó da vida, não adianta puxarmos o lado errado. Puxarmos o lado errado do nó apenas o apertará mais.

Quando digo isso, quero dizer que, às vezes, colocar mais ação não resolverá seus problemas se esta ação estiver na direção errada. É por isso que, muitas vezes, as pessoas patinam por anos sem entender os motivos pelos quais não conseguem progredir.

Resolver problemas de trabalho buscando única e exclusivamente analisar a área profissional, nem sempre é a solução.

Em contrapartida, há uma boa notícia! Basta descobrir e puxar o lado certo do nó para que o laço se desmanche facilmente e sua vida caminhe em abundância e alegria sem esforço. Uma vez que você elimina as questões REAIS que estavam te atrapalhando, tudo flui com mais facilidade e TODAS as áreas da Roda da Vida melhoram sinergicamente.

Lembre-se destes conceitos sistêmicos na parte dos exercícios.

Desta forma, você irá encarar todas as áreas da Roda da Vida com o mesmo grau de importância.

Seja o teu objetivo financeiro, familiar ou profissional, a ideia continua a mesma. Mantenha-se íntegro, sistêmico. Abra a cabeça e permita-se trabalhar as questões que, atualmente, pareçam menos conectadas com o seu objetivo.

O EQUILÍBRIO É PODER.

Você já deve estar curioso e com vontade de conhecer a Roda da Vida. Então, a hora é agora! Vamos partir para a ação!

No próximo capítulo vamos trazer essa ferramenta tão poderosa. Trate-a com respeito e preencha com capricho as próximas páginas.

A roda da vida

Se você chegou até aqui significa que nós já firmamos um acordo. Neste acordo, nós, os autores, daremos nosso melhor e você, leitor, fará o seu melhor também.

Neste ponto do livro, é necessário que você entenda a ferramenta da Roda da Vida, portanto, farei uma breve explicação e, na sequência, você terá a oportunidade de preenchê-la e encontrar a sua área de trabalho inicial, seguindo alguma das duas maneiras sugeridas no capítulo "Como tirar o melhor proveito deste livro", nas páginas anteriores.

Agora a leitura se tornará interessante e você se tornará o centro de todo o nosso trabalho. Não podemos fazer mágica na sua vida, mas você pode!

Entendendo a roda da vida

A Roda da Vida é um gráfico em pizza. Sim, pode parecer cômico, mas é. Você deve preenchê-lo com calma e sempre considerando as áreas individualmente. O bonito deste gráfico é o panorama que ele nos dá sobre a nossa própria vida, quando terminado o seu preenchimento.

Comece em sentido horário, partindo da área de Saúde e Bem-Estar e, após preencher esta área, parta para a segunda área: Desenvolvimento Intelectual.

Continue assim até que você tenha passado por todas elas. Ao terminar, você poderá ver a situação como um todo, o panorama global de sua vida no momento atual.

Este é um detalhe importante: a roda nos dá o momento atual. Se você fizer uma nova roda da vida daqui a seis meses, você terá um gráfico diferente. A este tipo de ferramenta, no *Coaching*, chamamos de **análise situacional.** Ela, portanto, avalia a sua situação no momento presente.

A seguir, apresento para vocês a roda da vida:

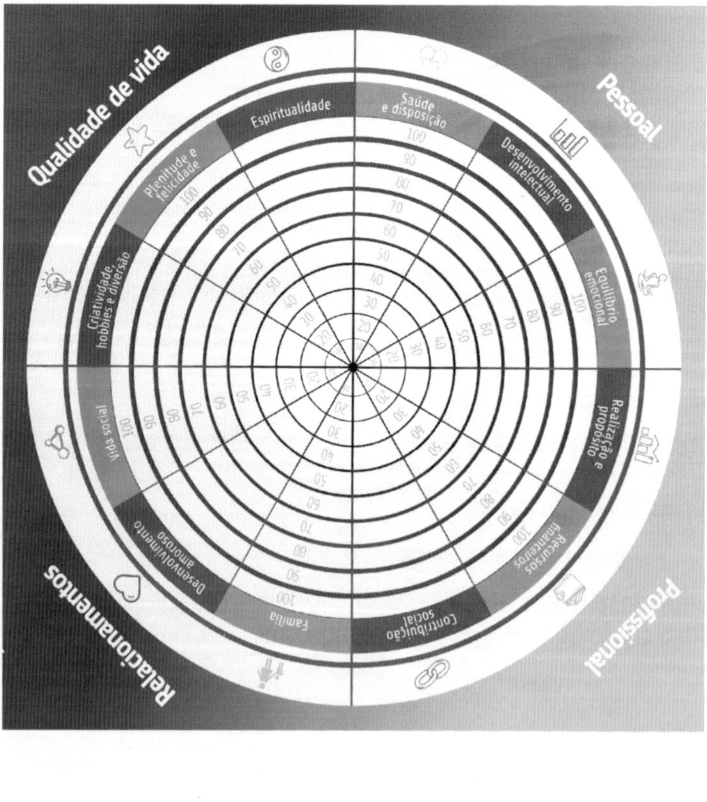

Observe, por alguns instantes o gráfico e familiarize-se com as áreas que iremos trabalhar neste livro. Qualquer aspecto da sua vida pode ser colocado dentro de alguma dessas grandes áreas. É uma ferramenta admirada por ser tão simples e completa ao mesmo tempo.

Grau de satisfação

Você encontrará na Roda da Vida algumas linhas para guiar o seu preenchimento. O primeiro passo é, mentalmente, responder à seguinte pergunta com uma nota de 0 a 100%:

QUAL O GRAU DE SATISFAÇÃO COM ESTA ÁREA DA SUA VIDA?

Em seguida, basta preencher todo o campo até o valor da sua nota. Fique tranquilo. Ficará mais fácil de entender quando chegarmos nas instruções de preenchimento.

O que é importante nesta hora é entender o que está por detrás da pergunta. Observe; o que precisamos saber é o seu grau de satisfação pessoal com relação àquela área de sua vida, não se ela está bem ou mal comparativamente com outras pessoas ou mesmo à sociedade.

Por exemplo, existe uma das áreas chamada Recursos Financeiros. Esta costuma dar muita confusão. A pergunta não é "Você tem muito dinheiro?" ou ainda, "Quantos milhões você em guardado?". A sua nota deve ser o seu Grau de Satisfação nesta área.

Às vezes você, mesmo sem ter quantidades enormes de dinheiro no banco, você pode se sentir extremamente satisfeito com a sua situação. Outros valores são importantes nestas análises, como por exemplo, a qualidade do dinheiro que você ganha, a maneira que você gerencia seus recursos ou o quão satisfeito e otimista você está com seus investimentos.

Hoje, particularmente, eu prefiro receber um valor de forma automática, através de royalties e dividendos de investimentos, do que ter que me matar de trabalhar para ganhar 5x mais. Em outros momentos da minha vida, eu pensava o contrário.

Portanto, é fundamental que você entenda que a pergunta é sobre o SEU GRAU DE SATISFAÇÃO dentro dos SEUS PRÓPRIOS CRITÉRIOS.

Assim como na área de Recursos Financeiros, a área de Relacionamento Amoroso, que eu serei o seu especialista alguns capítulos adiante, também causa confusão.

A pergunta não é “Você tem um relacionamento?”, a pergunta é sobre o seu grau de satisfação com relação a isso.

Muitas pessoas ficam extremamente felizes sem um relacionamento ou, o contrário, algumas estão extremamente infelizes vivendo relacionamentos nocivos.

Novamente, entenda, é sempre com relação aos seus próprios critérios.

Isso, nos leva ao próximo item.

O significado de cada área é pessoal.

Esta é a beleza da Roda da Vida, ela é a **SUA RODA DA VIDA**, e somente sua. Todas as vezes que sento com um cliente e começo a utilizar essa ferramenta eles perguntam: “O que significa Relacionamento familiar?”, *“O que quer dizer contribuição social? É fazer serviço voluntário?”.*

Eu sempre devolvo a pergunta com outra: “Me diga você a SUA INTERPRETAÇÃO de tal área”.

É bonito entender como cada pessoa tem um conceito diferente do que Família representa, por exemplo.

Alguns consideram apenas os pais e os irmãos. Outros, por sua vez, incluem primos, tios e tias. Você entende como é muito pessoal?

Mantenha isso em mente durante os próximos passos, “o que significa relacionamento familiar para mim?”, “Como avalio meu grau de satisfação com os relacionamentos familiares que tenho construído?”.

Esta é a mentalidade que deve ser mantida durante o preenchimento.

Se contribuição social para você é ajudar na comunidade, na igreja ou em alguma entidade social, mantenha isso na hora de preencher sua roda.

Caso, para você, contribuição social significa ser um bom cidadão, pagar seus impostos e ser honesto, ótimo! Também está correto!

Desde que sua auto avaliação seja sincera e franca, teremos uma análise real da sua situação. Uma análise clara de onde você se encontra hoje.

E esta consciência de onde você está atualmente é fundamental para que nosso livro cause, em sua vida, o impacto positivo, que ele promete.

Como preencher a roda da vida?

Preencher a Roda da Vida e dar o pontapé inicial nas atividades deste livro é bem simples.

Comece da primeira área: saúde, bem estar, disposição, etc. (90% das Rodas da Vida começam com ela). Até entendo o motivo. Se não há saúde e disposição, todas as outras ficam mais desafiadoras.

1) Pergunte-se: "Qual o meu grau de satisfação com esta área?"

2) Preencha, com lápis ou caneta, conforme o exemplo abaixo, até a sua nota. Por exemplo, se o seu grau de satisfação for de 60%, preencha até este valor.

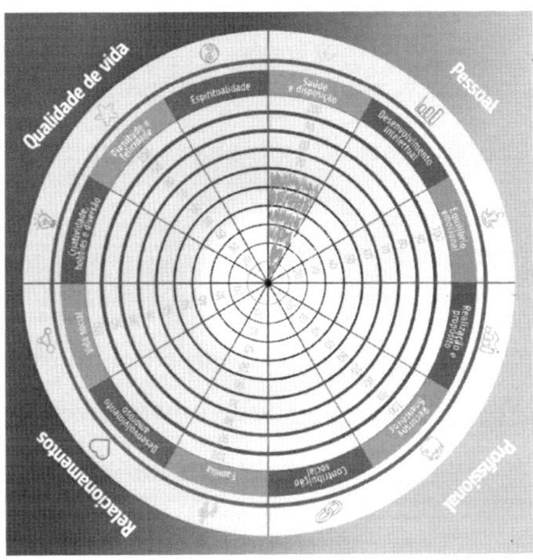

(Nota: Não se preocupe em responder as suas razões para dar esta nota. Caso isso seja importante, escreva em algum canto da folha. A pergunta que faço aos meus clientes para despertar algumas respostas é: "o que faria esta área ser 100%?", daí, em seguida, anotamos os *insights*. Fazemos isso sempre após toda a Roda da Vida estar preenchida).

Continue preenchendo a sua Roda da Vida. A próxima área é Desenvolvimento Intelectual. Lembre-se das perguntas que você deve se fazer ao preencher. No final você estará tão habilidoso que poderá até fazer com seus amigos e familiares.

Digamos que, por exemplo, você entenda esta área como "A forma que utilizo meu intelecto e meu cérebro", alguns podem entender como "minha dedicação à cultura e estudos". O significado é dado por você. Repetirei isso quantas vezes for necessário pois sei que traz muita insegurança esta dúvida.

Digamos que seu grau de satisfação com esta área esteja em 40%, preencha de maneira correspondente.

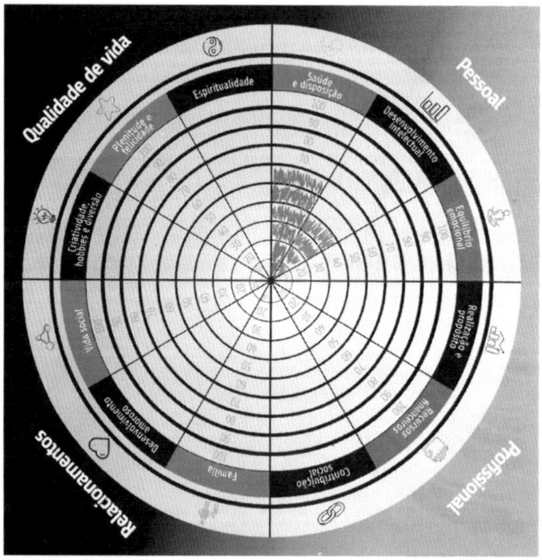

Eu poderia guiá-lo por cada uma das áreas, mas acredito que você já entendeu a lógica e o raciocínio por detrás do uso desta ferramenta.

No final, você terá uma roda que deve se parecer com esta abaixo:

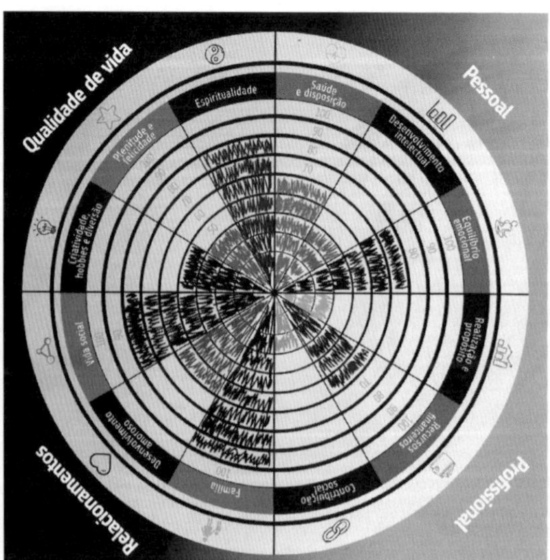

Dê uma boa olhada na sua ferramenta. Quando faço com meus clientes, eu costumo prestar atenção até mesmo na forma que eles preenchem a Roda da Vida. Isto traz algumas pistas.

Observe o carinho que você deu para cada área. Nosso inconsciente fala muito sobre isso. Perceba também a atenção e o cuidado que você teve ao preencher. Uma ferramenta que pode ajudar a melhorar a sua vida merece toda a sua dedicação e empenho, não acha?

Esses pequenos detalhes são grandes indícios.

Para melhorar ainda mais, use cores. O uso de cores fortes pode ajudar o seu cognitivo a se engajar de maneira mais firme na tarefa, deixando-a mais leve e lúdica.

Dê seu melhor neste primeiro passo. Ele sustentará todo o restante do livro.

AGORA É A SUA VEZ. É hora da verdade. Preencha a sua roda e capriche!

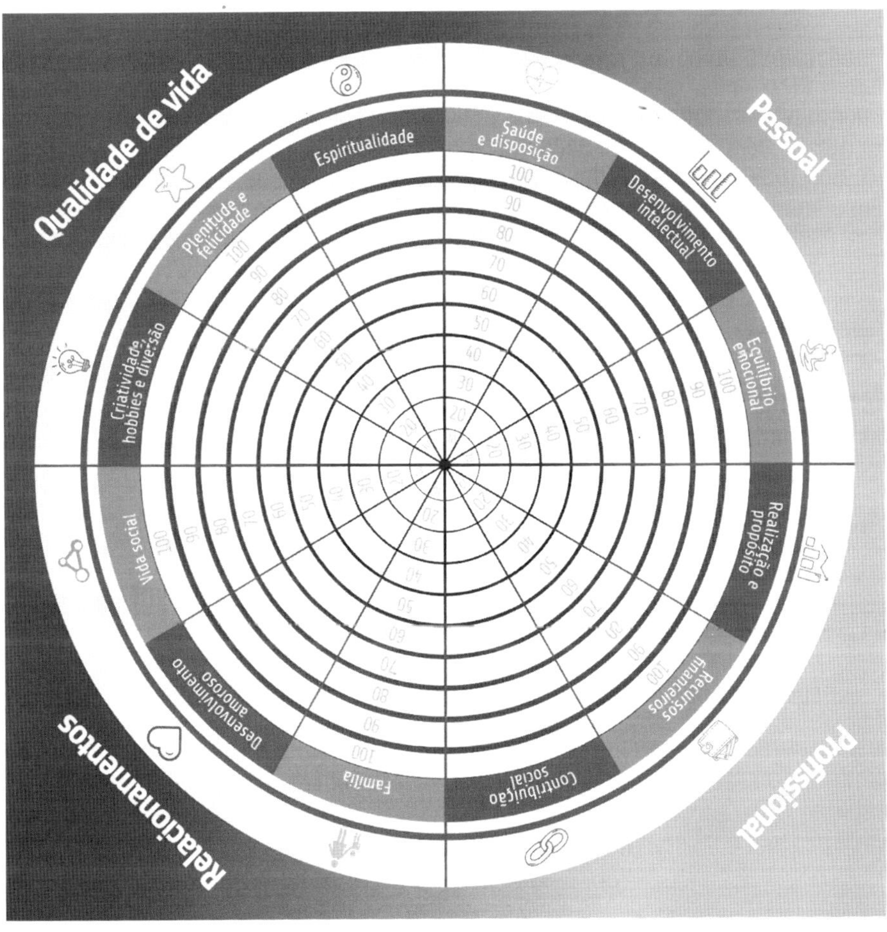

Ainda não está terminado. Este era um passo importante, portanto, parabéns por preenche-la. Tenho certeza que algumas áreas te fizeram pensar em coisas desagradáveis ou mesmo dores profundas, mas acredite, valerá a pena! Encarar a Roda da Vida exige maturidade e força de vontade.

Agora, é hora de extrairmos dela a nossa área prioritária de ação!

Definindo a área prioritária.

Há algumas páginas atrás, sugeri duas maneiras de começar nosso trabalho e nossa caminhada pelo livro.

Uma delas é seguindo por todas as áreas de maneira contínua, partindo da primeira até a última, sendo que assim não haveria uma "Área Prioritária". Esta forma é pouco comum, pois sempre temos algum ponto que queremos dar mais atenção.

A outra forma de trabalhar, objeto desse item, é definir uma área de urgência a ser trabalhada. Se existir algo que você tem urgência em resolver, com certeza ela impactará positivamente o maior número de áreas, elevando a sua satisfação geral uniformemente em diferentes áreas da Roda.

Esta é uma abordagem interessante e muito utilizada. Se não houver urgência em nenhuma destas áreas, mas ainda assim você quer otimizar o uso da ferramenta Roda da Vida, você pode simplesmente escolher a **ÁREA QUE IMPACTARÁ POSITIVAMENTE O MAIOR NÚMERO DE ÁREAS.** Vou explicar melhor. Acompanhe-me.

A área prioritária não é a área com a menor nota! É muito importante ter isso em mente.

Faça conexões.

Por exemplo, vamos supor que a área que esteja com a menor nota seja a área de Recursos Financeiros. (Acho que é uma área que interessa a todos).

Muitas vezes, o que você precisa trabalhar é o seu desenvolvimento intelectual a respeito de finanças ou mesmo o seu currículo, para conseguir encontrar um novo emprego ou oferecer serviços melhores. Entretanto, você não o faz porque dentro de sua casa há muitas brigas e uma divergência de prioridades, você quer estudar, mas seu parceiro ou parceira, prefere viajar e gastar dinheiro nisso, e você não tem conseguido encontrar tempo nem recursos para investir nesta área.

Você pode perceber neste caso (que pode parecer absurdo, mas é extremamente comum), que Área Prioritária a ser trabalhada e que daria um impulso em, pelo menos neste exemplo, em 3 áreas, é a área de relacionamento familiar.

Você pode criar mais conexão com sua família e abrir seus planos, melhorar o diálogo, encontrar uma sinergia de propósitos e alinhar os objetivos com os objetivos e interesse da família. Deste modo, outras áreas como desenvolvimento intelectual e recursos financeiros seriam, também, impactados positivamente.

Poderíamos criar inúmeros exemplos. Mais alguns para você solidificar o conceito.

Às vezes você está buscando um relacionamento, mas se sente fora de forma e sua autoestima e confiança estão baixos, o que pode estar te impedindo de se abrir à novas conexões e pessoas. Neste caso, a área que requer empenho é a área de Saúde e Disposição, mesmo que sua maior insatisfação esteja na área de Relacionamento Amoroso.

Essas conexões nem sempre são triviais. Coloque um pouco de dedicação.

Sua área de Relacionamento Familiar pode estar bem ruim, por exemplo, mas você faz uma conexão e entende que se você tivesse um pouco mais de empenho na área de Inteligência Emocional, essa área ganharia um impulso. Porém, você anda estressado porque não tem dedicado tempo à diversão ou aos seus hobbies, que eram a sua válvula de escape.

Eu acredito que você tenha captado a lógica.

Analise sua Roda da Vida e crie suas conexões.

Responda, nas próximas linhas, a seguinte pergunta: **qual área devo trabalhar prioritariamente para causar um impacto positivo global em minha Roda da Vida?**

Minha Área Prioritária: ______________________________

Parabéns! Já temos um ponto de partida. Agora, é hora de entrar em ação.

Entrando em ação

Chegamos na parte especial deste livro. A partir de agora é um bate papo entre você e um especialista que te conduzirá por novas aventuras e desconhecidos lugares.

Em cada conversa, o autor especialista na área te passará diferentes perspectivas e novos pontos de vista. No final, você ampliará seus conhecimentos e também aumentará a sua autoconfiança, através dos exercícios que cada um dos autores traz para você.

Faça os exercícios! Eles são fundamentais.

Não deixe o discurso interno matar a mudança. Você sabe, aquele papo de "esse exercício não é importante", "não preciso fazer isso", "isso é besteira", etc. Não sou apenas autor, sou um ávido leitor e sei que estes pensamentos passam em nossas cabeças o tempo todo.

Tenha você escolhido passar por todas as áreas, ou tenha você escolhido ir direto para a sua Área Prioritária, carregue consigo a expectativa da mudança.

Pegue lápis e papel e vamos em frente. É hora de conhecer seus limites.

EU SEI O QUE ACONTECE SE EU DESISTIR. EU QUERO SABER O QUE ACONTECE SE EU DECIDIR CONTINUAR!

Deixo essa frase para você carregar durante todo o processo. Seja seu laboratório. Explore-se. Conheça habilidades, forças e talentos seus que você nem sabia que existiam. Surpreenda-se.

Encare com alegria e jovialidade esta jornada, pois, no final, a vida é um lindo e divertido passeio cheio de emoções e encontros empolgantes.

E, sobre encontros, eu adorei o nosso! Deixo meu abraço e te desejo coragem!

Nos Vemos No Topo.

Mario.

SAÚDE E BEM-ESTAR

BIANCA **RONCHI**

Saúde e Bem-Estar
@biaronchi_coach

Sobre a Autora:

- Formada e pós-graduada em Enfermagem do Trabalho pela EMESCAM.
- Professional e Self Coach (Instituto Brasileiro de Coaching).
- Certificada em Eneagrama Fundamental (Channel Consulting - SP).
- Curso Profitere credenciado como ACTP (Accredited Coach Training Program), pela International Coach Federation.

O propósito da autora é contribuir na construção de um mundo mais equilibrado, através da sua evolução contínua, e apoiar as pessoas no processo de autoconhecimento e desenvolvimento humano, gerando mais saúde física, emocional, espiritual e bem-estar.

Cap. 1 - Equilíbrio

Fiquei pensando em como eu poderia começar a escrever um livro e talvez um bom começo seja iniciar pelo que significou um novo começo em toda minha vida. Um mundo novo surgiu quando conheci o Coaching.

Como grande parte dos adolescentes, escolhi minha carreira por influências externas e não muito pelos meus talentos. Após 6 anos de estudos em Vitória-ES, tornei-me enfermeira do trabalho e a busca por independência financeira e experiência profissional trouxeram-me ao Rio de Janeiro.

Seguia uma carreira sólida e estável como oficial enfermeira do Corpo de Bombeiros Militar e apesar disso sentia que faltava algo que me despertasse mais realização pessoal. A essa altura já morava sozinha, pagava minhas contas e considerava alcançada a minha tão sonhada independência financeira. Ainda assim, acordar e ir para o trabalho era tarefa árdua. Sentia-me frustrada por não ser a enfermeira que gostaria. Admirava outros profissionais da área que se dedicavam, faziam cursos e pareciam ter tanto prazer em realizar aquele trabalho. Estavam constantemente motivados e se aperfeiçoando. Eu me sentia estagnada no tempo e com a sensação de que não possuía recursos internos para me desenvolver na profissão. Confesso que a melhor parte do meu trabalho como enfermeira era conversar com os pacientes, ouvi-los, entender suas dores e alegrias. Agora entendo o porquê.

Segui alguns anos com essa frustação, acreditando que havia feito a escolha profissional errada e que eu mal sabia como poderia mudar de rumo, já que nem sabia qual rumo tomar. Com a falta de autoconhecimento, continuava permissiva às influências externas. Sentia-me como alguém com um controle remoto de TV de canais por assinatura que não sabe o que quer assistir. Tudo me chamava a atenção e eu mudava de ideia como quem muda de canal.

Dividida entre um mestrado ou um novo concurso público, sentia-me extremamente incomodada por não seguir firmemente por nenhum dos dois caminhos. Esse verdadeiro incômodo me fez iniciar uma busca profunda pelo autoconhecimento e para me apoiar nessa caminhada, contratei um Coach. Foi aí que novas possibilidades surgiram. Após o processo de Coaching, com uma avalanche de autoconhecimento, entre as duas opções que eu visualizava ter, optei por uma terceira, até então inexistente ao meu alcance. Decidi ser Coach e encontrei muito mais do que um caminho, encontrei meu propósito de vida. O autoconhecimento te traz novas possibilidades e o que antes parecia ser o melhor e único caminho, às vezes deixa de ser opção.

Depois me pareceu tão óbvia essa escolha. Foi aí que entendi porque amava conversar com os pacientes ao invés de cuidar fisicamente deles.

Hoje meu trabalho está alinhado ao meu propósito de vida. Sinto-me realizada em apoiar as pessoas a se sentirem mais felizes, equilibradas e alcançarem bem-estar. Comecei a me sentir como uma profissional dedicada e apaixonada, como eu via colegas enfermeiros que tanto admirava. Havia me encontrado. Eu amava fazer aquilo.

Você pode estar se perguntando: mas onde a saúde e bem-estar entram nisso tudo?

Sempre fui muito conectada à saúde física. Gosto de praticar exercícios físicos regularmente, me alimentar de forma saudável. Mesmo durante esse período de frustação profissional e inquietação, consegui manter minha saúde física em dia, mas por outro lado, sentia-me mal na área profissional e meus relacionamentos pessoais estavam longe de ser o que eu gostaria. Nesse período, também não cuidava da minha espiritualidade. Foi aí que mudei a minha percepção sobre saúde e uma palavra ecoou no meio desse turbilhão: EQUILÍBRIO.

Percebi que minha vida estava um tanto desequilibrada e minha saúde emocional, espiritual e mental não estavam tão bem quanto a saúde física.

Mas é possível separar uma coisa da outra? NÃO!

Somos seres unos, funcionamos de forma integral e se uma parte não vai bem, todo o resto sofre, inclusive o que estava bom. Apesar de me considerar saudável e me sentir bem, algumas vezes, o meu organismo gritava por consequência dessa falta de equilíbrio. Períodos de insônia, alterações gastrointestinais, culminando até em uma convulsão, não explicada por exames até hoje.

Gurdjieff, mestre espiritual, considerado hoje uma das maiores forças espirituais do Ocidente, traz uma analogia ótima para ilustrar essa importância. Ele afirma que somos formados por quatro corpos ou organismos que têm ação independente, mas que se relacionam entre si. Esses quatro corpos formam um conjunto com uma carruagem, um cavalo, um condutor e um mestre.

A carruagem representa o corpo físico, o cavalo seriam as emoções, o cocheiro representa a mente e o mestre seria o "eu" consciente.

A carruagem precisa estar em bom estado, ou seja, você precisa alimentar-se bem, descansar e movimentar-se. Precisa cuidar do seu corpo físico para que tenha energia para chegar onde deseja. Um cavalo bem treinado obedece às rédeas do cocheiro, ou seja, sentimentos e emoções podem obedecer à mente.

"A mente precisa aprender a controlar as emoções, as quais, de outro modo, sempre conduzirão o corpo como um cavalo desgovernado arrastando sua carruagem."

E quando o mestre está presente, ou seja, quando você está consciente, a carruagem segue seus comandos. Tudo isso reforça a importância do equilíbrio e mostra que, como numa grande engrenagem, para que o todo funcione bem, o girar de cada peça é fundamental.

Voltando ao meu próprio exemplo, toda a atenção era para o cuidado com a carruagem. E mesmo que muito bem cuidada, onde pode parar uma carruagem com um cavalo desgovernado, um cocheiro desatento e sem o mestre? Para que todo o conjunto funcione em harmonia e mais ainda, para que siga em direção aos seus sonhos, é preciso cuidar de todas as partes e ir avançando gradativamente.

Precisamos desenvolver cada uma dessas habilidades, pois se você desenvolve apenas o corpo físico, ele funciona sob influências externas. À medida que desenvolve os outros corpos, estes controlam os anteriores, até o desenvolvimento do 4º corpo, a consciência, que controla todos os anteriores.

E você, de que parte está cuidando e qual corpo precisa de mais atenção? A carruagem? O cavalo? O cocheiro? Ou o mestre?

Resposta: ____

Cap. 2 - Encontre o equilíbrio que há em você

Agora que ampliamos um pouco a visão de saúde e bem-estar, vou compartilhar algumas experiências e insights para te motivar a realizar e se manter comprometido com as mudanças em busca do seu equilíbrio. Espero que você termine o capítulo motivado a realizar as mudanças que deseja em sua vida e mais do que isso, perceba que todo o potencial para dar o primeiro passo já existe dentro de você. Respeite seu momento e confie no seu potencial!

Das muitas formas que existem para alcançar uma melhor saúde e bem-estar, conversaremos sobre os 5 pontos que eu considero fundamentais.

Vamos começar pela carruagem!

Atividade física

Que todos precisamos de atividade física para sermos mais saudáveis, não é novidade. Existem inúmeras formas saudáveis de exercitar o corpo. Busque a que você mais gosta e a que te traz além de resultados físicos, uma sensação de bem-estar, pois quando você gosta do que faz, tem mais chances de continuar fazendo. O importante é se movimentar.

Lembro-me de um cliente que associava a atividade física a um sofrimento. Acostumamos a ouvir isso e considerar normal, como se o exercício físico fosse algo ruim e sacrificante. Se é para você, talvez tenha que encontrar a atividade que realmente lhe interessa. A atividade física é algo que você faz por você. Um tempo somente seu, para cuidar da sua saúde e bem-estar.

Não precisa ir à academia se não gosta. Escolha um esporte ou atividade que considera agradável. Caminhar na praia, num parque, andar de bicicleta, surfar, jogar vôlei, dançar...sei lá! Deve ter alguma coisa que você goste de fazer. Transforme a atividade física em algo prazeroso e cuide-se, pois ninguém pode fazer isso por você. No futuro irá agradecer!

"LEMBRE-SE A TODO MOMENTO E EM TODO LUGAR DE VOCÊ MESMO"
GURDJIEFF

Um outro motivo pelo qual muitas pessoas desistem da atividade física é o fato de o resultado não ser imediato. Você vai à academia hoje, amanhã, depois e tudo parece igual. O resultado vem ao longo do tempo e é um cumulativo de todos esses dias. Portanto, focar no resultado em si, talvez não seja tão estimulante.

Mesmo após um dia cheio de trabalho, ansiar pela sensação de bem-estar após o exercício físico é o que me faz colocar o tênis e sair de casa! Identificar por qual recompensa você anseia, ajuda a colocar em prática uma nova rotina, como por exemplo, a atividade física regular.

Qual seria a recompensa (saudável) que faria você colocar o tênis e sair de casa?

Resposta: ______________________________

Alimentação

Existem muitas dietas disponíveis no mercado, mas costumo dizer que a melhor dieta é aquela que você consegue seguir por tempo prolongado. Para que isso aconteça de forma mais fluida, vou descrever aqui **5 pontos gerais** que me ajudaram nesse caminho:

1. Evite restrições excessivas, elas costumam não durar muito tempo e levam a um "efeito rebote" de compulsão e excessos.

Imagine sua mente como um pêndulo de um relógio. Estar em equilíbrio é estar no meio, nem para direita, nem para esquerda. O relógio está parado, e a mente não está atuando. Quando você come compulsivamente, o pêndulo está totalmente para a direita, mas ao mesmo tempo, você está ganhando impulso para o lado oposto, ou seja, entrar numa dieta restritiva e radical. Iniciando a dieta restritiva, pode até sentir que está se equilibrando, mas na verdade você foi para o extremo oposto e com isso ganha grande impulso para novamente voltar a comer compulsivamente. Portanto, se você realmente deseja acabar com efeito sanfona, entenda que sua mente sempre será atraída pelo oposto, pelos extremos. Quando você está em equilíbrio, a mente não atua e não há sofrimento no processo do emagrecimento. Há consciência nas escolhas!

2. Quanto mais natural melhor.

Hoje temos disponíveis, em abundância, qualquer alimento o ano todo. Isso é bom para nossa comodidade, mas nem tanto para nossa saúde. A disponibilidade sazonal dos alimentos é natural e respeitando essa lógica, a ingestão de produtos seria variada durante todo o ano. Lembro quando esperava ansiosa pela época de subir no pé de jabuticaba. Mas nós, humanos, inventamos formas de burlar esse processo natural perfeito e criamos os agrotóxicos e outros meios artificiais de produção de alimentos. Com isso, tendemos a consumir os mesmos alimentos o ano inteiro que, (além de tudo, não são tão saborosos) além de não serem tão saborosos e saudáveis como as jabuticabas do pé da casa da minha avó.

Falando de alimentação natural, temos ainda um consumo cada vez maior de alimentos enlatados, processados e cheios de conservantes. Já existem estudos que comprovam os malefícios da ingestão desses produtos, mas acredito que ainda serão descobertos muitos mais.

Seu organismo agradecerá o consumo de alimentos naturais, que, assim como todo o seu organismo, respeitam os ciclos de desenvolvimento da natureza. Alinhe-se com a natureza!

3. Evite passar fome, seja "pulando" refeições ou escolhendo alimentos de baixo poder nutritivo.

Seu corpo é inteligente e a sensação de estar com fome, faz você buscar pelo alimento mais prático, mais calórico e nesse momento, a escolha consciente com qualidade fica esquecida, sendo lembrada logo após a saciedade, com aquele famoso: "não deveria ter comido isso".

4. Escolha 1 dia da semana para organizar a alimentação. A disciplina é essencial nesse processo.

Com a vida corrida, a maioria das pessoas se alimenta fora de casa. Isso é prático e pode ser saudável. Fazer as escolhas certas, ou ter a disciplina para organizar os alimentos que irá levar no dia seguinte, é essencial para que sua alimentação seja um aliado da sua saúde e bem-estar. Você precisa caber na sua rotina.

5. Conecte-se com seu corpo

Esse pilar facilita todos acima. O corpo fala e tem uma inteligência natural. Compreender e respeitar essa natureza facilita muito o processo de manutenção da saúde.

Sabe quando você sente sede? É seu corpo avisando que você precisa de água para um melhor funcionamento.

Você já passou pela situação de comer, comer, comer e depois que acabou, perceber que comeu demais? É você não ouvindo seu corpo.

O seu corpo não só fala, ele grita e se você não está ouvindo, talvez precise melhorar a sua comunicação com ele. O organismo dá sinais constantes de quais nutrientes está precisando, avisa também se está cansado e se você precisa ir ao banheiro. Enfim ele está sempre se comunicando com você.

Vou te sugerir os passos que eu uso para melhorar minha comunicação com meu corpo. Talvez você esteja pensando em como fazer isso.

- O primeiro passo é observar. Esteja atento aos sinais que seu corpo emite;
- Converse com seu organismo. Quando for se alimentar, pergunte-se não só o que quer, mas o que precisa naquele momento. Para isso, busque pensar não somente no sabor que deseja sentir na boca, mas também como quer se sentir durante e após a refeição;
- Fique presente durante as refeições. Observe como está sua mastigação e usufrua de cada pedaço. Perceba a digestão e como os alimentos estão "caindo". Dessa forma, será mais fácil perceber quando está satisfeito e quando está comendo somente por gula.

Sabotadores

Não coma suas emoções. Alimentos jamais irão alimentar o vazio da alma. O alimento serve para seu corpo físico, veja-os como nutrientes que vão gerar energia para um bom funcionamento de todo seu organismo, possibilitando que tenha mais saúde e bem-estar.

Não estou dizendo aqui que você não pode ter prazer ao se alimentar. Você não só pode, como deve escolher alimentos de que realmente gosta, já que existe uma infinidade deles disponível. Mas quando você coloca o prazer como um valor principal, é isso que busca constantemente na comida. Pessoas magras não têm, como valor de topo, o prazer. Reorganizar valores, pode ser uma necessidade pelo bem maior da sua saúde. Além de avaliar os valores, buscar prazer em outras atividades que não sejam ligadas à alimentação, contribui para a mudança de foco.

Lembro-me de uma cliente que adorava sair para comer, essa era a maior diversão do final de semana. Perguntei o que ela adorava fazer e não fazia mais. Refletiu por alguns minutos e lembrou que gostava de caminhar na praia, mas não o fazia mais pois casou-se e o marido não compartilhava do mesmo gosto. Passou a ir, então, algumas vezes na semana e relembrou como aqueles momentos de contato com a natureza eram prazerosos. Sair para comer já não era o único programa prazeroso e, após essa experiência, foi resgatando outros prazeres.

O que você adorava fazer e não faz mais?

Resposta: ______________________________

Um outro sabotador comum é comer por **merecimento ou compensação** "Tive um dia difícil. Vou comer esse bombom, porque eu mereço". Esse "merecer" parece ser imediatista e automático, não levando em consideração as consequências de cada escolha. Há alguma falta que a comida não poderá preencher, portanto é preciso que você descubra novas maneiras, ou válvulas de escape, contra emoções desconfortáveis.

Em que situação você usa o ato de comer descontroladamente como prêmio ou compensação?

Resposta: ______________________________

Outra forma de autossabotagem é comer para **demonstrar amor.** Pare para pensar como isso é um padrão familiar ou cultural na nossa sociedade.

Desde pequeno, você ouve que deve comer tudo quando está visitando alguém e repetir é até um sinal de educação. Quem faz a comida sente-se lisonjeado. Avós e mães adoram mostrar seu amor por meio da comida e você tem o hábito de aceitar a comida, como se aceitasse o amor. Quem nunca passou ou observou a situação de um filho se esforçando para mudar hábitos e iniciar uma alimentação saudável e ao visitar a mãe ouve: "Você não quer mais um pedaço de bolo? Fiz com tanto amor para você".

Você não precisa repetir esse padrão, pode trazer novidades para a família sobre a forma de lidar com a comida. A mudança de padrão acontece de dentro para fora e por meio, sempre, da autopercepção.

O que a comida significa para você?

Resposta: ____

Uma crença desfavorável à alimentação saudável é **ver a dieta como uma prisão.** Por isso sempre acredito que uma dieta restritiva demais não funciona por muito tempo. Pessoas com peso estável não costumam fazer dietas restritivas e também não apresentam compulsão alimentar. A velha e boa reeducação alimentar tende a resultados mais duradouros e constantes.

Quem me conhece já ouviu a analogia que costumo fazer entre alimentação saudável e o AA (Alcoólicos Anônimos): "Só nesta refeição vou fazer uma boa escolha". E assim você pode seguir, fazendo boas escolhas a cada refeição, sem a ansiedade de pensar que está restrita e que não pode comer qualquer coisa. Você pode! Só está fazendo uma boa escolha naquela refeição. Uma por vez e você chega lá.

Um outro viés a se observar é a **supervalorização da intelectualidade e negação do corpo.** Numa sessão de Coaching, tive a oportunidade de perceber essa situação quando o cliente trouxe à tona a crença de que cuidar do corpo era futilidade e que o foco dele era o desenvolvimento profissional e intelectual, logo não tinha tempo para ficar na academia. Em contrapartida, ele vinha apresentando alterações em exames e sua saúde estava comprometida. Ao expor isso, ele próprio percebeu que estava focando excessivamente no intelecto em detrimento da saúde e uma coisa não substitui a outra. Como vimos na analogia da carruagem, de nada adiante o cocheiro estar desperto e o mestre presente se a carruagem está enferrujada. Mais uma vez o equilíbrio se faz necessário.

Hábitos

Os hábitos são uma forma que o corpo encontra de economizar energia, pois quando se faz algo automaticamente, sua mente desacelera e seu cérebro poupa esforços. Com isso, você para de pensar em comportamentos básicos, como andar e mastigar, podendo dedicar energia a coisas mais criativas.

Como aprendi lendo Yogananda:

"A repetição de uma ação cria um padrão mental formando vias elétricas sutis no cérebro. Algo como sulcos em um disco. Sua vida segue os sulcos que você mesmo criou no cérebro."

Seja alimentação saudável, atividade física regular, dormir mais cedo ou estudar, para incluir novas rotinas é necessário persistência! Muitos especialistas dizem que um novo hábito demora 21 dias para se desenvolver. Isso pode até funcionar para hábitos simples. Um estudo da University College London demonstrou que na média esse tempo seria de 66 dias e não de 21. Sendo que os hábitos mais complexos poderiam levar até 250 dias.

Uma leitura que recomendo para quem deseja entender melhor o funcionamento dos hábitos é o livro de Charles Duhigg, *O Poder do Hábito*. Um dos pontos que me chamou a atenção no livro foi a passagem que conceitua hábitos angulares:

"Os hábitos angulares dizem que o sucesso não depende de acertar cada mínimo detalhe, mas, em vez disso, baseia-se em identificar umas poucas prioridades centrais e transformá-las em poderosas alavancas"

Vou contar um caso real de um cliente que passou por um processo de Coaching comigo em busca de emagrecimento e mudança de hábitos.

Ao iniciarmos o Coaching, fizemos juntos um mapeamento das principais metas do processo e o próprio cliente constatou que precisaria atuar em várias frentes, ou seja, ele gostaria de mudar diversos hábitos, como praticar atividade física pela manhã, alimentar-se bem quando estava no trabalho, beber água durante o dia e dormir mais cedo. O cliente também compartilhou que iniciou as mudanças desejadas diversas vezes e após inúmeras tentativas de mantê-las, sem sucesso, resolveu buscar um Coach. Relatou que eram muitas mudanças ao mesmo tempo e ele precisava quase de uma agenda diária de qual passo deveria dar na próxima hora. Isso tornava seus dias mecânicos e logo desistia.

Respeitando a realidade e percepção do cliente, pensei que os hábitos angulares poderiam ser valiosos para uma nova experiência. Expliquei o que era e ele topou a nova tentativa. Ao invés de iniciar inúmeras mudanças ao mesmo tempo, o cliente então escolheu um hábito principal que gostaria de focar. No caso, era iniciar atividade física pela manhã, pois à noite frequentemente saia tarde do trabalho e alguma demanda da família virava prioridade. Com a atenção em uma única mudança, o cliente se sentiu mais focado, os resultados vieram e isso o motivou a incluir aos poucos outros hábitos. Quase que naturalmente começou a se alimentar melhor, lembrava mais frequentemente de beber água e a atividade física foi então uma alavanca para as demais mudanças.

E você, já pensou em quais hábitos gostaria de mudar? E desses hábitos, qual você selecionaria para focar e ser seu hábito angular?

Resposta: ____

Sugiro que use um calendário para se guiar e persista no novo hábito por, no mínimo 66 dias, ou crie o seu jeito de acompanhar esse progresso.

Hábitos negativos podem ser substituídos por hábitos saudáveis. Esses hábitos existem por algum motivo e normalmente você os mantém, mesmo sabendo que estão te atrapalhando, porque encontra uma recompensa imediata. É importante identificar por qual recompensa está buscando para encontrar novos hábitos que ofereçam compensações benéficas.

Um hábito que eu tinha era o de reclamar. Acredito que minha recompensa, nesse caso, era expor a minha insatisfação e fazer uma análise do que poderia ser melhor na situação. Com isso, quase não manifestava o sentimento de gratidão e não comemorava minhas pequenas vitórias. Quando algo bom acontecia, considerava normal ou "nada demais" e quando algo ruim acontecia, ficava remoendo. Não percebia o quanto era injusta com a vida e comigo mesma. Na correria do dia a dia , temos tantas coisas a realizar, são tantas cobranças externas e internas que nos cegam. Alimentamos uma expectativa cada vez maior sobre os outros e sobre nós mesmos e esquecemos de olhar o que já conquistamos. Olhar com amor e gratidão o caminho já percorrido nos dá força e vontade de seguir em frente. Abrir espaço para agradecer é um respiro e nos dá um novo fôlego para continuar com mais leveza e alegria.

Você começa seu dia reclamando ou agradecendo?

Dentro da psicologia positiva sabemos que, se você separar apenas cinco minutos antes de ir dormir e enumerar três fatos positivos ou conquistas do seu dia, sua qualidade de vida melhora e seu nível de felicidade aumenta.

Toda mudança que realmente desejamos começa HOJE! Quais são os 03 motivos para ser grato hoje? E pelos próximos 66 dias?

Resposta: ____

____

____

Autoconhecimento

Acredito que em tempos em que muitos oferecem fórmulas para ser feliz eu diria: Quer ser feliz?

Pergunte-se como.

Basta olhar por cinco minutos nas redes sociais para encontrarmos inúmeras formas para vencer na vida, alavancar resultados e ser sua melhor versão. Todos dizendo como fazer, como agir e como pensar.

Será mesmo que há uma fórmula?

Na minha opinião, há sim uma fórmula mágica, mas cada um tem a sua e precisa descobrir através do autoconhecimento. Esse, talvez não seja o caminho mais curto e nem o mais fácil, mas é o caminho mais certeiro para a verdadeira transformação. Ter a consciência de si mesmo vai muito além de se definir com palavras, é ser o que não se pode explicar por palavras. É apenas SER.

Acredito que estamos constantemente num processo de autoconhecimento apenas pelo fato de estarmos vivos e, por meio das experiências vividas, aprendemos a diferenciar quem realmente somos e o que nossa mente diz que somos. Nos definimos por ideias mentais construídas a partir das nossas experiências. Tudo nos foi apresentado pronto. Quem somos, o que devemos ou não fazer e no que devemos ou não acreditar sobre a vida, sobre os outros e até sobre nós mesmos. Tudo isso são ideias superficiais, que formam nosso sistema de crenças e não refletem a realidade de quem realmente somos.

Quando nos conhecemos mais profundamente, acessamos todo nosso potencial e percebemos uma infinidade de possibilidades. O universo é abundante e nós somos parte dele.

Quanto mais atento você está a cada experiência, mais oportunidade de desenvolvimento. Às vezes, por não estarmos atentos o suficiente, ou por limitações da nossa própria personalidade, de ver sempre pelo mesmo ângulo, passamos por uma mesma situação diversas vezes até "a ficha cair".

Apesar de precisar experenciar para aprender, você pode acelerar esse processo buscando alguma ferramenta ou apoio externo, como uma leitura, um Coach, um terapeuta, um curso ou qualquer outra ferramenta de desenvolvimento humano. No meu caso, recorri a um Coach que funcionou como um espelho, e por meio de seus questionamentos pude aumentar a percepção sobre minha vida. O processo de despertar para a autorresponsabilidade leva a uma busca por autoconhecimento. A mente imatura sempre joga a responsabilidade no outro, mas as mudanças que tanto deseja, começam a surgir em sua vida quando você se percebe agente dessa transformação. Portanto, se você acha que precisa alcançar alguma coisa para estar em paz, alcance a si mesmo. Isso é o mais longe e o mais perto que você pode chegar. Ao perceber que a mudança começa em você, há uma desconstrução para abrir espaço para uma nova construção, mais consciente, mais feliz e mais real. Mais você. Por meio do autoconhecimento verdadeiro, saímos da gaiola que nos aprisiona e percebemos a vastidão da nossa essência.

Os ganhos com o autoconhecimento vão muito além dos resultados alcançados relacionados ao objetivo principal ou inicial, pois a mudança de mentalidade permite uma melhoria contínua e a descoberta do seu próprio mundo.

Mas lembre-se de que essa busca não pode ser maior do que a gratidão e o bem-estar do momento presente. A felicidade está entre um objetivo e outro, no mais simples do dia a dia . Está em perceber que não há onde chegar. Você já está no lugar certo, na hora certa.

Meditação

Meditação não tem relação com religião, tem relação com o humano, portanto tem a ver comigo e com você. Assim como exercitamos o corpo para manter o físico saudável, a meditação é o exercício da mente que, assim como o corpo, também adoece se não a exercitarmos e cuidarmos. Com a vida corrida e o turbilhão de informações que recebemos todos os dias, é quase inevitável o excesso de pensamentos. Esse estado nos impede de acessar nossa intuição e com isso, não enxergamos com clareza a situação vivenciada.

Imagine os pensamentos como nuvens que vem e vão, e a intuição como o céu azul. A intuição está ligada à sua essência, ao poder criativo e ao universo de possibilidades que há em você. Deixe que as nuvens passem, não as segure e logo o céu azul estará ali.

"A verdadeira inteligência atua silenciosamente. A calma é o lugar onde a criatividade e a solução dos problemas são encontradas."

A meditação entrou na minha vida como algo para relaxar e acalmar a mente, atualmente, considero como parte da minha rotina e apesar de sentir todas as coisas inerentes à dualidade humana, hoje sei que dentro de mim há uma fonte inesgotável de amor e sabedoria. Quando me conecto com essa essência, sinto-me em paz.

Não sou especialista nessa área, mas por minha experiência tão positiva com a prática, sempre que cabe, convido quem conheço a vivenciar essa experiência e muitos relatam desanimar ou desistir dizendo: "não consigo meditar, sou muito ansioso e agitado" ou "tentei algumas vezes, mas não consigo parar de pensar".

Meditação não significa cessação de pensamentos, mas você pode aumentar o espaço silencioso entre um pensamento e outro. Quando se perceber pensando, não se apegue, nem julgue, apenas observe sua respiração e volte a atenção para o momento presente. Nunca somos nós mesmos com tanta intensidade do que quando estamos em silêncio. Ao aquietar o corpo e a mente, você acessa uma camada mais profunda e isso aumenta sua conexão espiritual.

Você comanda sua mente ou é comandado por ela?

Essas são as minhas práticas para manter uma saúde equilibrada. Dentre elas, as ações relacionadas à saúde física, como alimentação e exercícios, já faziam parte da minha rotina, pois as via com clareza como escolhas que estavam sob meu controle. Em relação à saúde emocional, espiritual e mental, não percebia o meu poder de escolha e controle. O autoconhecimento e a meditação entraram posteriormente, como práticas "não-físicas", que contribuíram enormemente para essa percepção, possibilitando uma saúde mais completa e equilibrada.

Você pode se inspirar nessas 05 práticas e também encontrar as suas formas de ser saudável. Iniciar as mudanças necessárias para isso está sob seu controle e só você pode dar o primeiro passo e buscar motivação interna para manter-se comprometido. Vamos conversar mais sobre isso?

Cap. 3 - Você no controle

Quando falamos de saúde e bem-estar num sentido amplo, abordamos a saúde física, emocional, mental e espiritual. Como falei anteriormente, muitas vezes temos a percepção de que podemos controlar apenas os fatores físicos, como por exemplo, escolher os alimentos que ingerimos e praticar ou não atividade física e que a saúde emocional, mental e espiritual, não estão sob nosso controle. De fato, as situações da sua vida podem acontecer independentemente da sua vontade, mas está em suas mãos o poder de escolher como agir em relação a elas. Abrir mão desse controle afeta diretamente nossa saúde e bem-estar.

Me lembro de assistir a um caso onde pesquisadores comparavam a saúde de gêmeas idênticas que possuíam estilos de vida diferentes. Uma morava na cidade, praticava atividade física regular, alimentava-se bem. Outra morava no interior, apresentava um sobrepeso, pois comia "de tudo" e era sedentária. Se olhássemos apenas os fatores físicos, poderíamos concluir que a gêmea da cidade certamente seria mais saudável, porem não foi a conclusão do estudo. A gêmea do interior estava geneticamente alguns anos mais jovem que a irmã e isso se devia principalmente a um fator: ESTRESSE. A gêmea da cidade era uma executiva e como tal, estava constantemente submetida ao estresse e mesmo cuidando dos fatores físicos, suas células envelheceram mais rápido. A gêmea do interior tinha uma alimentação calórica, mas toda natural e apesar da falta de atividade física, vivia feliz e não era submetida a estresse.

Não que a saúde física não tenha importância ou influência sobre nosso equilíbrio, mas é claro, e já comprovado por muitos estudos científicos, que manter o equilíbrio dos fatores não-físicos (emocionais, espirituais e mentais) são determinantes para uma vida mais saudável e o estresse talvez seja o maior vilão da sociedade atual. O estresse nada mais é que resultado da sua reação ao ambiente ou situação vivenciada e, fisiologicamente, ocorre a liberação de hormônios, como o cortisol, que afetam o sistema imunológico. Se você tem uma vida constantemente estressada, é provável que em algum momento adoeça.

A forma como o contexto ambiental ou fatores externos irão afetar sua saúde, depende de como sua mente interpreta a situação. Assim, duas pessoas passam por situações idênticas, mas reagem de forma diferente. Sua realidade é você quem cria. E aí reside sua autodestruição e sua autocura.

VOCÊ NÃO VÊ O MUNDO COMO ELE É, MAS COMO VOCÊ É.

Então, você não é vítima da genética ou dos fatores ambientais, e todos nós temos a mesma sorte. A sorte de poder escolher! Use suas escolhas a seu favor.

Aprendi recentemente, em um curso de Coaching, uma ferramenta chamada de "ovo frito no prato" e apliquei essa ideia com uma cliente que estava num processo de estresse no trabalho. Avaliando o cenário vivenciado, ela classificou os principais pontos da situação em "controla" (gema do ovo), "influencia" (clara do ovo) e "não controla e não influencia"(prato).

Ao distinguir essas 3 coisas, percebeu que grande parte do estresse estava em tentar controlar algo que não poderia. No caso, o estresse acontecia porque o novo chefe da área cobrava detalhes do trabalho que não conhecia, e portanto, as cobranças eram ineficientes e cansativas. Observando a situação, concluiu que naquele momento, não era opção ser transferida para outro setor e "bater de frente" com o chefe tornava tudo mais cansativo e improdutivo. Com essa nova percepção, passou a aceitar melhor a situação e escolheu formas mais construtivas de agir em vez de reagir. Passou então a dar feedbacks mais completos para o chefe, que começou a se inteirar do assunto e também falou diretamente a ele sobre sua percepção com as cobranças.

É extremamente estressante e desgastante tentar controlar algo que você não pode, mas, às vezes, ter clareza disso não é tão fácil.

Responder a esses questionamentos irá te ajudar a definir isso.

Qual situação na sua vida, hoje, você considera estressante?

Resposta: ____

Você controla? Influencia? Ou não controla e nem influencia?

Resposta: ____

Se controla, que ação ou ações podem contribuir para diminuição do estresse? De que forma pode influenciar a situação positivamente? Se não controla, nem influencia, como pode agir em relação a isso para diminuir o estresse?

Resposta: ____

____

A ação diante de uma situação é uma escolha consciente. Você escolhe como agir mediante o seu equilíbrio interno. Já a reação é moldada pelo outro. Se o outro está irritado, você também se irrita, mas isso não tem a ver com o outro, tem a ver com você. Quanto mais reação, mais estresse. Hoje, muitas pessoas recorrem a remédios em busca de aliviar os sintomas do estresse e, momentaneamente, pode até funcionar, mas enquanto não olhar para dentro e buscar as reais causas, jamais encontrará a cura. Você é a cura.

"Aqueles que ousam mergulhar dentro de si e navegam nas águas das emoções, descobrem um oceano de possibilidades."

O que é saúde e bem-estar para você?

A essa altura, você já deve estar pensando sobre o que é tudo isso para você. Saúde e bem-estar são conceitos amplos e, às vezes, naturalmente distorcidos pela armadura da linguagem. Como contei, minha percepção de saúde e bem-estar mudou ao longo do tempo e quero saber se a sua percepção mudou ao longo da leitura do livro. Para isso, te proponho uma reflexão. **Pare de ler por um minuto e reflita sobre o que significa saúde e bem-estar para você hoje?**

Resposta: ____

____

____

Entrando em ação

Considerando as 05 práticas de saúde enumeradas no capítulo 2, escreva aqui uma ação que você irá realizar para cada uma delas, para alcançar o nível de saúde e bem-estar que deseja.

Autoconhecimento

Resposta: ____

Hábitos

Resposta: ____

ATIVIDADE FÍSICA

Resposta: ____

ALIMENTAÇÃO

Resposta: ____

MEDITAÇÃO

Resposta: ____

E quais outras práticas você incluiria como fundamentais na sua vida hoje?

Resposta: ____

A saúde vai muito além do que vemos e conecta-se com o que pensamos, o que sentimos e como nos sentimos. Somos indivisíveis e ganhamos integridade à medida que conseguimos harmonizar pensamento, sentimento e ação. Paramos de atender às expectativas dos outros, e nos alinhamos com nossas próprias escolhas. É claro que nessa busca por integridade devemos levar em consideração o fato de que somos humanos, e como tal, nem sempre conseguimos fazer o que pensamos ser o melhor ou mais correto. Quando buscamos integridade, respeitando nossa condição humana, deixamos de buscar a perfeição para buscar evolução e aceitação.

Cap. 4 - Bem-vindo ao seu mundo

Você não precisa confiar e nem acreditar no que eu falo, mas te convido a experimentar para saber se isso é útil ou não a você. Está na hora de mudar o paradigma do medo para a confiança. Afinal, como disse Henry Ford:

"SE VOCÊ PENSA QUE PODE OU SE PENSA QUE NÃO PODE, DE QUALQUER FORMA VOCÊ ESTÁ CERTO."

O que eu gostaria de compartilhar com vocês sobre minha experiência é que vale a pena sonhar grande, vale acreditar. Se você começar hoje, com o que tem, do jeito que pode, vai dar certo! E mesmo que agora as coisas pareçam confusas, é caminhando que se constrói o caminho. Então, esqueça a certeza, caminhe. Não há fórmulas prontas ou uma prescrição para evoluir e ter equilíbrio, mas espero verdadeiramente ter contribuído para que você construa seu caminho. É preciso experenciar cada processo, pois é caminhando que tudo acontece, não há onde chegar.

Toda mudança requer tempo, mas principalmente vontade. Vontade real de mudar, um verdadeiro incômodo! No início, tudo parece um pouco desconexo, superficial ou frágil. Com persistência, entre um tropeço e outro, as coisas vão mudando e melhorando. Às vezes, dá vontade de desistir, pois tudo parece cansativo e pouco produtivo, mas aos poucos, quando você menos se dá conta, tornou-se a pessoa que sempre gostaria de ser. O crescimento acontece de dentro para fora e, externamente, você começa a refletir as mudanças, assume as rédeas da sua vida e a responsabilidade pelas suas escolhas. Torna-se autor de sua própria história. Se toda mudança requer tempo, pouco importa. Ela só vai acontecer se um dia começar e só acontecerá se você começar hoje, porque o amanhã está muito longe e é muito incerto.

Acredito que cada um de nós possui dentro de si esse poder da mudança, da potencialidade infinita para ser e se desenvolver da maneira como quiser.

Use e abuse do seu poder de SER saúde e bem-estar!

Referências Bibliográficas

1. Livro: Em busca do Ser, O Quarto Caminho para uma Nova Consciência.

Autor: G.I Gurdjieff

2. Livro: Coaching, O que Você Precisa Saber.

Autora: Eliana Dutra

3. Livro: O Poder do Hábito.

Autor: Charles Duhigg

DESENVOLVIMENTO INTELECTUAL

MARCELLA BIANCA NEVES

Desenvolvimento Intelectual

@neuropsimarcellabianca

Sobre a Autora:

- Neuropsicóloga- Especialista em NeuroPsicologiapelo Instituto Neurológico de São Paulo - INESP.
- Mestrado em Gerontologia pela PUC de São Paulo.
- Experiência em atendimento clínico, pesquisa clínicano CEPEQ e pesquisa acadêmica no iPq HC FMUSP.
- Atuação em avaliação e reabilitação neuropsicológicade crianças, adultos e idosos.

"Minha missão é auxiliar pessoas de todas as idades a viverem uma vida plena, utilizando a Neuropsicologia como ferramenta desse processo."

Cap. 1 - Introdução

Enquanto você lê este livro, seu cérebro está em constante trabalho. Ele é capaz de processar as informações da leitura por meio dos impulsos que recebe dos olhos e os transforma na formação de lembranças. Também é o responsável, por meio do movimento dos olhos, pela leitura das linhas e o movimento dos dedos para a mudança das páginas. E se for preciso falar a respeito do conteúdo aqui escrito, é o cérebro que formula o conteúdo para a expressão por meio da fala.

Na época da universidade, bacharelado em Psicologia, a aula que mais me chamou a atenção foi a de Neuroanatomia, onde tive o primeiro contato com o cérebro, suas estruturas e funções.

Nessa mesma época, minha mãe procurou ajuda devido à dificuldade do meu irmão na escola, sendo que ele tirava notas ruins no decorrer do ano e nas provas de recuperação, após diversas aulas particulares, ele tinha um ótimo desempenho. O que explicaria isso?

Durante a busca, minha mãe chegou à chamada Avaliação Neuropsicológica, que é um procedimento que avalia as funções cognitivas, comportamentais e emocionais do indivíduo com o objetivo de verificar tanto algum comprometimento neurológico e/ou psiquiátrico, quanto as áreas mais preservadas do cérebro. Ela avalia memória, atenção, linguagem, raciocínio, aprendizagem, humor, personalidade, entre outros e auxilia no diagnóstico neuropsiquiátrico. Afinal, qual é a importância dessa avaliação? Ela contribui para a criação de estratégias para um melhor desenvolvimento intelectual, para o planejamento do tratamento e o acompanhamento da evolução do quadro em relação aos medicamentos, cirurgias e reabilitações, tendo como ponto de partida o cérebro com relação às manifestações do comportamento e das emoções.

Pois bem, após a aplicação de vários testes em diversas sessões, chegou-se ao diagnóstico: Dislexia. A Dislexia é talvez a causa mais frequente de baixo rendimento e insucesso escolar, sendo considerada um transtorno específico da aprendizagem, de origem neurobiológica, congênito e hereditário, caracterizado pela dificuldade no reconhecimento da palavra, na decodificação e em soletração, resultante de um déficit fonológico da linguagem.

Independentemente deste, meu irmão é um rapaz muito inteligente, hábil na comunicação e em vendas, mas ao escrever um e-mail ou ler algo mais complexo, ele precisa de um cérebro extra para não cometer erros ortográficos e compreender a leitura.

Eu tive a oportunidade de acompanhar todo o processo e nesse momento, me dcparci com a minha nova paixão: Neuropsicologia. A Neuropsicologia é uma interface da psicologia e da neurologia que estuda as relações entre o cérebro, as emoções e o comportamento humano.

Fui atrás de cursos e me inscrevi na especialização no final do quarto ano da faculdade, fase em que eu já tinha apresentado meu trabalho de conclusão de curso, o famoso TCC, com nota 10, e cursaria o quinto e último ano da graduação, e foi quando iniciei a especialização. Apressada? Não, eu diria dedicada e empenhada.

A minha trajetória em estudar o cérebro iniciou com a especialização, estendeu-se ao mestrado e agora, está no doutorado com previsão de pós-doutorado. Sim, eu amo a minha dedicação aos estudos desta máquina incrível: o cérebro.

Vamos falar um pouco de história, as primeiras pessoas que abriram um cérebro para examinar, fizeram-no em 300 a.C. na Grécia, a partir daí, houve comparações do cérebro humano com o cérebro dos animais.

Falando nisso, vale ressaltar o meu trabalho a respeito de comportamento e cognição em Orangotango, em 2014, sob coordenação do neurocirurgião Dr. Fernando Gomes Pinto, pessoa que me inspirou na escrita deste capítulo por meio dos seus livros incríveis sobre o cérebro humano.

Voltando ao assunto do estudo com orangotangos, foi um momento de muito aprendizado. Qual aprendizado? O humano tem a região frontal do cérebro, responsável por planejamento, pensamentos, comportamentos, autocontrole e principalmente atenção, mais desenvolvida do que nos primatas, o que permite o melhor raciocínio e crítica.

No século V a.C., o médico grego Alcmeon concluiu que o cérebro seria o órgão da mente, não apenas recebendo as sensações, mas também sendo responsável pelo pensamento e pela memória. Mais tarde, Aristóteles discordou e afirmou que o coração, este sim, era o centro das sensações. Hipócrates (460-370 a.C.), em Corpus hippocraticum, afirmou que o cérebro é o centro controlador do organismo e do corpo. Galeno (130-200 d.C.) rejeitou a hipótese cardiocêntrica de Aristóteles e achava que o cérebro era a sede mais elevada da alma, assim como o intelecto e os seus três principais componentes: cognição, memória e imaginação.

Existe um mito muito repetido de que só usamos 10% do cérebro, mas após muitos estudos, com modernas técnicas de imagiologia, não foi encontrada nenhuma parte significativa que fique inativa, nem sob uma variedade de estímulos, nem mesmo durante o sono. Ninguém optaria por perder 90% do cérebro com base em que continuaria bem com somente 10%.

O cérebro humano pesa, em média, 1,5 kg, pensando numa pessoa de 80 kg, é quase 2% do seu peso corporal, visto que a baleia azul, com 200 toneladas, tem um cérebro que ocupada apenas 0,005% do seu corpo. Voltando ao cérebro humano, em média, 87 bilhões de neurônios, responsáveis por conduzir impulsos nervos, visto que cada neurônio faz cerca de 10 mil sinapses que são responsáveis por transmitir o impulso nervoso de um neurônio para o outro.

Neurotransmissores

Os neurotransmissores são substâncias químicas produzidas pelos neurônios e permitem que um ou mais neurônios se comuniquem no espaço conhecido como fenda sináptica. São duas classes de neurotransmissores envolvidos no processo de sinapse, podendo ser excitatória, estimulando a ação do corpo ou inibitória, neste caso freando a ação. Esses, impactam no sistema nervoso alterando as atividades dos neurônios de diversas formas.

Ainda não se sabe a quantidade exata de neurotransmissores que existem, porém já conhecemos mais de 100 neurotransmissores, dentre os mais comuns:

Noradrenalina – Reduz o estresse, melhora o foco e a capacidade de pensar.

Dopamina – Reduz a ansiedade, melhorando o ânimo e a motivação para alcançar objetivos.

Serotonina – Reduz maus hábitos, aumenta a capacidade de decisão.

Gaba *(Ácido Amino GamaButiríco)* – Reduz a ansiedade e aumenta o relaxamento.

Endorfinas – Reduz a dor, a depressão e aumenta a sensação de felicidade.

Acetilcolina - Ajuda no controle do tônus muscular, no aprendizado, e nas emoções.

Glutamato - É importante para o aprendizado e para a memória.

Uma pesquisa publicada pelo professor Paul Reber na revista Scientific American, buscou quantificar a memória humana e demonstrou que o cérebro humano possui uma capacidade de armazenamento de, aproximadamente, 2,5 petabytes, ou seja, 1 milhão de gigabytes, que é o equivalente a 5.000 placas de HD de 500 Gb comercializados para computadores.

O nosso cérebro divide-se em dois hemisférios, o direito e o esquerdo. O hemisfério esquerdo é o racional, matemático, lógico, cognitivo, cartesiano, analítico e crítico. Já o hemisfério direito é o lado da intuição, das emoções, dos sentimentos, da compreensão subjetiva da vida e de uma compreensão emocional do mundo. Sendo assim, a Inteligência Emocional dá-se quando conseguimos captar o mundo por meio de estímulos, usando bem os dois hemisférios.

Quer entender um pouco mais sobre as regiões do seu cérebro?

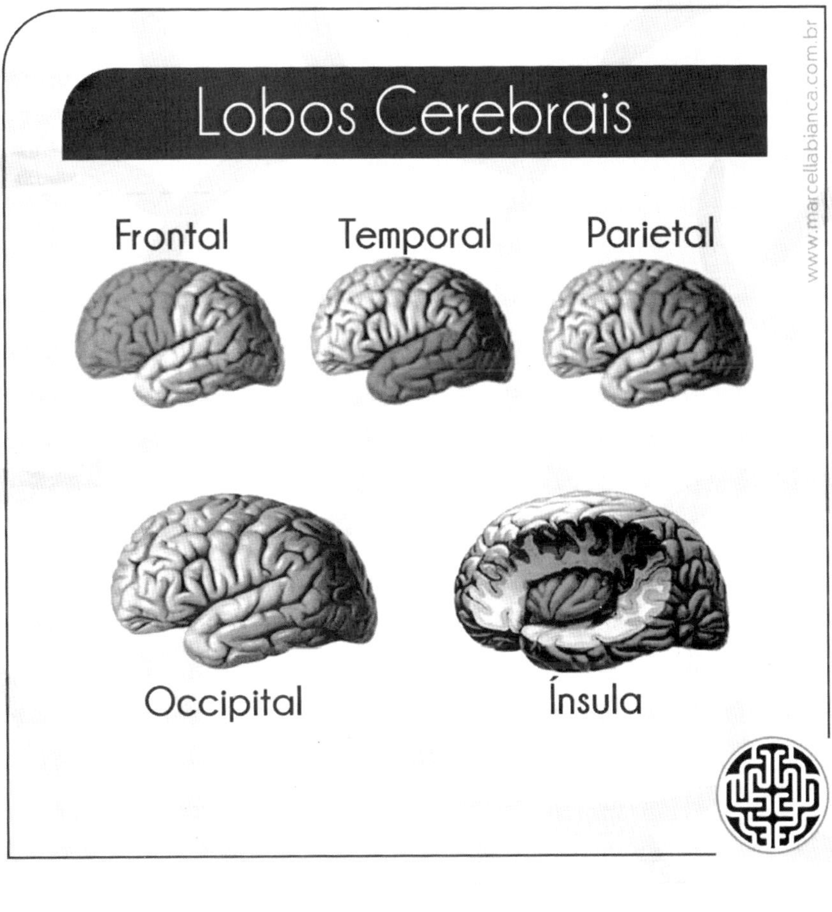

- **Lobo frontal:** pensamentos, expressão verbal, comportamento, autocontrole emocional, planejamento, expressão verbal, criatividade e atenção.
- **Lobo temporal:** audição, memória, reconhecimento de rostos diferentes e emoções. Sistema límbico: emoções instintivas básicas, hipocampo, memorização.
- **Lobo parietal:** compreensão, sensação do corpo (tato e temperatura).
- **Ínsula:** interpretar e traduzir sons, cheiros ou sabores em emoções e sentimentos (desejo, nojo, arrependimento, orgulho, culpa e empatia).
- **Sistema límbico:** emoções instintivas básicas, hipocampo, memorização.

Cap. 2 - A diferença entre o cérebro e a mente

Muitos me perguntam a diferença entre cérebro e mente, respondo, de acordo com o livro *O Cérebro Ninja*, que o cérebro é o *hardware* (o computador) e a mente, o *software* (a programação), visto que a consciência é o ponto de encontro entre a mente e o cérebro, e o comportamento é a manifestação da consciência. Complexo? Vamos pensar assim: o cérebro é a máquina e a mente, a energia para essa máquina funcionar.

E quando a máquina não funciona direito? É importante ressaltar a importância da atividade cognitiva capaz de aumentar a conectividade dos circuitos neuronais por meio da estimulação, isto acontece devido à neuroplasticidade cerebral, que é a capacidade do cérebro em moldar-se, adaptar-se e mudar o nível estrutural e funcional ao longo do desenvolvimento neuronal ou diante de novas experiências.

Já foi demonstrado que os neurônios vizinhos aos danificados criam novas conexões e redirecionam as vias de processamento originais, e em alguns casos, a área correspondente ao hemisfério oposto também pode assumir as funções das partes lesionadas, mas para isso, é preciso começar cedo a reabilitação cognitiva e ser seguida rigorosamente para reforçar as novas vias.

Mas antes de iniciarmos as dicas para um bom desenvolvimento intelectual, venho te questionar, quais são as áreas de sua vida que estão precisando de mais atenção? Selecione e categorize, de 1 a 5, a prioridade que você acha importante ser trabalhada.

1. Emoção
2. Estudos e trabalho.
3. Saúde física.
4. Finanças.
5. Lazer

Conseguiu categorizar? Se você tiver dúvida, não se preocupe, o importante é começar a olhar de forma ampla para esses setores e imaginar por onde começar. No decorrer da leitura deste capítulo, e até mesmo da leitura do livro, você poderá mudar de ideia em relação à sequência, não será um problema, pelo contrário, faz parte de um bom desenvolvimento.

As queixas de atenção e memória são recorrentes em meu consultório e muitos ficam preocupados em saber se é patológico ou não. A seguir, irei oferecer algumas dicas que achei relevantes e que podem te auxiliar no bom desempenho intelectual.

Para um bom desempenho atencional, é preciso de foco, mas além disso é importante praticar atividade física regular, ter uma alimentação saudável, sono regular, evitar fazer muitas coisas ao mesmo tempo e, acredite, dedicar um tempo diário a não fazer nada. Vale ressaltar a importância do foco na atividade que você realiza, como também se concentrar nos seus sentimentos e no seu pensamento, mas lembre-se, muito foco e muita meta também pode gerar ansiedade e levar à angústia, é importante ponderar.

A atenção pode ser dividida em três tipos: a atenção concentrada, que é a seleção de apenas uma fonte de informação diante de vários distratores em um tempo predeterminado; a atenção dividida, que é a procura de dois ou mais estímulos simultaneamente em um tempo predeterminado, e com vários distratores ao redor; por fim, mas não menos importante, a atenção alternada que é a focalização da atenção ora em um estímulo, ora outro, por um determinado período de tempo e diante de vários estímulos distratores.

Atividades para melhorar a concentração:

1. Dominó, Caça palavras.
2. Pausa para fechar os olhos e prestar atenção na respiração.
3. Já pensou em meditar? Aprenda e realize a meditação diariamente.
4. Pratique um esporte prazeroso e interativo.

A memória pode ser classificada de curto (gerenciar a realidade) e de longo (fixação das informações) prazo. Para uma boa memorização, é importante prestar atenção, e além disso, ter emoção. Emoção? Sim, emoção. Você se lembra de algo que não teve tanta importância na sua vida? Provavelmente não, suas lembranças estão relacionadas a fatos que tiveram emoção, tanto positivas como negativas.

Podemos categorizar a memória em: visual, que é a reprodução gráfica de figuras, ou memória verbal, que se dá por meio do armazenamento de informações verbais ou até mesmo por meio de listas de palavras. Para avaliar a boa capacidade mnemônica, precisamos saber se a aprendizagem auditiva verbal por repetição e a capacidade da memória do dia a dia, como recordar um compromisso, um recado, um caminho e até mesmo figuras e rostos apresentados previamente estão satisfatórias. Você já se queixou de estar esquecido? É preciso uma avaliação cognitiva minuciosa para realmente responder se há prejuízo na memória, mas até ter um diagnóstico, indico que você inclua a atenção e a emoção no seu dia a dia, isso irá auxiliá-lo na memorização.

Podemos classificar a memória em estágios. Primeiro, ocorrem os sentidos, a atenção, a decodificação, o armazenamento e a evocação. Inicialmente, é preciso prestar atenção para ser possível decodificar, ou seja, a capacidade de analisar o material a ser lembrado. O processo de armazenamento acontece após o registro do estímulo e pode se estender por horas, dias, meses e até mesmo anos. A evocação é a procura dos traços existentes de memória, mas vale ressaltar, que existem erros da memória que fazem com que a pessoa atribua a origem de uma memória a uma fonte errada, ou seja, lembra-se dos fatos, mas não do contexto em que a informação foi adquirida.

Atividades para melhorar a memorização:

1. Jogo da memória, Jogo dos sete erros, Palavras cruzadas.
2. Estratégias mnemônicas por meio de associações.
3. Agenda e despertador.
4. Faça atividades usuais de outra maneira.
5. Reserve um tempo para o lazer e passatempos.
6. Controle o estresse, os sintomas ansiosos e depressivos.

Outro fator muito importante para um bom desempenho intelectual é a comunicação, pois é a forma que captamos as informações do ambiente e emitimos ideias para as outras pessoas. A comunicação pode ser facial, corporal e verbal. Você sabia que quando você conta algo pessoal para alguém, o seu circuito cerebral de recompensa é acionado e gera prazer? Sim, isso é verdade, por isso que muitos acham bom fofocar. Uma dica importante para falar bem é aprender a ouvir atentamente as pessoas.

A comunicação está associada à linguagem, a qual está relacionada com o lobo frontal, responsável pela capacidade de se expressar e de compreender o que está sendo dito, ou seja, pela linguagem expressiva e receptiva. Na avaliação, examinamos o desenvolvimento da linguagem por meio de antecedentes educacionais e o pensamento, por meio da capacidade para estabelecer conceitos, a comunicação funcional, a linguagem automática, a escrita, a leitura, a fluência e a nomeação.

Quando é preciso tomar decisões certas e rápidas e até mesmo identificar problemas, trabalhamos o que chamamos de intuição. Para um bom desenvolvimento intuitivo, indico a abertura da mente para novidades, ter o processo de autoconhecimento e autoconfiança ativos, não ter medo de errar, visto que muitos erros geram aprendizados, respeitar a intuição dos outros e também saber que nem tudo é intuição.

Além da boa capacidade atencional, mnemônica, comunicativa e intuitiva, temos que fazer da necessidade a criatividade. Ser tímido (a) não significa que você não seja criativo (a). O importante é aprender a pensar "fora da caixinha", ter pensamentos abrangentes e ideias originais.

Atividades para melhorar a criatividade:

1. Fazer combinações diferentes das roupas que normalmente costuma usar.
2. Observe algo e tente fazer associações (cores, letras, funções).
3. Pense em algumas palavras e por meio dessas palavras escreva um breve texto, tenho certeza que irá sair algo criativo.

Ótimo Marcella, mas e quando bate o desânimo, o que eu faço? Nós temos que ter consciência de que dar dicas de melhor desempenho intelectual é fácil, o difícil, muitas vezes, é colocar em prática, afinal toda ação exige DETERMINAÇÃO. Sim, você precisa trabalhar, primeiramente, o autoconhecimento, e a partir disso estimular a motivação, a autoestima, saber controlar os sintomas ansiosos e depressivos, como também o estresse e os vícios. Certo, mas como?

Você consegue desenvolver a autoestima estimulando seu autoconhecimento, mas isso só será possível se houver motivação, a qual, por sua vez, será obtida se você fizer o que gosta ou aprendendo a gostar do que faz. A autoestima é um julgamento interno de seu valor feito com base nas emoções. A partir do momento em que se eleva a autoestima é possível encontrar a confiança interior.

Atividades para melhorar e estimular a autoestima:

1. Sente-se confortavelmente e feche os olhos;
2. Concentre-se na respiração;
3. Inspire e expire profundamente de modo constante;

4. Traga a atenção para o tórax, pulmões e coração;
5. Imagine que você está se abrindo;
6. Pense consigo mesmo “Sou totalmente digno de ser amado”;
7. Continue a respirar de modo constante;
8. Imagine-se brilhando com uma luz dourada;
9. Quanto mais aberto você se sentir, maior será o brilho;
10. Impeça qualquer pensamento negativo de se fixar na mente;
11. Concentre-se em ser você mesmo e se aceitar.

Referente aos sintomas depressivos e ansiosos, vale apontar a necessidade de priorizar o que realmente é importante, ter opinião própria, otimizar o tempo no trabalho e nos estudos, ficar ausente do celular por um período do dia e ter um passatempo que te faz bem, você já pensou no que poderia ser? Então, pare e reflita.

Diante da correria do dia a dia, muitas vezes ficamos automatizados a realizarmos atividades diárias, as dicas para evitar o estresse é iniciar com o planejamento do dia, a partir disso, você evita ficar perdido no que precisa realizar, além disso, ter uma boa noite de sono, tomar banho todas as manhãs e fazer um bom café da manhã antes de sair de casa, vai te dar mais disposição no seu dia, e digo mais, tente dizer “bom dia” com um sorriso às pessoas que encontrar, tenho certeza de que te fará bem.

E por fim, os vícios geram empecilhos para conseguirmos iniciar uma meta, mas para se desvincular disso é importante saber que é necessário pedir ajuda se não conseguir sozinho, não tenha vergonha ou receio, você vai se sentir muito bem quando se libertar disso.

Uma técnica que eu adoro e sempre utilizo é a meditação por meio do mindfulness. Este diz respeito a estar totalmente no presente, é uma questão de perceber, neste segundo, como você se sente, o que pensa e o que deseja, sem crítica ou julgamento. É a capacidade da percepção em tudo o que passa na sua mente, em seu corpo e no ambiente ao seu redor: ruídos do seu estômago, chuva na janela, latir de um cachorro, as árvores da rua, o sorriso de uma pessoa, um som de um avião distante, a coceira no nariz ou até mesmo o sabor de um chocolate derretendo em sua boca.

De acordo com o livro “Mindfulness: o diário” o mindfulness pode ajudá-lo a ficar mais calmo, tranquilo e concentrado, tendo a capacidade de eliminar o estresse e a lidar melhor com desafios, mas exige esforço, decisão e, principalmente, a prática regular.

ATIVIDADES PARA MELHORAR A PRÁTICA DO MINDFULNESS:

1. Reserve um momento e pare;
2. Observe a sua postura;
3. Tenha consciência da própria reputação;
4. Consegue sentir o seu corpo?
5. Sente dor ou tensão em algum lugar?
6. A sua mente está acelerada ou você está calma?
7. Está confortável ou um pouco tenso?
8. Sente calor? Frio? Ou a temperatura está ideal?
9. Está com fome ou sede?
10. Como está realmente se sentindo neste segundo?
11. Irritado? Feliz? Triste? Entediado? Tranquilo?

Existem muitas provas que atestam os benefícios obtidos pela meditação do mindfulness, baseadas em estudos psicológico e científicos realizados em todo o mundo, podendo ser considerados como benefícios:

- Diminui o estresse;
- Alivia a dor;
- Acalma;
- Deixa a música ainda mais agradável;
- Melhora o gosto da comida;
- Pode ajudá-lo a se identificar melhor e a se aceitar;
- Pode melhorar a concentração mental, a memória e o desempenho;
- Pode ajudar a lidar com pensamento obsessivos;
- Pode aumentar a imunidade.

A vida moderna é voltada totalmente ao FAZER, e o mindfulness significa aprender a SER, e não FAZER. Por isso indico o, já mencionado, livro "Mindfulness: o guia" que irá ajudá-lo a praticar o mindfulness. Seguem alguns tópicos que você irá desbravar no livro citado:

• Comece o dia;	• Caminhe;
• Pensamento acelerados;	• Crie um espaço tranquilo;
• Como lidar com emoções difíceis;	• O ir e vir do trabalho;
• Acalme os nervos;	• Peça o que você quer;
• Um dia longo no trabalho;	• A volta para casa;
• Mal-entendidos;	• A fila que não acaba;
• Uma péssima noite de sono;	• Um lanche;
• Decisões;	• Decepções;
• Refute a culpa;	• No ponto de ônibus;
• Acabe com a bagunça;	• Aceitar a mudança;
• Autoestima;	• Atrasos;
• Um bom lugar;	• Cozinhando;
• Dirigir com crianças;	• Críticas;
• Olha para trás;	• Atrapalhado;
• Nadar;	• Dividindo o espaço;
• A velha discussão de sempre;	• A véspera de um dia cheio;
• Lavar louça;	• Rejeição;
• Ponto de ruptura;	• Comer fora;
• Colocar a criança para dormir;	• Parado no trânsito;
• Jardinagem;	• Dinheiro;
• As pequenas irritações da vida;	• Lidando com a perda e com o luto;
• Reviver;	• Términos;
• Seja amado;	• Excesso de coisas a fazer;
• Más notícias;	• Banho;
• Sobrecarga sensorial;	• Encontre-se;
• Confrontos;	• No ônibus;
• Paciência;	• Um monstro de olhos verdes;
• Desfazer a mala;	• Vá dormir;
• O corpo;	• Agarre-se a um bom dia;
• Arrependimento;	• Uma vida plena.

Você identificou a sua vida nesses tópicos? Se sim, pare e reflita na necessidade de dar mais atenção ao seu momento atual, estimulando o seu cérebro na coordenação do seu dia a dia, das suas emoções, dos seus pensamentos, enfim, da sua vida.

Como citado anteriormente, houve várias controvérsias se o cérebro ou o coração era o responsável pelos pensamentos e pelas emoções, mas os estudos já comprovaram que o cérebro é o coordenador disso tudo, por isso, acho válido ser citado como identificar os pensamentos de ansiedade e de depressão. Lembrando que todo diagnóstico deve ser realizado por um profissional da área e que as citações abaixo irão direcioná-lo a verificar se é preciso a busca de um profissional ou não. Observe a lista e veja se você está usando algumas dessas maneiras distorcidas de pensar.

Identificação de pensamento de ansiedade e de depressão:

1. Leitura da mente – você presume que sabe o que as pessoas pensam, sem provas;
2. Previsão do futuro – você prevê o futuro negativamente;
3. Catastrofização – você acredita que você não irá suportar;
4. Rotulação – você atribui características negativas a si ou aos outros;
5. Desconto do que é positivo – você afirma que as coisas são triviais;
6. Filtro negativo – você foca quase que exclusivamente nos aspectos negativos;
7. Supergeneralização – você percebe um padrão global de coisas negativas com base apenas em incidentes;
8. Pensamento dicotômico – você vê os fatos com o pensamento do tipo tudo ou nada;
9. As coisas devem ser diferentes – você interpreta os fatos como deveriam ser, em vez de centrar-se no que é;
10. Personalização: você atribui uma quantidade desproporcional de culpa a si mesmo;
11. Culpabilização do outro – você considera a outra pessoa fonte de seus pensamentos negativos;

12. Comparações injustas – você interpreta os eventos em termos de padrões que são irreais;
13. Arrepender-se das opções feitas – você centra sua atenção na ideia de que poderia ter conseguido melhor desempenho, em vez de tentar ir melhor agora;
14. E se...? – você sempre faz perguntas e não se sente satisfeitos com nenhuma resposta;
15. Pensamento emocional – você deixa que seus sentimentos orientem sua interpretação da realidade;
16. Incapacidade de não confirmar – você rejeita qualquer prova ou pensamento que contradiga com os seus pensamentos negativos;
17. Enfoque no julgamento – você enfoca no julgamento que faz dos outros e também no seu próprio julgamento.

Quando eu penso em desenvolvimento intelectual, eu penso em estimular o cérebro a ter bons pensamentos, boas ideias com boas atitudes para assim, ser capaz de gerar benefícios em todos os setores da vida.

Retomando os tópicos que você sequenciou anteriormente. A emoção é responsável por gerar respostas e comportamentos que garantem a sobrevivência de uma pessoa diante de um estímulo externo, a fim de proteger ou impulsionar o indivíduo para a realização de algo. O primeiro contato com as emoções ocorre na vida intrauterina, onde a emoção da mãe é transferida para o bebê. A partir disso, e até a primeira infância (aos 7 anos de idade), é possível notar o registro e a interpretação de todas as emoções e experiências que podem refletir em toda a vida.

As emoções básicas dos seres humanos são:

- Medo: mecanismo de proteção contra perigos reais ou criados pelo inconsciente;
- Tristeza: sinaliza quando algo não faz mais sentido na vida e permite a descoberta de novas fontes de felicidade;
- Raiva: energia de movimento que impulsiona o indivíduo a agir para superar as dificuldades de forma construtiva ou destrutiva;
- Alegria: o propósito é o combustível que ajuda os indivíduos a superarem as dificuldades da vida.

Se você pensou no setor emoção, que envolve família e relacionamentos independentemente do tipo de vínculo, o importante é manter o equilíbrio emocional, entender a diferença entre amor e paixão e principalmente saber se o ciúme é patológico ou não.

Ter um desempenho eficiente é muito importante tanto para os estudos como para o trabalho. Para um bom desempenho nos estudos e no trabalho, o importante é a dedicação ao que precisa ser executado e empatia com as pessoas envolvidas. Como vou ter empatia com o meu chefe ou meu professor sendo que não concordo com o que ele fala ou com a forma como ele age? É necessária a flexibilidade para um bom convívio social, você não precisa aceitar a outra pessoa, mas o crescimento pessoal acontece mesmo quando não aceitamos, mas sabemos lidar. É preciso pedir desculpas ou perdoar? Faça e saiba compreender a situação do outro.

Cap. 3 - O cérebro e o desempenho profissional

Vou sintetizar algumas dicas de como ter um bom desempenho acadêmico e profissional:

- Defina prioridades;
- Organize o seu espaço de estudo/trabalho;
- Tenha um cronograma de rotina e atividades;
- Diga não;
- Cuide-se;
- Controle o seu acesso às redes sociais;
- Não misture seus assuntos pessoais;
- Termine uma atividade antes de iniciar outra.

Muitas pessoas se preocupam com a aparência sem pensar que antes de cuidar do corpo é preciso pensar na saúde. O mercado de beleza cresce a cada dia, mas será que a saúde e a qualidade de vida acompanham? Vivemos numa era de desumanização e de incertezas, num mundo dominado pelo imediatismo do capitalismo e das tecnologias e isso é a causa original de desequilíbrios emocionais.

O seu cérebro só terá um bom funcionamento se o seu corpo estiver na mesma sintonia, por isso é importante um estilo de vida saudável. **Seguem algumas sugestões:**

- Prática de atividade física;
- Alimentação saudável;
- Controle do estresse, das emoções e dos sentimentos;
- Boa higiene;
- Fazer exames de sua saúde regularmente;
- Evitar ou minimizar o uso do álcool e cigarro.

A organização das finanças pessoais representa um ponto fundamental na vida de todos, as dificuldades nesse setor afetam diretamente a produtividade, o emocional e, muitas vezes, o ambiente familiar. Organizar as finanças representa o primeiro passo em direção à concretização de sonhos e projetos. Se você não sabe quais são suas necessidades reais, não conseguirá manter o equilíbrio financeiro. **Seguem algumas dicas:**

- Definir prioridade;
- Ter autocontrole;
- Aprender a usar o dinheiro;
- Gastar menos do que ganha;
- Estabelecer objetivos financeiros;
- Ter cuidado com o que não está planejado no orçamento;
- Poupar sempre;
- Aprender a investir;
- Limitar ao máximo o endividamento;
- Fugir do crédito fácil;
- Disciplina, antes de tudo.

Mas se você faz tudo o que foi citado muito bem, e tem dificuldade em encontrar uma fonte de lazer para estimular o bem estar e o prazer, estou aqui para te auxiliar.

O lazer é um fator muito importante na vida do ser humano e não pode ser deixado de lado. Marcella, por que muitas pessoas deixam o lazer de lado? Em muitos casos, a resposta é a falta de autoconhecimento do que gosta e do que faz bem e também o fato de não saber se divertir. Não saber se divertir, como assim? Sim, muita gente não tem um lazer porque não sabe se divertir e por não saber do que gosta.

Uma questão importante que precisa ser ressaltada é que não podemos confundir lazer com vício, visto que o lazer é uma atividade que tem como objetivo divertir, onde a criatividade é estimulada, o prazer é liberado e também é o momento em que o cérebro recarrega as energias. **Seguem algumas dicas:**

- Busque prazer nas atividades;
- Crie hobbies;
- Aproveite o ócio.

O primeiro passo é tentar descobrir qual é o seu *hobby*, a partir do momento em que você souber, você conseguirá planejar suas férias ou até mesmo seus finais de semana de lazer, mas lembre-se, é importante você estar conectado com o momento, o local e as pessoas que estiverem com você, para seu cérebro se reconectar, desconecte-se do mundo e desfrute.

Cap. 4 - Juntando tudo

Para finalizar, venho ressaltar alguns pontos que falamos até o momento. Organize sua vida, agende, coloque despertador e deixe um tempo do seu dia para você fazer o que você gosta e o que te faz bem. Saiba que descansar é preciso, dê uma pausa na rotina corrida, respire, medite e sinta o seu eu interior, a partir do autoconhecimento, você terá controle das suas emoções e sentimentos e isso é ótimo para o cérebro. Sempre digo às pessoas a minha volta, independentemente se a sua queixa é atenção, memória ou qualquer outra, fique atenção às suas emoções, pois elas impactam muito na sua capacidade cognitiva.

No mundo moderno, é difícil desconectar do celular, mas digo, não é impossível. Esforce-se, use a tecnologia a seu favor e não esqueça de se conectar com as pessoas que estão a sua volta, o mundo virtual precisa ficar em *stand-by.*

Enfim, o seu cérebro ou o seu coração que está no controle? Pense nisso e saiba que o exagero não faz bem, o importante é manter o equilíbrio, guarde essa palavra na sua memória EQUILÍBRIO, assim você conseguirá manter o seu cérebro ativo em harmonia com o seu corpo e com a sua mente.

Referências Bibliográficas

GIL, G.; BUSSE, A. L. Ensinar a lembrar. São Paulo: Casa Leitura Médica, 2015.

LEAHY, R. L. Livre de ansiedade. Tradução: Vinicius Figueira. Porto Alegre: Artmed, 2011.

LENT, R. Cem Bilhões de Neurônios? Conceitos Fundamentais de Neurociência. Rio de Janeiro: Editora Atheneu.

MARINO JR, R. A religião do cérebro: as novas descobertas da neurociência a respeito da fé humana. São Paulo: Editora Gente, 2005.

PINTO, F. G. O cérebro ninja. São Paulo: Planeta, 2018.

PINTO, F. G. A neurociência do amor. São Paulo: Planeta, 2017

ROONEY, A. A história da Neurociência: Como Desvendar os Mistérios do Cérebro e da Consciência. São Paulo: M.Books, 2018.

SWEET, C. Mindfulness: o diário. Tradução: Patrícia Azeredo. Rio de Janeiro: Editora Best Seller, 2015.

EQUILÍBRIO EMOCIONAL

WENDY **BUENO**

Equilíbrio Emocional

@wendybuenooficial

Sobre a Autora:

- **Master Coach Integral Sistêmico - life, business e executive coach. Formação Golden Belt pela Florida Christian University (FCU). Practitioner em PNL Avançada.**

- **Analista de Perfil comportamental CIS ASSESSMENT.**

- **Graduada em Enfermagem, com mestrado em Pesquisa Clínica em Ciências da Saúde pela Fiocruz.**

- **MBA em Gestão Empresarial pela FGV.**

- **Mentora do programa extraordinários.**

Cap. 1 - Encontrando o equilíbrio

Vida pessoal + vida profissional

"Nenhum sucesso na vida compensa o fracasso no lar".
David M. McKay

Você busca equilíbrio na vida pessoal e profissional? Como seriam seus resultados se pudesse compreender melhor a si mesmo e as pessoas que te cercam, entender o que te motiva a agir e ainda se comunicasse com os outros de maneira mais profunda e eficaz? Em casa ou no ambiente corporativo, para evitar conflitos e melhorar relacionamentos estamos sempre tentando decifrar as pessoas, mas infelizmente a maioria não conhece nem a si mesma. Está perdida, criando expectativas irreais sobre quem são ou sobre quem os outros deveriam ser. Pessoas com controle de suas emoções são capazes de harmonizar a vida pessoal e profissional, lidar com as crises, construir aquilo que querem para si e conectam-se plenamente com seus pares.

Equilíbrio total é utopia, pois a vida é cíclica, onde nossa dedicação é compartilhada entre vida pessoal e profissional conforme nossas prioridades. Na vida da criança, a prioridade está na construção do caráter, da identidade de quem ela é no mundo e na construção da sua personalidade e valores. Para um jovem, quando surge a preocupação de gerar renda, à medida que busca independência e se prepara para constituir sua própria vida pessoal, a prioridade tende a ser a definição da carreira. Para quem já constituiu uma carreira, formou uma família, talvez a prioridade seja assegurar, manter e ampliar o que construiu e atuar na educação dos filhos, netos... reiniciando esse processo cíclico. Independentemente de qual fase você se encontre, a vida é um conjunto de experiências pessoais e profissionais, boas ou ruins, que perpassam por relacionamentos. Em cada fase, experimentamos vários estados emocionais diferentes que nos fazem agir no caminho da evolução ou da estagnação de objetivos pessoais e profissionais.

O caminho para a evolução é a CONSCIÊNCIA! A dor que te joga no buraco é a mesma que pode te fazer crescer, pode tornar-se sua sombra ou sua luz, pode avivar ou matar seus sonhos. A proposta do tema equilíbrio emocional é te mostrar que mais do que buscar sobreviver aos conflitos internos e externos, você pode usar conscientemente sua emoção e sua razão para desfrutar de uma vida abundante, conforme suas possibilidades/recursos e não conforme suas limitações/dores emocionais. A capacidade de pensar com o coração e sentir com a razão ao se relacionar consigo e com seus pares, te permitirá atingir realizações ainda maiores do que aquelas que já imaginou.

Você pode estar se perguntando: como equilibrar razão e emoção? Metaforicamente, o cérebro é dividido em dois hemisférios: esquerdo e direito. A neurociência diz que o esquerdo é o racional, matemático, lógico, cognitivo, cartesiano, analítico, crítico, talvez até meio chato. Esse hemisfério, na verdade, é todo o cérebro, mas para ficar didático e compreensivo, vou tratar dessa maneira. Já o direito é o lado da intuição, das emoções, dos sentimentos, da compreensão subjetiva da vida, da compreensão emocional e bela do mundo. Inteligência Emocional é um conceito que descreve a capacidade de reconhecer e avaliar os seus próprios sentimentos e os dos outros, assim como a capacidade de lidar com eles.

Existem diversas formas de aperfeiçoar sua Inteligência Emocional, e trataremos disso neste capítulo, onde você irá compreender que ela é a chave para conhecer a si mesmo e gerar conexões poderosas para obter resultados extraordinários! Você irá testar e aprender 18 competências emocionais para resgatar a liderança do seu Eu para protagonizar a própria história, além de também compreender os outros. Conhecerá as dores (limitações) que formam os seus traços de caráter e formato do corpo até os cinco anos, moldam a sua estrutura emocional, tornam-se a base da sua percepção do mundo e determinam a tomada de decisões que moldam seus resultados atuais. Terá clareza sobre as principais experiências adversas na infância que geram vícios emocionais e sabotam o seu sucesso. Assim como no veneno está o antídoto, reconhecer suas principais dores emocionais te permitirá usar os seus principais recursos (possibilidades) para se tornar extraordinariamente quem você nasceu para ser. Aprenderá a livrar-se do lixo tóxico que talvez esteja carregando por anos e a ressignificar sua dor em autoconfiança e superação. A clareza sobre si mesmo abrirá o campo para alta performance nos relacionamentos interpessoais, determinantes para sua alta performance pessoal, profissional e nos negócios. A análise de perfil comportamental te trará parâmetros qualitativos e quantitativos para conhecer profundamente como você tem lidado com desafios, relacionamentos, planejamento e normas; lerá sobre hierarquia de valores, perfil psicológico de Jung e mapeamento de 16 competências para assim enfrentar seus medos e usar sua automotivação para se tornar uma joia única no teatro da existência e deixar seu legado na história.

Razão + emoção

Assim como a matéria-prima do corpo são as células, a matéria-prima da mente é o pensamento. Quando se vê tudo pelo hemisfério esquerdo (pensamento lógico/racional), o mundo fica muito mais escasso, cinza, turbulento e difícil de suportar. As escolas intoxicam os alunos com ele, que é o modelo de pensamento dialético, o mais pobre que existe. O hemisfério direito (pensamento imaginário/emocional) é o mais rico; é a matéria-prima para sonhar e realizar, inspirar-se, ter autoestima, ser solidário, mas pode tornar-se seu pior inimigo se utilizado sem equilíbrio emocional.

O que você acredita que acontece nos extremos da falta de equilíbrio entre razão e emoção? Você sofre por antecipação? Quantas vezes já se sentiu como se o controle de sua vida não estivesse nas suas mãos? Tenta fazer de tudo, mas parece que as forças acabam antes de chegar lá? Costuma estar sempre insatisfeito e não consegue viver o relacionamento que sempre sonhou, ou não ganha o quanto gostaria e acredita que merece? Possui pensamentos de revolta e sempre que toma uma decisão parece que à sua frente surgem impedimentos que te limitam de ser quem deseja e tão feliz como almejou um dia ser?

E quanto às pessoas ao seu redor? Quantas pessoas você conhece que são muito inteligentes cognitivamente, mas não conseguem dominar seus medos, impulsividade, ansiedade, autopunição, radicalismo, pessimismo, timidez, raiva, ódio, mágoas? Escolas e universidades concentram esforços para educar o cérebro racional. Quantos alunos "nota A" colecionam títulos e diplomas, mas não conseguem atingir objetivos profissionais e acabam sendo contratados por alunos "nota C" que se relacionavam melhor consigo e seus pares? Será que uma boa nota numa prova é suficiente para fazer alguém um bom filho, amigo, cônjuge, pai/mãe, familiar, profissional, gestor?

Quem sofre por antecipação está usando sua criatividade de forma nada inteligente, velando o futuro por aquilo que é apenas uma possibilidade, que ainda não aconteceu e provavelmente nem aconteça, se aprisionando no passado de dor e ressentimento consigo mesmo e/ou com os outros e tornam-se cego para encontrar uma solução no presente. Quem usa a emoção de forma inconsequente, ancora-se no que tem de pior, no seu lixo mental. E quando faz isso, destrói sua saúde emocional e produz seus piores monstros, como a ansiedade (excesso de futuro), o estresse (excesso de presente) e a depressão (excesso de passado), culminando no extremo da dor emocional que é o suicídio. Quem atenta contra sua própria vida não quer matar a existência, mas a dor, as perdas, a angústia, o sentimento de abandono e de culpa.

As pessoas se dedicam tanto a serem perfeitas que se destroem por dentro. Milhões de doenças físicas e emocionais, até mesmo o suicídio, poderiam ser evitadas se nosso Eu deixasse de ser passivo e aprendesse a intervir com inteligência ativa nos próprios pensamentos e sentimentos, ressignificando suas dores em crescimento e aprendizado. Se elas soubessem do poder surpreendente que está dentro delas, deixariam de ser espectadores das suas situações e passariam a ser roteiristas mais criativas de sua história. Dividiriam mais as suas dores com seus pais, com a sua esposa, com seu marido, com seus filhos, aumentariam a sua capacidade de superação e aumentariam a capacidade deles também!

Como seria sua vida a partir de hoje se você pudesse aprender e ensinar às demais pessoas ao seu redor a transformarem suas janelas emocionais de dor (limitações) em janelas de recurso (possibilidades): ousadia, determinação, bom humor, flexibilidade, prazer, empatia e outras nobres características que não moram no cérebro cognitivo?

Nos seminários, palestras, mentorias do programa Extraordinários e em processos de Coaching que ministro, costumo ensinar com bastante profundidade científica cinco estratégias poderosas para tornar o mais tolo em alguém sábio emocionalmente, com admirável inteligência-foco-temporal, que se baseia em viver 60% no presente com amor, 30% no futuro com fé e 10% no passado com esperança. Essas cinco ferramentas são simples, mas poderosas:

1. Gratidão = colocar sua atenção seletiva naquilo que você TEM, em vez de colocar naquilo que ainda não tem;
2. Autorresponsabilidade = foco no que você CONTROLA e não no que você não pode controlar ou mudar;
3. Atitude corporal/fisiologia corporal, que é a capacidade de usar seu corpo para mudar sua mente e fisiologia por meio da sua química corporal;
4. Contágio social = o meio em que vivemos define o modo como pensamos, sentimos e agimos; por isso, quando não estamos satisfeitos com nossos resultados, podemos modelar pessoas que já têm os resultados que buscamos;
5. Ajuste da reciprocidade = equilíbrio entre dar e receber nos torna plenos e abundantes. Infelizmente, não há espaço para detalhar tudo aqui, mas pode me chamar nas redes sociais que terei grande prazer em te ajudar nesses temas.

Cap. 2 - O caminho para a mudança tem um mapa

"LIBERTEI MIL ESCRAVOS. PODERIA TER LIBERTADO OUTROS MIL
SE ELES SOUBESSEM QUE ERAM ESCRAVOS."
ABOLICIONISTA AFRO-AMERICANA HARRIET TUBMAN.

Uma vida extraordinária consiste em uma vida integral (equilíbrio razão e emoção) e sistêmica (abundante em todos os pilares da vida). Por que ser feliz em uma área e frustrado nas outras? Ter o trabalho dos sonhos, mas não ser feliz no relacionamento conjugal, ter um ciclo de amizades maravilhoso, mas ter um péssimo relacionamento familiar. Buscar resultados somente em algumas áreas e abrir mão de outras é o princípio da escassez. Temos 12 pilares na vida que determinam tudo o que engloba nossa existência. Essas áreas são representadas na Roda da Vida que você preencheu na página 14.

A solução para todas as áreas que te geram insatisfação na sua Roda da Vida envolve o equilíbrio emocional. Nossos resultados são frutos de nossas ações. Nossas ações são moldadas pelos nossos sentimentos e emoções (hemisfério direito), que são respostas automáticas do nosso inconsciente ou de nossos pensamentos (hemisfério esquerdo).

A partir daqui você irá conhecer e testar as 18 competências emocionais, ensinadas por Daniel Goleman, pai da inteligência emocional, para aprimorar a forma com a qual se relaciona consigo (competências emocionais pessoais) e com os outros (competências emocionais sociais). Também será capaz de compreender as cinco principais sensações que formam o caráter e a identidade, que podem estar destruindo sua autoestima e limitando seu crescimento pessoal e profissional a uma vida de escassez e não realização. Conhecerá poderosas ferramentas para livrar-se das dores do passado e começar a viver conforme suas possibilidades, aprimorando seus resultados pessoais, profissionais e de negócios. E, também pode me contatar nas minhas redes sociais para ganhar de presente um teste degustação de análise comportamental, que te permitirá entender melhor a si mesmo e aos outros por meio dos quatro diferentes padrões comportamentais, dos medos e das motivações que movem as pessoas. Pode também me procurar para fazer sua análise corporal e identificar as dores que moldaram seu traço de caráter e formato do seu corpo, te trazendo clareza para viver no seu recurso.

Teste sua inteligência emocional

A evolução pessoal e profissional é diretamente proporcional à capacidade de uma pessoa em desenvolver sua inteligência emocional. Daniel Goleman, renomado psicólogo e jornalista científico, PhD pela Universidade de Harvard, a define como a capacidade que um indivíduo tem de identificar os seus próprios sentimentos e os dos outros, de se motivar e de gerir bem as emoções internas e os relacionamentos. Afinal, você pode ser uma pessoa muito inteligente, mas não saber administrar bem as suas emoções, por exemplo. Isso tem um grande impacto na sua vida como um todo, mas principalmente no ambiente de trabalho. É por isso que a inteligência emocional é uma característica que tem sido cada vez mais buscada em entrevistas de emprego e determina sucesso nos negócios. Não pense que isso é bobagem. Para o próprio Goleman, o quociente de Inteligência (QI) contribui com apenas 20% do nosso sucesso na vida. Os outros 80% são resultado do quociente emocional.

Você tem inteligência emocional? Você a cultiva? Isso é importante para você? Você dedica tempo a isso? Ou você só pensa no hemisfério esquerdo, racional, cognitivo e trabalha focado nisso, desesperado para ter mais conhecimento e desprestigiando o lado emocional? Se esse desequilíbrio acontecer, será difícil unir competências e flexibilidade necessárias.

A inteligência emocional inclui 18 competências: 9 competências pessoais e 9 competências sociais. Faça o teste de Inteligência Emocional (com sinceridade) e descubra em que nível você está! Dê uma nota de 1 a 10 para cada um dos 18 critérios, sendo:

1 a 2: totalmente insatisfeito,

3 a 4: insatisfatório,

5 a 6: regular,

7 a 8: satisfatório

9 a 10: supera as expectativas

	COMPETÊNCIAS EMOCIONAIS PESSOAIS	Nota
1	**AUTOCONSCIÊNCIA EMOCIONAL**: Você tem sido capaz de identificar e compreender as próprias emoções, bem como reconhecer o impacto delas na sua forma de agir, de tomar decisões e de se relacionar com os outros? Tem usado suas emoções como aliadas?	
2	**AUTOAVALIAÇÃO PRECISA:** Você conhece os próprios limites e possibilidades, sem se supervalorizar ou se subestimar? Coloca-se da maneira correta em cada desafio e, sobretudo, é capaz de distinguir uma oportunidade de uma autossabotagem?	
3	**AUTOCONFIANÇA:** Você tem um sólido senso de valor próprio, capacidade e potencial? É capaz de enfrentar seus desafios de modo seguro e confiante?	
4	**AUTOCONTROLE EMOCIONAL:** Você consegue manter suas emoções e impulsos destrutivos sob controle em momentos de estresse?	
5	**SUPERAÇÃO:** Você possui ímpeto para melhorar o próprio desempenho a fim de satisfazer padrões internos de excelência? Acredita que tudo pode ser melhor e que sempre é possível ir além e conquistar algo mais?	
6	**INICIATIVA:** Você está sempre pronto para perceber e aproveitar oportunidades, não se deixando paralisar pela zona de conforto ou pela acomodação?	
7	**TRANSPARÊNCIA:** Seus comportamentos têm sido totalmente fundamentados na honestidade e na integridade? Você tem sido digno de confiança? O quanto as pessoas que o conhecem de fato confiam em você?	
8	**ADAPTABILIDADE:** Você tem se colocado de maneira flexível na adaptação a pessoas com estilos diferentes? Você tem se adequado e flexibilizado em situações diferentes e incomuns?	
9	**OTIMISMO:** Você sempre busca ver o lado bom dos acontecimentos em qualquer ocasião?	
NOTA FINAL (Some as notas e divida por 9 para tirar a média)		

Por Daniel Goleman, extraído do livro "O poder da autorresponsabilidade".

COMPETÊNCIAS EMOCIONAIS SOCIAIS		Nota
1	EMPATIA: Você é capaz de perceber as emoções alheias, compreender seus pontos de vista e se interessar de maneira ativa por suas preocupações, com empatia ao que outras pessoas sentem?	
2	CONSCIÊNCIA ORGANIZACIONAL: Você consegue identificar e compreender as conexões sociais ao seu redor, sabendo com quem, como e quando falar?	
3	SERVIÇO: Você reconhece e busca satisfazer as necessidades das pessoas à sua volta? Você serve, auxilia e colabora sem pedir nada em troca?	
4	LIDERANÇA INSPIRADORA: Você orienta e motiva com uma visão instigante, conduzindo pessoas a objetivos mais elevados, possibilitando que elas façam o que antes não fariam e cheguem aonde, sem sua liderança, não chegariam?	
5	INFLUÊNCIA: Você dispõe da capacidade de persuadir e influenciar pessoas para que elas ajam de modo positivo e consistente?	
6	DESENVOLVIMENTO DOS DEMAIS: Você cultiva as capacidades alheias por meio de feedback e orientação? Você se preocupa em desenvolver, ensinar e capacitar as pessoas ao seu redor para que sejam mais e melhores do que já são?	
7	CATALISAÇÃO DE MUDANÇAS: Você inicia e gerencia mudanças, liderando pessoas para uma nova e melhor direção?	
8	GERENCIAMENTO DE CONFLITOS: Você se empenha em solucionar divergências entre as pessoas, levando-as à integração, à conciliação, à aceitação e ao respeito mútuo?	
9	TRABALHO EM EQUIPE: Você é capaz de colaborar com o trabalho em equipes de alto desempenho? É capaz de se colocar como membro de uma equipe e, com humildade, dar o seu melhor para contribuir com o grupo e os objetivos dele?	
NOTA FINAL (Some as notas e divida por 9 para tirar a média)		

Por Daniel Goleman, extraído do livro "O Poder da Autorresponsabilidade".

Traços do caráter

"Não há nada essencial no interior que não seja ao mesmo tempo percebido no exterior".
Hugo Hofmannsthal

Dores emocionais definem a formação do caráter e da identidade

Você pode se perguntar: por que não desenvolvi plenamente essas competências emocionais tão importantes? Quando e como elas são formadas? Por que a minha vida está estagnada? A resposta é que nas áreas onde há escassez e limitações, você abriga sensações básicas programadas desde a gestação e infância, ou emoções tóxicas e vícios emocionais, fruto do que você viu, ouviu ou sentiu, repetidas vezes ou sob forte impacto emocional, como as experiências adversas na infância. Isso pode ter afetado sua identidade, definido suas crenças limitadoras, percepções negativas do mundo, de si mesmo e dos outros. Nascemos como computadores de última geração, e nossos pais biológicos ou substitutos instalam os programas. Alguns funcionam muito bem, mas outros podem vir com vírus. Assim como um computador que precisa ser programado, nossa mente é programada com sensações, imagens e palavras, as quais influenciarão diretamente nossos pensamentos e autoestima quando adultos. Mas a boa notícia é que, da mesma forma que suas emoções foram programadas, elas podem ser reprogramadas com os arquivos certos que te levam a plenitude e felicidade e essa é a missão do meu programa *Extraordinários.*

Quando esses padrões emocionais adaptativos ocorrem e quais as consequências? Segundo os psicanalistas Wilhelm Reich, colaborador de Sigmund Freud, e Alexandre Lowen, até os cinco anos de idade, formam-se os traços de caráter, que são a essência da nossa identidade. Uma gestação dura cerca de nove meses. O primeiro sistema a ser formado durante a embriogênese no útero materno é o sistema nervoso central, formado pela cabeça e coluna vertebral, mas a conclusão da formação da estrutura física corporal somente finaliza-se aos quatro ou cinco anos, com o completo processo de mielinização da coluna vertebral. O processo de mielinização da coluna permite que as conexões nervosas gerem percepção e distribuam energia ao longo do corpo. Para exemplificar, imagine a condução de energia num cabo de eletricidade desencapado. A energia se concentra no início e logo se dissipa e não chega ao final do cabo. Uma vez que esse cabo é envolto por uma camada emborrachada, a energia pode atingir toda a extensão do cabo. Da mesma forma ocorre quando nossa coluna passa pelo processo de mielinização. Os neurônios ficam dentro da medula espinhal, que se compara ao cabo elétrico, e por fora, a bainha de mielina, que se compara à capa de borracha. No entanto, ela não se desenvolve dentro e fora ao mesmo tempo. Ao nascer, a criança tem a estrutura neural pronta, mas sem a bainha externa. À medida que a criança cresce, essa bainha desce por toda a extensão da medula espinhal até chegar aos órgãos sexuais. Cada fase do processo de mielinização define características físicas como o formato do corpo e emoções básicas dos cinco traços de caráter.

Durante a gestação, até o primeiro mês de vida, ocorre a mielinização da cabeça e nessa fase, a criança sente e percebe as emoções da mãe. O processo de gestação traz muitas mudanças e a mãe tem uma série de preocupações com recursos financeiros, estrutura familiar, mudanças do corpo e no estilo de vida. Todas manifestam medos do mundo novo que está prestes a chegar, umas com mais e outras com menos intensidade. Não importa a intenção da mãe, seja boa ou ruim, a criança pode perceber que, quando ela se movimenta no útero, ela passa a "existir" para a mãe. Se a mãe manifesta medo, há alteração no seu útero e o mundo da criança fica "ruim". Essa criança percebe que quando ela existe, o mundo fica pior, o útero fica mais frio, apertado, sem espaço para ela ser quem ela é. Instala-se a dor e a sensação base da **REJEIÇÃO**. Um adulto com sua criança não curada pode passar a acreditar que o mundo é ruim e quanto menos ele se expressar e mostrar-se ao mundo, mais seguro estará. Tem medo de ser rejeitado, fala pouco e não gosta de incomodar.

Após o nascimento, quando a criança depende inteiramente de outra pessoa para sobreviver, sua única maneira de expressar suas necessidades, ser vista e acolhida é o choro. Quando as suas necessidades de alimentação, higiene, conforto, adequada temperatura corporal, amor e presença dos pais não são atendidas, a criança pode sofrer a dor do **ABANDONO**. A criança aprende que para sobreviver na vida, inclusive como adulta, a solução é chorar ou vitimar para ser vista. Pode também tender a suprir o abandono comendo ou com algum tipo de compulsão ou com vícios químicos para anestesiar a dor.

Quando a criança começa a interagir com o mundo além da mãe, na fase em que começa a andar, é natural ela ser notada pelas gracinhas que faz, como exemplo mandar beijo, bater palminhas. Com a mielinização da coluna torácica e lombar, ela começa a ter mais domínio do tronco. Nesse momento, pode-se instalar a dor da **MANIPULAÇÃO**, onde a criança passa a acreditar que ela é o que ela faz, sente-se usada e manipulada a fazer o que ela não quer ou não gosta para ser amada. Fica presa à necessidade de "bom comportamento" para ser aceita e pode exigir isso dos filhos, fazendo-os se tornarem quem não nasceram para ser. Esse adulto tende a viver agindo para agradar aos outros ou viver constantemente na busca por obter poder ou status para sentir que está no controle do ambiente e fugir da manipulação. Um grande risco é não enxergar o precipício que vem à frente do caminho do ego e da vaidade. Pode chegar muito longe, mas ao olhar para trás percebe que caminhou sozinho e feriu muitas pessoas ao redor.

Na fase do desfralde, após a mielinização da coluna lombar e sacra, a criança adquire o completo controle dos esfíncteres vesical e anal. Um desfralde precipitado, como desfraldes coletivos nas creches, quando a criança ainda não tem o controle muscular dos esfíncteres, pode gerar a dor da **HUMILHAÇÃO** e a criança tenderá a viver uma vida inteira com "medo de fazer merda", medo de errar e com uma busca desproporcional e inconsciente por segurança. Esse adulto tende a tornar-se uma panela de pressão, forte para segurar sua "merda" e ainda carregar os problemas dos outros. São sensíveis, mas sentem e guardam suas emoções como cofre, até o ponto de explodirem e depois se culparem profundamente pelo súbito descontrole emocional.

Em torno dos 5 anos de idade, o processo de mielinização se conclui nos órgãos genitais com a percepção da sexualidade – "choquinho mágico". A criança começa a perceber que o mundo se organiza em pares, homem e mulher, pai e mãe, tio e tia, cachorro e cadela, e percebe-se num triângulo onde ela é o elo mais fraco, pois o pai e a mãe, ou substitutos, são o elo mais forte. Nessa fase, ocorre o que Freud conceitua como complexo de Édipo, o conjunto de desejos amorosos e hostis que o menino enquanto ainda criança experimenta com relação a sua mãe. O fenômeno psíquico também ocorre nas meninas com relação ao pai. O menino compete com o pai pelo amor da mãe, e a menina compete com a mãe pelo amor do pai. É quando a criança sente a dor da **TRAIÇÃO/EXCLUSÃO** e tende a tornar-se em adulto com relacionamentos amorosos, de amizade ou societários, em triangulação, com uma personalidade de competição e perfeccionismo, na busca de evitar o medo e o risco de ser trocado novamente.

O seu corpo é o reflexo visível da sua mente. Como estudiosa e analista de perfil corporal, só de olhar o seu corpo, pelas características anatômicas, é possível compreender o modelo de funcionamento da sua mente e emoções, o que me permite te ajudar a esclarecer sua história de vida e sua relação consigo e com os outros. Conforme a intensidade das experiências vividas, essas dores tornam-se emoções que definem nossas configurações corporais anatômicas básicas. Quando uma pessoa se depara com um obstáculo na vida, o sistema nervoso dela se manifesta com a configuração básica que ele tem. Quando alguém não consegue fazer o que precisa ser feito, ou não consegue parar de fazer aquilo que a está prejudicando, é por medo de uma dessas cinco sensações básicas que acabamos de ver. Está vivendo na sua dor, nas suas sombras, e não conforme sua força e recursos. Muitos tentam ser alguém que não são, e sofrem por isso. Fazer sua análise corporal te permitirá saber quem você é e lhe permitirá seguir o caminho que busca usando seus recursos e saindo da sua dor.

No veneno está o antídoto

TODA DOR PERCEBIDA NO PROCESSO DE MIELINIZAÇÃO DA COLUNA VERTEBRAL GERA RECURSOS QUE SÃO DÁDIVAS DIVINAS QUE DEFINEM NOSSA MISSÃO NO MUNDO.

A dor da rejeição exige que a criança "exista menos", no entanto, para sobreviver àquela dor, ela desenvolve uma **INTELIGÊNCIA COGNITIVA** extraordinária, a capacidade de imaginar e criar um mundo novo e incrível na sua mente. São pessoas extremamente racionais que criam um mundo paralelo como um plano inconsciente para sobreviver. São pessoas com testa proeminente, corpo magro e esticado e articulações evidentes. Os maiores gênios da humanidade souberam usar seu recurso ao invés de viver na sua dor.

A dor do abandono, durante a amamentação e o desmame molda o traço de caráter cujo recurso é a incrível **HABILIDADE DE SE COMUNICAR**, conectar-se e sentir as pessoas com empatia. São pessoas intensas, comunicativas e extremamente sentimentais. Possuem um corpo mais fofinho, arredondado e infantil. Têm tendência ao acúmulo de gordura corporal. Aqueles de vivem no seu recurso têm grande capacidade de empatia e tornam-se joias raras e inesquecíveis, pois proporcionam ambientes acolhedores e afetuosos por onde passam.

A dor da manipulação, entre o primeiro ano de vida até por volta dos dois anos e meio, quando a criança sente que, se não fizer nada, ninguém vai dar valor para o que ela é, mas sim pelo o que ela faz, gera nela o recurso que é saber **LIDERAR, NEGOCIAR, PERSUADIR** situações e pessoas para uma causa pela qual ela acredita. Ela pode usar essa dádiva para o bem ou para o mal. Por isso há líderes bons e outros péssimos, manipuladores e egoístas. Possuem cabeça e corpos em formato triangular, grande em cima e pequeno em baixo, como um funil, queixo pontudo, ombro largo, sorriso torto. Aqueles que trocam suas dores por seu recurso conseguem tudo o que desejam e arrebatam multidões com sua influência e poder.

Com o desfralde no momento errado, quando a criança ainda não tem as ramificações do esfíncter anal para segurar as fezes e evitar a humilhação, ela usa a musculatura do glúteo para tentar travar a evacuação. Por isso desenvolve um corpo mais quadrado, com musculatura tensa, com nádegas amassadas, pés se abrem como um pinguim. A dor da humilhação traz a sensação de pessoas como uma panela de pressão prestes a explodir. Seu recurso? Capacidade de **SUPORTAR DESAFIOS E LIDAR COM COISAS DIFÍCEIS**. São pessoas extremamente fortes, com um ritmo próprio e seguro. Quem decide superar a dor para viver no seu recurso, torna-se indispensável, uma referência em excelência para criar scripts, métodos e processos seguros onde quer que esteja.

A dor da traição/exclusão, por volta dos quatro ou cinco anos, traz a percepção da sexualidade. O corpo recebe grandes cargas de novos hormônios. O recurso, para não perder novamente na triangulação pai x mãe x filho é a **COMPETITIVIDADE**. São pessoas proativas, executoras, fortes e ágeis, que prezam por controle. Apresentam corpos mais harmônicos, sensuais, tipo violão, formas atraentes e imponentes.

Ao entender sua mente a partir da análise corporal, você evitará situações que não lhe fazem bem, aprendendo a usar melhor os recursos da sua mente, a melhor forma de se comunicar e conduzir seus relacionamentos. Além de se permitir conhecer-se profundamente, saberá o que fazer e o que não fazer com as pessoas que são importantes para você. A ferramenta do Mapa dos Caráteres traz mais resultados que anos de curso de autoconhecimento e terapias diversas, pois não tem a influência da adaptação comportamental ao ambiente.

Com base no que você viu aqui, reflita: qual o formato do seu corpo? Quais as principais dores que ele comunica? Quais as dores que você sente? E como seria sua vida se a partir de agora você decidisse olhar para os recursos que você tem em vez daqueles que te faltam? E como seriam seus resultados se a partir de agora você criasse um novo caso de amor com sua história, dando novos significados aos desafios, transformando-os em superação, usando-os como alavancas em vez de muletas emocionais?

Experiências adversas na infância

"Em meio à dor existencial e experiências adversas na infância, uma criança não deixa de amar seus pais, mas deixa de amar e respeitar a si mesma"

Wendy Bueno

Uma sociedade vital e produtiva, com um futuro sustentável e próspero é construída com o desenvolvimento saudável das suas crianças. A saúde bio, psico, social e espiritual da mãe, até mesmo antes de engravidar, e da criança nos primeiros anos de vida, determina os fundamentos para uma vida de bem-estar. Experiências iniciais positivas são fundamentais no desenvolvimento de um cérebro robusto para aquisição das capacidades de aprendizagem e habilidades e de um corpo saudável para o desempenho de atividades.

O Estudo de Experiências Adversas da Infância (ACE - *Adverse Childhood Experiences*), do CDC - *Centers for Disease Control and Prevention*, nos EUA, revelou uma relação entre trauma infantil e as doenças crônicas no adulto, problemas sociais, econômicos e emocionais. Isso inclui doenças cardíacas, câncer de pulmão, diabetes, doenças autoimunes, depressão, violência, vítima de violência e suicídio. Não pense que o ACE Study foi com pessoas pobres e sem recursos. Os participantes do estudo eram 17.000 brancos, de classe média alta, com bons empregos e bons cuidados de saúde. O Estudo ACE incluiu apenas os 10 traumas de infância mais comuns. São cinco pessoais e cinco relacionados a membros da família.

Por que é importante saber sobre isso? Por duas razões: a primeira é você compreender a si mesmo, a raiz de suas mágoas e dores, entender os impactos na sua saúde e assim poder escolher parar de carregar esse lixo emocional com você. A segunda razão pela qual esse tema é importante é porque você pode já ser, ou futuramente vir a ser, pai ou mãe, e esse conhecimento poderá ser usado para você educar uma geração emocionalmente saudável e mais feliz.

Marque um ponto para cada resposta positiva às perguntas abaixo.

Antes do seu aniversário de 18 anos:

1 ( ). Seus pais ou outro adulto na residência frequentemente o insultaram, humilharam ou agiram de uma maneira que o deixou com medo de ser machucado fisicamente?

2 ( ). Seus pais ou outro adulto na residência frequentemente o empurraram, estapearam, jogaram alguma coisa em você ou bateram em você com tanta força que ficaram marcas ou feridas?

3 ( ). Um adulto, ou pessoa pelo menos cinco anos mais velha que você, tocou ou acariciou seu corpo de forma sexual, ou realmente teve relações sexuais com você?

4 ( ). Você sentiu frequentemente que ninguém na sua família o amava ou o achava importante ou especial? Ou na sua família as pessoas não cuidavam uns dos outros ou não se apoiavam?

5 ( ). Você com frequência não teve o suficiente para comer, teve de usar roupas sujas e não teve ninguém para protegê-lo, ou seus pais estavam muito bêbados ou drogados para cuidar de você ou levá-lo ao médico se você precisasse?

6 ( ). Algum dos seus pais biológicos se distanciou de você por causa de divórcio, abandono ou outra razão (até mesmo afastamento por motivo profissional)?

7 ( ). Sua mãe ou madrasta frequentemente foi empurrada, agarrada, estapeada ou teve algo jogado contra ela? Ou em algum momento foi chutada, mordida, levou socos? Ela foi agredida fisicamente de outra forma ou ameaçada com uma arma de fogo ou faca?

8 ( ). Você morou com alguém que era alcoólatra ou usava drogas?

9 ( ). Você morou com alguém deprimido, com doenças psicológicas ou que chegou a tentar suicídio?

10 ( ). Algum membro da sua família foi para a prisão?

Cada resposta "sim" equivale a 1 ponto. Some seus pontos:___. Este é o seu índice ACE. As coisas começam a ficar sérias com uma pontuação ACE de 4 ou mais. A partir de 4 pontos, a probabilidade de doença pulmonar crônica aumenta 390%; hepatite, 240%; depressão, 460%; suicídio, 1.220%. O risco de dores de cabeça frequentes aumenta mais de duas vezes em pessoas com uma pontuação ACE ≥5, em comparação a pessoas com pontuação de ACE=0. Quem apresentava três pontos na pesquisa de ACE tinha três vezes mais risco de morrer de câncer de pulmão. Uma pessoa com uma pontuação de 7 pontos ou mais tem 3 vezes mais risco de morrer de câncer de pulmão e 3,5 vezes mais risco de morrer de isquemia cardíaca, a principal causa de morte nos Estados Unidos. Há muitos outros tipos de traumas de infância - racismo, intimidação, assistir a um irmão sendo abusado, perder um cuidador (avó, mãe, avô, etc.), falta de moradia, sobreviver e se recuperar de um acidente grave, testemunhar um pai ser abusado por uma mãe, uma avó abusando de um pai, envolvimento com o sistema de assistência social ou com o sistema de justiça juvenil, etc. À medida que a pontuação ACE aumenta, eleva-se o risco de problemas sociais, emocionais e de doenças.

Pesquisas realizadas por neurocientistas e pediatras da Universidade de Harvard, descobriram que quando as crianças estão sobrecarregadas com hormônios do estresse, estão em fuga, medo ou congelamento. Elas não podem aprender, muitas vezes têm dificuldade em confiar nos adultos ou desenvolver relacionamentos saudáveis e se tornam solitárias. Além disso, o estresse tóxico pode ser transmitido de geração em geração. O campo da epigenética mostra que nascemos com um conjunto de genes que podem ser ativados e desativados, dependendo do que está acontecendo em nosso ambiente. Elas podem passar essa resposta para seus filhos.

Fonte e teste ACE: http://acestoohigh.com/got-your-ace-score/

Cap. 3 - Como sair da dor e viver no recurso?

"POR TRÁS DE UMA PESSOA QUE FERE,
HÁ SEMPRE ALGUÉM QUE FOI FERIDO".
AUGUSTO CURY

Se você chegou até aqui, parabéns! Isso significa que você está buscando mudar a si mesmo, com coragem e determinação decidiu olhar para seu passado e enfrentar suas dores para viver seu recurso, sair das sombras e mostrar ao mundo sua luz. A partir de agora poderá aplicar ferramentas que lhe ajudarão a performar melhor na vida pessoal e profissional.

Analise seus comportamentos de acordo com a frequência, ou seja, qual padrão mais se repete no seu dia a dia? Você controla suas emoções e sua vida ou age conforme o ambiente? Quando você acorda de manhã, você se sente disposto ou indisposto? Você tem planos, metas e objetivos estabelecidos para sua vida? Quais? Você acredita que atualmente sua performance está positiva ou negativa? Quais emoções precisa trabalhar para mudar sua vida?

Sua paz vale ouro e o resto é lixo! A dor emocional serve para nos construir e não nos destruir. Todas as dores trazem consigo recursos de superação que quando utilizados, manifestamos nossa missão e propósito no mundo. Não importa o que aconteceu com você, mas sim o significado que você dá para tudo o que acontece.

Recomendo você a assistir ao curta metragem *Vida Maria (2007)*, que conta a história de uma menina de cinco anos de idade que se diverte aprendendo a escrever o seu nome, mas é obrigada pela mãe a abandonar os estudos, cuidar dos afazeres domésticos e trabalhar na roça. Entenderá que, por trás de quem fere há sempre alguém que foi ferido e que não podemos julgar um adulto sem conhecermos a criança que ele foi. Todos os resultados desagradáveis na sua vida atual são apenas frutos. Se você arranca um, nasce outro. Por isso, pessoas que não mudam a si mesmas e culpam o cônjuge pelo fracasso nos relacionamentos, casam-se e separam-se novamente. A raiz de todos os problemas está nos seus pais, biológicos ou substitutos, seja por ação ou omissão, pois foi até seus 12 anos que suas emoções foram programadas. Você pode dizer: mas eu amo meus pais e eles foram incríveis! É verdade. Com certeza eles fizeram o melhor que podiam, nas condições e circunstâncias que tinham. Não se trata da intenção, mas da percepção da criança. Seja num lar onde faltou tudo ou naquele que sobrou tudo, há muitas crianças onde a necessidade principal de sentir-se segura e amada não foi atendida. Quantos pais, por amor e para prover as necessidades materiais dos filhos trabalham o dia todo e não têm tempo de qualidade com eles? Por outro lado, quantos pais ficam o dia todo com seus filhos, mas não comunicam amor em atos, palavras e ações na linguagem que a criança entende? Quantas crianças não encontram amor e respeito dentro de casa e, quando adolescentes ou adultos, buscam preencher esse vazio existencial nas ruas, nas drogas, no tabagismo, no álcool, vícios em jogos, sexo e más companhias? Quantas pessoas vivem a repetição de padrões emocionais tóxicos, como crises conjugais, familiares, financeiras, espirituais por causa desses vícios emocionais? As dores emocionais formam os traços de caráter e foram produzidas por nossos pais e cuidadores. Em meio à dor emocional e experiências adversas na infância, uma criança dificilmente deixa de amar e respeitar seus pais, mas elas deixam de amar e respeitar a si mesmas, vivendo na zona de acomodação de dor ao invés de deixar brilhar o seu recurso. Essa é a base da falta de amor próprio.

Agora vou te mostrar o caminho para jogar fora esse lixo. Gostaria de saber se você está disposto a segui-lo ou permanecer carregando tudo isso que não te pertence e te impede de ter sucesso na vida pessoal e profissional. Você tem o poder consciente de escolher ser emocionalmente livre agora!

No perdão está a chave para sua liberdade e independência emocional. O perdão traz paz à mente e ao coração, é para libertar a vítima e não o agressor; traz alívio à alma. Não é um sentimento ou uma emoção, mas uma decisão racional. É a maior prova de que você ama com inteligência. Não é um ato isolado, mas um processo diário de conseguir finalizar a dor sentimental causada pela mágoa, ressentimento ou raiva, tendo como base uma ofensa percebida, divergência de opiniões, erros cometidos, fracassos. Nessa hora, a vingança e a revanche, muitas vezes, parecem ser o caminho mais útil, prático e rápido. Porém, geram mais dor e sofrimento, é mais amargo e menos saudável do que os erros propriamente cometidos. Perdoar é a capacidade de deixar o passado para trás e correr livre, leve e solto para um futuro mais feliz, com sonhos mais ousados e estimulantes. É interno e individual. Os problemas de sua família não serão mais carregados por você quando você enxergar a raiz deles e decidir assumir o autocontrole e a autorresponsabilidade na sua vida.

Você tem algum destes obstáculos contra o perdão? Confundir uma afronta imperdoável com a incapacidade de perdoar, a dificuldade de renunciar as mágoas, esperar motivação/sentimento de desejo para perdoar, continuar no sofrimento de forma inoperante e achar que o perdão é para o agressor e não para a vítima? Para sua própria felicidade, recomendo que você reveja seus conceitos.

A falta de perdão faz o lixo emocional permanecer ancorado em sua mente, te torna uma pessoa emocionalmente frágil, insegura, com possibilidades de ser extremamente preocupada com a opinião dos outros, saturando-se de pensamentos pessimistas, mórbidos, fóbicos, com autopiedade doentia e conformista, além de causar doenças físicas e emocionais como depressão, estresse e ansiedade. Pessoas emocionalmente saudáveis buscam progredir, mas as doentes vivem em estagnação e acomodam-se nas suas frustrações como se estas fossem seu destino. Sempre produziremos lixos mentais e emocionais, mas podemos transformá-los em adubos para crescermos. Os inteligentes aprendem com o erro dos outros, mas os tolos esperam aprender com os próprios erros. Faça uma higiene mental hoje e resgate sua autoestima por meio do perdão!

"SÃO AS CICATRIZES QUE COMPROVAM QUE VENCEMOS, NÃO AS FERIDAS. FERIDAS ABERTAS APODRECEM".

TIAGO BRUNET

Vamos lá! Te darei algumas boas razões para decidir perdoar os outros e a si mesmo. Perdão não é fechar os olhos para a falta de amor, esquecer algo doloroso que aconteceu, aceitar um mau comportamento, negar ou minimizar seu sofrimento, se reconciliar com o autor da afronta, desistir de ter sentimentos. Também não é uma experiência religiosa.

Perdão é: recuperar seu poder e usar seus recursos ao invés da dor, assumir a responsabilidade de como você se sente, escolher ser o herói e não a vítima, um ato de inteligência emocional, uma decisão de cura e restauração para ser verdadeiramente feliz. Perdão é para você e não para o autor da afronta.

Não é possível apagar o passado, apenas reeditá-lo. As situações mais desafiadoras que você já viveu podem conter os maiores aprendizados e as maiores oportunidades da sua vida. Utilize a técnica DCD (duvidar, criticar e determinar): duvide e critique de ideias perturbadoras e determine as novas ideias que você quer adotar. Quando você der outro significado para as situações, começará a perceber o mundo de uma maneira mais agradável, proveitosa e eficiente. Esse é o começo para você escrever o próprio script da sua vida, em vez de permitir que problemas ou outras pessoas o escrevam, e tornar-se livre de si mesmo.

WENDY BUENO

"OS FORTES COMPREENDEM, OS FRÁGEIS CONDENAM. OS FORTES RECONHECEM SEUS ERROS, OS FRÁGEIS OS ESCONDEM!"
AUGUSTO CURY

O CAMINHO DA LIBERDADE DE SER VOCÊ VERDADEIRAMENTE

Quero te encorajar, por mais que doa, a seguir essas instruções. Muitas pessoas para as quais ensinei essas estratégias foram eternamente marcadas por essas ferramentas, pois experimentaram alívio imediato e/ou cura de suas feridas emocionais, transformaram seus resultados e me agradecem sempre por mostrar-lhes esse caminho. Faço uso da autoconsciência e pratico a autogestão das minhas emoções no dia a dia com essas ferramentas de amor inteligente, e refaço sempre que percebo que meus objetivos e metas saem dos trilhos. Consciência é poder porque traz a verdade que salva, cura e te liberta da dor.

Vamos lá! Pegue agora 5 folhas de papel e uma caneta. Sente-se num local onde não será interrompido e onde possa manifestar suas emoções. São cinco passos cruciais para você restaurar seu equilíbrio emocional e você pode começar agora!

Escreva uma carta de PREJUÍZOS. Isso mesmo. Avalie sua Roda da Vida, na página 14, e descreva todos os resultados ruins que você carrega em cada área. Autoconsciência é poder! Se você não souber onde dói não poderá atuar na causa. A Roda da Vida é o diagnóstico, os resultados são os sintomas, a falta de perdão é a causa.

Escreva uma carta de ACUSAÇÃO. Lembre-se de que assim como você, seus pais e cuidadores não são perfeitos. Se eles tivessem sido perfeitos, sua vida seria perfeita. Quem eles são hoje não é quem eles eram quando você tinha de 0 a 12 anos. Eles evoluíram e provavelmente você os ama. Mas acuse com a percepção e permita-se vivenciar o estado emocional de uma criança que não tem o sistema cognitivo racional formado para compreender as dores de rejeição, abandono, manipulação, humilhação e exclusão ou traição. Se você perdeu pai ou mãe, julgue e acuse pelo que sentia pela falta deles. Permita-se colocar-se na posição de sua criança interior, ferida e vitimada. Isso trará luz e clareza sobre a raiz das suas dores e prejuízos. Acuse a si mesmo tudo o que te gera culpa e também pessoas que te feriram (frutos da sua dor).

Escreva uma carta de PERDÃO. Imagine-se agora no papel de seus pais e cuidadores, e das pessoas conflitantes, e perdoe-os. Perdoe também a si mesmo! Permita-se vivenciar o estado emocional deles, compreender as circunstâncias, recursos e a criança que eles também foram. Se preciso for, converse e pergunte a eles e/ou familiares sobre essa história de vida, visite o local onde eles cresceram. Após escrever a carta de perdão, queime as cartas de prejuízos e acusação e sinta todo lixo emocional saindo de você. Queimar a carta de perdão é uma opção. Pode queimar ou guardar.

Escreva uma carta de GRATIDÃO! Volte na sua Roda da Vida e elenque tudo de bom que você tem, faz e a pessoa que você se tornou. Escreva motivos de gratidão para cada área da vida. Tudo de bom na sua vida também veio da raiz de seus pais e cuidadores, seja por repetição ou porque descontinuou pelo aprendizado do que não fazer.

Escreva agora quais são suas virtudes e valide-as!

Escreva uma carta de DECISÕES! A partir de agora, você não tem mais o julgo das dores emocionais e prejuízos dos outros e é hora de assumir a autorresponsabilidade! Escrevas novas metas e objetivos para poder ser quem você nasceu para ser.

Cap. 4 - A supremacia do equilíbrio emocional

Todos os resultados de uma vida com alta performance baseiam-se na forma como você se relaciona consigo, na busca pela melhoria contínua, e no relacionamento com os outros na vida pessoal e profissional. Por isso, para finalizar, deixo algumas considerações importantes que resumem minha missão de vida que é aprender, praticar e ensinar o amor e a fé.

Relacionamento consigo: amar a si mesmo

Quando somos abandonados pelos outros, a solidão pode ser suportável, mas quando fazemos isso conosco, o dano é incurável. Por isso, reconheça suas qualidades, mude sua autoimagem e eleve sua autoestima, sua autoconfiança e ousadia para sonhar mais e realizar mais. Reconheça seus esforços para assim aumentar suas possibilidades e mudar a forma como se enxerga.

Você se lembra de algum elogio que recebeu que foi extremamente marcante? Volte na sua memória. Qual o sentimento de ser apreciado e admirado? É boa, não é? Em nossa vida atribulada, deixamos de elogiar e valorizar o outro, quanto mais a nós mesmos. Elogie-se todos os dias. Escreva 30 características positivas EU SOU e leia-as diariamente na frente do espelho. Se você não tiver um caso de amor com você mesmo, se não se abraçar e cuidar da sua qualidade de vida, jamais amará de maneira madura seu parceiro, seus filhos, amigos, sua profissão. Você está no controle das suas emoções quando constrói um caso de amor consigo mesmo por meio da gratidão e da autovalidação.

Relacionamento com os outros: amar ao próximo

A partir do perdão, você está livre do seu lixo, mas não seja a pessoa que joga lixo nos outros. Se não for para edificar, exercite o silêncio. Julgue menos, abrace mais! Somos rápidos em criticar e lentos em elogiar. Você está acostumado a reconhecer as virtudes das pessoas? Quantos elogios já fez hoje? O elogio é uma forma de demonstrar na prática o nosso carinho e admiração pelo outro, valorizando suas atitudes saudáveis. Quando foi a última vez que elogiou alguém? Abrir mão do egocentrismo é uma das mais nobres habilidades de uma mente livre e com emoções saudáveis. Não tenha medo de se doar para os seus filhos, para o seu cônjuge, para os seus colaboradores, para as pessoas que estão ao seu redor, mesmo que elas te frustrem, mesmo que te decepcionem, pois vale a pena viver a vida, ainda que nós tenhamos percalços, crises, perdas e frustrações pelo caminho. As pessoas íntimas são aquelas que mais podem nos machucar, mas elas também, ao mesmo tempo, representam aquilo que o dinheiro não pode comprar, elas são nosso tesouro insondável. Gestão da emoção nos ensina que nós nunca podemos deixar de valorizar aquilo que ouro, aplauso ou status algum pode nos dar.

Te desafio a diariamente elogiar 5 pessoas do seu convívio pessoal e 5 pessoas do seu convívio profissional. Faça isso com consistência até a validação e gratidão tornarem-se seu estilo de vida! E me conte viu, pois gostarei de saber os resultados incríveis que irá colher.

Relacionamento com Deus: amar a Deus acima de todas as coisas

Imagine que você esteja num barco, em meio a uma tempestade. Você olha para a frente e enxerga que seu barco está preste a colidir nas rochas do fracasso, olha para o mar e o vê revolto e se amedronta, olha para o seu barco e percebe que ele é frágil e limitado, olha para o céu e vê raios e ouve os estrondos dos trovões. O que fazer? Pessoas emocionalmente preparadas olham para o que elas controlam, praticam a autorresponsabilidade de segurar o leme do barco e mudam a direção, mudando a si mesmas em vez de esperarem a mudança dos outros. Da mesma forma, em meio às dificuldades, seu foco deve estar naquilo que você tem (gratidão de saber que pelo menos tem um barco para não se afundar no mar) e na autorresponsabilidade de colocar seus esforços naquilo que é possível controlar. Mas, quem controla o incontrolável? Quem faz a tempestade passar? Quem pode te confortar quando as preocupações da vida diária e o medo do futuro tomam conta da sua mente e as possibilidades de vencer pelas suas próprias forças são inexistentes?

Jesus discursou sobre ansiedade dos tempos modernos há 19 séculos atrás, no sermão da montanha (Mt 6: 25-34). Ensinou que a ansiedade doentia e patológica é originada, principalmente, por três grandes fenômenos: as preocupações existenciais, o sofrimento por antecipação (medo do futuro = falta de fé) e a dificuldade de viver o agora para superar o estresse, por meio do desenvolvimento da arte de contemplação do belo, de admirar os pássaros no céu, as flores na terra, a beleza de um lírio no campo, extraindo prazer na rotina diária, agradecendo por mais um dia de vida e valorizando o corpo que ele nos deu. Do que adianta ser admirável na carreira e nas finanças, mas viver atolado de preocupações e sofrer pelos eventos futuros que geram ansiedade e humor depressivo, sem ter alguém que te livre desse fardo?

As pessoas vivem se perguntado: Por que existe tanto mal no mundo, como por exemplo a criminalidade, violência, corrupção, doenças, crises financeiras e de relacionamentos? CRISES são Comportamentos Repetidos Internos Sem Evolução. Evoluir é amar a si mesmo, aos outros e a Deus. A natureza está em constante mudança. Uma árvore nunca para de crescer até atingir seu máximo potencial. Mas o homem sim! O amor que falta dentro de cada um de nós cria muros dentro de nossas casas e tornam-nos vulneráveis a buscar amor do lado de fora. Pais se voltam contra filhos e filhos se voltam contra pais. Esse amor que falta em casa tenta ser substituído pela vaidade de conquistas materiais e títulos que geram poder e autoridade. Outros buscam reconhecimento pelo que fazem porque não se reconhecem pelo que são. Quando a busca pelo amor é esperar nos outros o que não damos a nós mesmos, somos dominados pelo egocentrismo e nos tornamos deuses de nós mesmos. No entanto, por não ser uma verdade absoluta, há momentos que por mais força e conhecimento que tenhamos, nosso poder de criação se esgota, e nessa hora, é preciso encontrar uma fonte de amor abundante. Essa fonte para mim se chama Deus. Se Ele me preenche, torno-me uma fonte de amor abundante, não preciso ser reconhecida por ninguém, não me sinto mais só e encontro forças para prosseguir. Em Deus, encontro descanso e refúgio para minha alma. Se relacionar com Deus é confiar nele, é trocar o medo pela fé, mudar a visão negativa do futuro para ter a certeza das coisas que se espera, mesmo que não possa vê-las. Onde a fé chega, o medo vai embora. O que nos faz enxergar um futuro com esperança é a certeza que alguém, maior que nós, estará lá para controlar o incontrolável e suprir os recursos que nos faltam, saber que à frente de um abismo podemos colocar o pé e ter a certeza de que Deus colocará o chão. Um relacionamento com Deus nos permite colocarmos nele todas as nossas aflições, nossos medos e pesos que carregamos (Mt 11: 28-30) e assim podermos nos concentrar naquilo que está sob nosso controle para evoluirmos e cumprirmos nosso propósito e missão que ele tem para cada um de nós nessa vida.

A paz que ele tem pra você não é a que talvez você imagine, como um mar sem tempestades, mas uma paz mesmo em meio à tempestade. Um relacionamento profundo e indispensável envolve tempo, diálogo e intimidade para conhecer uma outra pessoa na sua essência. Você já tem 50% desse relacionamento porque Deus já te conhece! Sabe aquelas dores que você viveu? Ele estava lá e viu todas. Mas talvez você sinta raiva porque ele não te livrou e não te tirou daquelas situações difíceis e dolorosas. Talvez você considere esse um motivo para desconsiderá-lo. Você pode não entender os mistérios dele, como não entende porque uma linda rosa tem espinhos, mas tudo o que aconteceu era preciso acontecer para moldar em você a grandeza que você tem. Ele sabe que você é maior que seus traumas e a medida que se dispor a fazer sua parte, a dar os outros 50% do relacionamento, poderá perceber que o que você chamou de dores são verdadeiros presentes de crescimento e superação, habilidades forjadas para fazer de você o ser extraordinário que você é. Suas dores e renúncias te trouxeram até aqui, e junto com elas vieram novos conhecimentos, habilidades e competências para você praticar o amor a Deus, a si e aos outros.

Um presente para você

Se alguma coisa neste tema foi importante para você, conte-me por favor, para direcionar minha produção de conteúdo e ajudar ainda mais pessoas na minha missão. E tenho um presente para você! Procure-me nas redes sociais e receberá uma degustação de sua análise de perfil comportamental. Com uma abordagem múltipla, a avaliação completa traz mais de 80 tipos de informações sobre você, entre elas: perfil predominante, estilo de liderança, tomada de decisão, melhor área de atuação, motivadores e medos, competências comportamentais e pontos fortes do perfil, para melhor compreender você e os outros.

Referências Bibliográficas

1. Achor, Shaw. O jeito Harvard de ser feliz. Editora Saraiva: 2012.
2. Brunet, Tiago. 12 dias para atualizar sua vida. Editora Vida, 2017.
3. Brunet, Tiago. Dinheiro é emocional. Editora Vida, 2018.
4. Cury, Augusto. Curso online: 4 semanas para o melhor ano da sua história. Acesso: https://www.academiadegestaodaemocao.com.br em 01/04/2018.
5. Cury, Augusto. Gestão da emoção. São Paulo: Editora Saraiva, 2015.
6. Dweck, Carol S. Mindset: a nova psicologia do sucesso. Editora objetiva, 2017.
7. Goleman, Daniel. Inteligência emocional: a teoria revolucionária que define o que é ser inteligente. Editora objetiva, 1996.
8. Grant, Adan. Dar e receber: uma abordagem revolucionária sobre sucesso, generosidade e influência. Editora Sextante, 2014.
9. Lower, Alexander. Bioenergética. São Paulo: Summus, 2017.
10. Ramos, Márcio. Vida Maria - Curta metragem/ Animacao, Secretaria de Cultura do Ceará: 2007. Disponível em https://youtu.be/yFpoG_htum4.
11. Ruth A. Lanius, Eric Vermetten and Clare Pain. The Impact of Early Life Trauma on Health and Disease The Hidden Epidemic. Cambridge University Press, in ACES too high News: What's Your ACE Score? (and, at the end, What's Your Resilience Score?). Disponível em http://acestoohigh.com/got-your-ace-score/ Acesso em 02/02/2019.
12. Soares, Ana Luiza Gonçalves. Experiências adversas na infância e suas influências sobre a composição corporal na adolescência. Tese (Doutorado) — Programa de Pós-Graduação em Epidemiologia, Faculdade de Medicina, Universidade Federal de Pelotas, 2016.
13. Ury, William. Como chegar ao sim com você mesmo. Editora Sextante, 2015.
14. Vieira, Paulo. O poder da ação: faça sua vida ideal sair do papel. São Paulo : Editora Gente, 2015.
15. Viera, Paulo. O poder da autorresponsabilidade. São Paulo: Editora Gente, 2018.

PROPÓSITO E REALIZAÇÃO

NANY
MARTINS

Propósito e Realização
@aweebusiness

Sobre a Autora:

Mentora, executiva e especialista em estruturação de negócios, Nany Martins, em seus 15 anos de experiência no mercado financeiro, se destacou e ganhou prêmios como executiva de inteligência de mercado.

Formada em Administração de Empresas, pós-graduada em Finanças, com MBA em Negócios Internacionais e International Professional Master Coach - Institute of Coaching Professional Association (ICPA), órgão afiliado à HARVARD MEDICAL SCHOOL.

Cap. 1 - Uma história diferentona

O primeiro contato com a motivação foi antes dos sete anos de vida pela perspectiva dos olhos do meu pai, mas não da forma como você deve estar pensando, não mesmo. Vou tentar descrever o "seu Fausto", senhor meu pai.

Baixinho, barrigudo, com cara de boliviano, nordestino raiz e carinhoso como um Pitbull brincando com um pneu, pronto! Esse é o meu pai.

Eu tinha menos de sete anos quando ganhei uma bicicleta azul clara, com aquelas fitinhas na lateral e com rodinha, claro. Eu morava no topo de uma rua (falo topo porque parecia uma montanha de tão íngreme), em uma cidade no Ceará menor do que um condomínio, chamada Solonópolis. Papai, carinhoso como sempre, me colocou na bicicleta e sem me ensinar onde era o freio e o que eu deveria fazer, me soltou ladeira abaixo. Desesperada e sem conseguir colocar os pés nos pedais, abri as pernas para não ser fatiada por eles, que giravam tão rápidos que eu sentia que a qualquer momento eu seria lançada até Fortaleza. Tentando controlar o guidão, ouvia meu pai gritar "cuidado com a pedra", só conseguia olhar para baixo tentando me equilibrar na bicicleta, que parecia um touro tentando me jogar no chão, quando me dei conta da tal pedra que meu pai gritava para eu ter cuidado. Ela tinha o tamanho de um fusca, era enorme, e sem tempo para desviar eu fui de cara nela.

Subi a rua toda ralada, machucada e chorando, quando cheguei no topo, carinhosamente, meu pai disse: "pare de chorar e desça novamente, você só vai parar de descer quando aprender a andar, engole o choro e vai!". Assim fiz por algumas vezes até que, por fim, consegui desviar da pedra, mas não da maneira convencional, e sim derrapando.

Eu não só tinha aprendido a andar de bicicleta como a derrapar em uma ladeira com menos de sete anos de idade, eu era a mais descolada da galera.

Naquele dia, meu pai me ensinou que eu deveria atingir meus objetivos mesmo com pedras enormes no meu caminho, deveria buscar meios para chegar lá, ser criativa, sair do convencional, porque só assim conseguiria.

Eu sei que meu pai foi duro e que ele poderia ter me ensinado de outra forma, mas foi a forma como ele encontrou para me ensinar algo que ele não sabia fazer.

Meu propósito

Eu descobri meu verdadeiro propósito com mais de 30 anos de idade.

Antes disso, eu vivia uma montanha russa de emoções, vivia a felicidade plena e em pouco tempo essa felicidade ia se transformando em desânimo e desmotivação.

Eu trabalhei nas mais diversas áreas em que você possa imaginar. Meu primeiro emprego foi em uma loja de R$ 1,99, como atendente, aos 13 anos de idade, depois trabalhei como ajudante de perua escolar, fui vendedora de loja de shopping, panfleteira, atendente de call center (sim, eu era uma daquelas pessoas que te ligava cedo aos sábados para te cobrar ou vender cartão). Fui aquela moça que usa um colete fosforescente na porta do banco escrito "posso te ajudar". Fui assistente das mais diversas coisas, cai no mundo financeiro e minha vida começou a melhorar, de estagiária a especialista em inteligência de mercado.

Todas essas atividades que exerci, me ajudaram a construir e chegar no meu propósito.

Até me descobrir, passei muito tempo perdida, nada do que eu fizesse me fazia sentir feliz e querer aquilo para o resto da vida.

Não apenas profissionalmente, como também no meu âmbito pessoal. Eu sempre busquei o homem, trabalho e amigos perfeitos, nada era o suficiente, nada me completava, nada me fazia acordar todos os dias ansiosa para viver aquele dia. Sentia que estava apenas sobrevivendo e não vivendo.

Nesta parte do livro, vou falar sobre propósito e realização. Eu poderia apenas te ensinar como chegar lá, mas decidi contar minha jornada. No meio do caminho, vou te contar tudo o que fiz, como fiz e quais os resultados obtive até chegar ao meu propósito e me sentir realizada. Vamos nessa?

O que parecia azar era sorte disfarçada

Muitas pessoas têm uma vida apagada, vivem para pagar boleto, trabalham pesado em empregos onde não são felizes, nem sabem por que se mantêm ali.

Em nosso dia a dia, diversas inquietações e dificuldades devoram nossa energia, consequentemente, o tempo que dedicamos a isso. Se nos mantivermos presos a essa realidade, jamais seremos capazes de realizar nossos desejos e sonhos.

Para superar esse estado, tão comum à vida moderna, todos os dias recebo profissionais que se sentem perdidos, incapazes de gerenciar um negócio ou a própria vida. Ficam presos às deficiências e não conseguem fazer suas competências brilharem. Não conseguem sair do lugar, sabem que precisam de ajuda e não se movem em direção a ela.

Antes de determinarmos quais objetivos podem nos levar a começar a nossa jornada, é preciso primeiro que nos avaliemos. Devemos buscar no interior de nossas mentes o que realmente buscamos e determinarmos quais ativos possuímos que nos levarão a alcançar esse objetivo.

Eu realmente gostaria que parasse aqui e pensasse 1 minuto, visualize e reconheça o estado da sua vida neste momento. Qual o impacto que você quer deixar na vida das pessoas que ama e no mundo? Qual o ganho nisso tudo? O que você quer construir, para durar além da sua vida?

Teve um momento da minha vida em que eu morava no andar de baixo do poço, para eu chegar ao fundo, teria que escalar muito. Nada melhorava minha situação, então comecei a desenhar uma estratégia que me desenvolvesse e me trouxesse um resultado rápido e eficaz. Essa busca me fez levantar uma lista que mudaria minha vida, a qual ensinarei a você, leitor, daqui a algumas linhas. Mudança essa que aconteceu em dois meses, isso mesmo, dois meses!

Não somente me tirou do poço como elevou minha capacidade de resiliência. Essa lista me fez perceber tudo que eu já havia passado ao longo da minha vida e o melhor, me fez perceber as transformações isoladas que eu tinha vivenciado e que mudariam meu futuro.

Essas transformações que vivenciei ao longo da minha vida, foram os ingredientes fundamentais para a virada de chave, essas experiências foram transformadas em uma empresa.

Foi nesse quarto que meu propósito foi desenhado

Com 28 anos, tive uma lesão na perna depois de uma luta - acredite ou não fui lutadora de MMA - onde essa lesão me levou a descobrir duas doenças degenerativas raras, autoimunes e sem tratamento conhecido. Entre cirurgias e um AVC, foram 28 internações.

Por problemas administrativos da empresa em que trabalhava há anos, fiquei sem nenhum recurso financeiro por 15 meses, neste período eu perdi minha casa e fui despejada, meu carro teve busca e apreensão e lógico, passei muita fome. Fui morar de favor na casa de amigos e me vi dormindo em um quarto em obra com apenas R$ 54 no bolso.

Eu falei que tinha ido para o andar de baixo do poço e você achou que era exagero, né? Até chegar aqui, vivi coisas que dariam para fazer uma série de TV, com um pouco de terror, drama e com um pouco de humor, é claro. Foi nesse quarto que o meu propósito de vida começou a ser desenhado.

O primeiro passo foi descobrir de onde eu poderia tirar uma fonte de renda que não me prejudicasse com o auxílio do governo, isso mesmo, eu não poderia ter um trabalho formal por ainda estar atrelada à empresa onde trabalhava e ao INSS. O que me deixava mais apreensiva e desesperada. Então fiz a lista que mudou minha vida. Comecei escrevendo:

- Quais eram minhas competências técnicas e comportamentais;
- Minhas experiências pessoais e profissionais;
- Minhas habilidades.

Eu não só levei em consideração o que eu sabia sobre mim, mas também o que recebia de feedback de pessoas próximas, colegas de trabalho e gestores.

Nesta lista, tinha de tudo, do meu primeiro emprego até habilidades em fazer meu cachorro usar o jornal como banheiro, tudo era válido.

Descobri que meu conhecimento em Excel e finanças poderiam me ajudar a montar aqueles controles que meus amigos penavam para fazer e poderia cobrar uma graninha por isso. Ser simpática, comunicativa e sair bem em fotos, poderia me dar uma chance de atrair alguma agência de publicidade e me oferecer como promotora de vendas. E foi por aí que comecei, liguei para algumas amigas que trabalhavam na área e pedi para me indicarem nas agências, tirei fotos amadoras em casa e mandei, logo comecei a ter uns "jobs".

Fantasiada de promotora fui entregar panfleto de um pacote de TV a cabo em supermercados, depois na rua, oferecer amostra de comida e por aí vai. Não dava para muito, mas já conseguia pagar a ração do meu cachorro e comer por alguns dias.

Me deparei com vendedores bem despreparados e desmotivados nessas empresas onde fazia as promoções, comecei a direcionar os vendedores e logo passamos a bater as metas. Eles não sabiam que eu não era uma promotora convencional, estava ali infiltrada para conseguir uma grana sem poder dizer no que realmente trabalhava. Não demorou muito para perceberem que eu era diferente, e as agências que me contratavam passaram a receber pedidos dos clientes exigindo que eu fosse a promotora daquele evento.

Depois de dois dias, recebi uma ligação de um dos gestores da empresa, me convidando para um bate-papo no escritório. Ali me ofereceram uma oportunidade de treinar os demais vendedores, replicar o que estava fazendo com a equipe que atendia. Não posso mentir, eu aceitei. Mesmo sem poder legalmente, eu tive que aceitar, escondendo que estava de licença médica, esperando o INSS voltar da greve para poder retornar ao trabalho. Então fui de promotora que ganhava R$ 30,00 a R$80,00 por dia a treinadora de vendedores de uma das maiores redes de TV a cabo de São Paulo.

Meu nome é Nany e o sobrenome é lista

Os dias iam passando e uma coisa não saia da minha cabeça: como seria minha vida ao voltar ao trabalho. Por já ter aprendido a lição, comecei a montar a estratégia para o meu plano B. Então comecei a pensar a longo prazo, o que faria se fosse demitida. Era algo que eu deveria considerar, afinal era melhor estar preparada do que ser pega de surpresa, você não acha? Voltei à lista, e acrescentei mais algumas coisas:

- Quais situações eu mudei?
- Como fiz para mudar a situação?
- Quais foram os resultados?

Essa lista me fez conhecer mais sobre mim do que qualquer sessão de terapia. Coloquei no papel o que me fez sair daquela cama e me tornar uma atleta, o que eu fiz para conseguir bater metas antes do final do mês, como mudei meu padrão de comportamento por meio das ações sociais.

Como já contei para você, aos 28 anos tive um diagnóstico onde eu tive um prazo de vida, a data limite era até os 30 anos. Então decidi fazer a meu modo, percebi que optar por não fazer fisioterapia em uma clínica e sim fazer em uma academia me trazia mais ânimo e disposição, afinal eu estava entre pessoas saudáveis e não doentes, isso me trazia mais motivação.

Eu ainda não estava apta a fazer treinos intensos, mas comecei a estudar o que poderia fazer para recuperar meus movimentos da perna e não atrofiar meus membros superiores, Contratei um Personal Trainer, Rogério Vessimo, o cara tinha uma paciência comigo quase que de um Buda, quando o contratei ele disse que só tinha agenda para as cinco horas da manhã, pensando que eu desistiria. Pois lá estava eu, de muleta às cinco da manhã, animadíssima.

Fomos evoluindo os treinos e o diagnóstico foi ficando melhor a cada dia. Durante o meu período de licença médica, eu estudei tudo que poderia estudar, liguei para um gestor que tinha na época e perguntei o que poderia fazer para me capacitar durante minha licença, ele disse que deveria ficar tranquila e focar na minha recuperação, mas se eu quisesse me colocar novamente no radar da empresa quando voltasse, deveria me destacar em algo que todos tinham deficiência, me tornar uma especialista do especialista. Então estudei muito, devorava todos os cursos online e livros que podia. No dia do meu retorno ao trabalho, eu não tinha mais minha vaga disponível, fui alocada para fazer qualquer coisa, afinal seria desligada assim que a estabilidade acabasse. Mas por essa eles não esperavam.

Fiquei acompanhando colegas de trabalho para me reciclar e foi nesse momento que aproveitei a oportunidade de colocar o que havia aprendido em prática. Montei estratégias que em poucos dias fizeram a plataforma que estava visitando aumentar a receita e conquistar novos negócios. Logo me deram uma para cuidar, em pouco tempo comecei a me destacar em produtos que não eram vendidos e todo mês meu nome estava lá no painel como destaque.

Mudar meu padrão de comportamento perante situações tão delicadas e focar no que poderia fazer e não me lamentar por tudo, me ajudou não somente a melhorar de saúde como a evitar que entrasse em depressão. Afinal eu estava doente e prestes a ficar desempregada.

Aqueles 40%

Os meses foram passando e eu estava cada dia melhor.

Um dia, arrumando meu guarda-roupas, vi que tinha muita coisa que não usava acumulada, resolvi separar o que não usava para doação. Criei uma meta pessoal, tudo o que não for usado em três meses, vai para a doação.

Juntei uma pilha de doações, fiz um selfie e postei nas mídias sociais. Durante algumas semanas, recebi fotos de amigos fazendo o mesmo, aquilo que era algo tão meu se tornou uma corrente. Comecei a receber mensagens perguntando onde poderia ser doado, comecei a pesquisar locais para entregar e isso foi se tornando grandc, com o passar dos meses, eu passei a acumular doações que chegaram a toneladas de roupas e alimentos.

Eu me tornei um canal entre quem precisava e quem queria doar, minhas noites eram dedicadas a separar essas doações. Comecei a visitar projetos, entregar para moradores de áreas livres (morador de rua), favelas, comunidade e abrigos. Eu era tomada por uma felicidade que não cabia dentro de mim, eu amava com toda minha alma fazer aquilo.

Aquela felicidade era tanta que eu chegava a esquecer dos meus problemas e dores, que por sinal eram intensas, chego a sentir dez vezes mais dor do que uma pessoa “normal”. Meus médicos não entendiam como eu não me abatia passando por tudo aquilo, eles temiam que eu tivesse um perfil suicida, que estava escondendo uma depressão e quando menos esperassem, poderia tirar minha vida. Mas não, era só felicidade genuína que sentia.

Um grupo de cientistas nos Estados Unidos fez uma pesquisa para saber o motivo do crescimento exacerbado da depressão nos últimos anos. Chegaram à conclusão de que nós somos compostos por 50% de felicidade vindo da nossa genética, 10% vindo de bens materiais e 40% vindo de felidade genuína.

O que faz essa geração ser tão depressiva são os 10%. Essa geração coloca toda sua energia nos 10%, em bens e status. Há uma necessidade interna e desesperadora de mudar de carro, usar roupas de marca, se mostrar, fazer selfies, postar fotos em mídias sociais, olhar de minuto em minuto os likes e comentários - onde sua felicidade ou decepção estão atrelados ao quão famoso você é. Isso leva a um grande número de pessoas depressivas e infelizes.

Uma minoria foca nos 40% da felicidade genuína, aquela que você sente ao estar com amigos que te fazem esquecer o celular, de ouvir o seu filho te chamar pela primeira vez com o sorriso banguelo, aqueles momentos que te fazem rir alto fazendo um barulho com o nariz, isso é felicidade genuína.

Já que tocamos nesse assunto, que tal listar 3 momentos que fazem parte dos seus 40%? Você sabe, aquele vinho que você toma com sua esposa ou marido na varanda, aquele jeans que entra perfeito depois de uma dieta, seu hobby favorito e etc.

Vou deixar algumas linhas para você ver que tem sim momentos de felicidade genuína!

Resposta: ____

____

____

Cap. 2 - África: o continente da gratidão e do amor

Passei muito tempo imersa nessa realidade dolorosa e enriquecedora que é ser voluntária.

Durante muito tempo, eu montei ações para arrecadar alimentos, brinquedos ou até mesmo vagas de empregos. Liderei uma corrida para arrecadar brinquedos para crianças de uma comunidade de extrema carência em São Paulo e itens de higiene pessoal para moradores de área livre. Esse projeto foi incrível, pessoas de vários lugares vieram para participar.

Os projetos foram crescendo e alguns levavam o meu nome, era incrível, mas sentia que precisava fazer mais. Foi lendo um livro sobre empreendedorismo social que minha paixão pela África nasceu, foi avassalador. Eu precisava fazer algo, comecei a levantar alguns indicadores de pobreza e fiquei desesperada para ir até lá e fazer algo, mas antes eu percebi que precisava cuidar da minha casa: o Brasil.

Minha saúde voltou a piorar e meu diagnóstico era triste de se ouvir, pensei: "vou morrer e não vou realizar o meu sonho de ir até a África". Foi neste momento que uma pessoa muito especial entrou na minha vida, o Gustavo Fernandes. Ele, que já havia ido à África várias vezes, alimentou meu desejo de ir e fez de tudo para realizar meu sonho. Eu sempre tive muita fé, muita mesmo!

Tendo certeza de que iria, um dia recebo uma ligação do Gustavo: "Nan, você vai amanhã no posto de saúde e tome as vacinas, você vai comemorar seu aniversário na África". Se chorei? Eu berrava igual criança, tamanha a minha felicidade.

Preparamos tudo, medicação, vacinas, direcionamento dos médicos, roteiros e embarquei. Sozinha, com um nome em um post-it escrito "Briliant", esse era o guia e o segurança durante a minha jornada.

Nossa primeira parada foi ao sul, fiquei em uma cidade pequena afastada do centro de Cape Town, lá me encontrei com um grupo de voluntários. Munidos com os direcionamento e locais para trabalhar seguimos para os vilarejos.

Foi andando pelas ruas que tive o meu primeiro contato com o amor e a gratidão. Conforme andava, as pessoas saíam até as portas e janelas de suas casas e diziam "Bem-vinda voluntária, Deus abençoe". Eu não tinha nem chegado ao meu destino e já estava emocionada, era incrível.

Por fim cheguei ao que deveria ser uma escola, com chão de terra e sem nenhuma estrutura. As professoras eram as mães da comunidade local e o material usado vinha do lixo que os pais achavam e reformavam.

O que mais me tocou naquele lugar foram as crianças, sujas e sem sapato, muitas não tinham comido, já outras traziam um pedaço de pão velho como lanche, era de arrebentar qualquer coração.

Durante o que deveria ser o lanche, elas sentavam em círculos, as professoras colocavam o lanche na frente de cada criança, onde a grande maioria não recebia qualquer pedaço. Eles então oravam "Obrigada Deus, Deus é bom, Deus é incrível, obrigada pela comida" e repartiam com quem não tinha.

A partir daquele dia eu tinha que fazer duas coisas, uma delas era montar uma campanha para arrecadar fundos para melhorar aquela escola e a outra era por meu joelho no chão e pedir perdão a Deus por ser tão ingrata.

Foi o que fiz, depois de arrecadar fundos aqui no Brasil com a ajuda do Gustavo, fomos melhorar aquele lugar e aprender tudo que podia.

Neste lugar, eu conheci o preconceito de perto, vi o sofrimento dos negros e a discriminação por sua cor. Sem saneamento básico, a maioria não tinha vaso sanitário e água encanada, nem escolas ou hospitais.

Em menos de um quilômetro, você podia ver escolas no padrão Europeu, casas lindas e ruas limpas. Fazia menos de 30 anos que os negros haviam obtido o direito de ir e vir, minha admiração por Nelson Mandela cresceu.

Antes da minha partida, eu recebi uma festa tipicamente africana, com tambores, danças e orações. Mesmo sendo evangélica não me importei, me entreguei, bati tambor, dancei na roda e orei. Foi incrível, naquele momento não importava a religião e sim o amor que estava recebendo.

Cheguei no Zimbábue, diferente de tudo que já tinha visto na minha vida. Da janela do avião eu via imagens que só tinha visto em filmes, animais correndo como no filme O Rei Leão e algumas casas de barro, parecia que estava sonhando.

Briliant me levou aos lugares mais impactantes da minha vida. Durante essa viagem, eu fugi de enormes elefantes que corriam em nosso encontro, minha barraca foi atacada por babuínos adultos e fiz café às margens de um rio com crocodilos maiores do que nosso jipe.

Chegamos a uma escola que ficava na zona rural, não era bem uma escola, era uma árvore enorme, as aulas aconteciam sob ela, com as crianças sentadas no chão tendo suas aulas.

Minha missão nesse lugar era construir uma escola, conseguimos recursos e coloquei o Briliant para me ajudar.

Criamos uma escola com paredes que mediam um metro de altura e eram cobertas por telhas, pintei as paredes de azul claro e decorei a escola toda com dobraduras. Fizemos um playground com pneus que os pais nos traziam do lixo.

Levei para a escola alguns brinquedos e material escolar, era o primeiro contato delas com o lápis de cera. Como chorei de emoção ao ver aquelas crianças desenhando e fazendo esculturas com as massinhas de modelar.

Ajudei a terminar as casas de barro e a fazer farinha de milho em um enorme pilão para o mingau.

A felicidade acontecia por coisas simples, em nenhum lugar que passei ouvi reclamações ou vitimismo, todos eram felizes e gratos. Aquilo mudou algo dentro de mim. Não há um dia sequer que eu não agradeça a Deus pela comida, cantando aquela musiquinha em voz baixa.

A chave mestra

Para mudar nossa história, precisamos assumir nossa responsabilidade em tudo que nos acontece, saber o destino para onde estamos indo e por os pés na estrada para percorrermos o caminho até lá.

Saiba que terá muito imprevistos durante a sua jornada, mas tudo dará certo no final. Para isso, você não pode perder a fé em si mesmo, e não pode deixar que esses imprevistos tirem sua motivação e energia. Não estou dizendo que você tenha que ver "tudo cor-de-rosa", mas precisa ter uma visão positiva quanto à sua capacidade de lidar com as dificuldades e de superá-las.

Tanto na vida, quanto no mundo dos negócios, você precisa acreditar em você, na sua capacidade e no seu potencial. Essa é a fórmula que vai determinar o seu sucesso e te tirar do fundo poço.

Tome muito café, use uma esponja e cole post-its

Eu aprendi na canoagem que, por mais forte e dedicada que eu seja, sozinha eu não consigo fazer a canoa deslizar na água, ela pode até sair do lugar, mas vai quicar e talvez virar.

Eu precisava por o time todo na minha canoa, e usar o que cada um tinha de melhor, para fazê-la deslizar e ganhar velocidade.

Então, fiz uma lista dos melhores profissionais que conhecia e das melhores cafeterias de São Paulo. Não teve um dia sequer, que eu tivesse passado sem tomar um cafezinho com pessoas que podiam me ajudar nessa jornada.

Eu colocava uma esponja imaginária na cabeça dessas pessoas e absorvia todo conhecimento que ela estivesse disposta a me passar.

Chegava em casa e, sem perder muito tempo, eu colocava tudo que vinha na cabeça em post-its e saia colando pelo quarto. Logo, foram tomando conta das paredes e janelas.

Effectuation

Durante a minha jornada, eu percebi que no mundo dos negócios, no qual o profissional se prepara, identifica a melhor oportunidade, planeja cada etapa, é bastante recente. A maioria dos negócios surgiu sem planos e o empreendedor começou fazendo aquilo que sabia e vendendo para quem já o conhecia. Não havia muita sofisticação e o negócio era iniciado com poucos recursos.

Muitas pessoas sonham em criar um negócio próprio, mas por algum receio ainda não se tornaram empreendedoras.

Vou apresentar uma ferramenta que vai te orientar nas etapas de geração de ideias de negócios, implementação e crescimento inicial. Pode ser usada por qualquer pessoa, independentemente do seu conhecimento e de recursos.

Passo 1: Nesta etapa, o objetivo é fazer uma lista a respeito de quem você é, o que sabe fazer e quem você conhece. Mesmo quem tem pouco ou nenhum estudo, domina alguns conhecimentos e conhece pessoas.

Passo 2: Identificando algo que possa fazer para ganhar algum dinheiro. A partir da sua lista de quem você é, o que sabe e quem conhece, é preciso fazer uma segunda lista de coisas que poderia fazer para ganhar algum dinheiro.

Passo 3: Interagindo com a sua rede de relacionamento para explicar o que pode fazer. Com sua lista de coisas que poderia fazer para ganhar algum dinheiro, comece a conversar com amigos e conhecidos, pedindo suas opiniões se a ideia de negócio poderia dar certo, como poderia ser melhorada e, o principal, se conhecem alguém que poderiam se interessar por comprar o produto ou serviço.

Passo 4: Recebendo o apoio de amigos e conhecidos. Nesta etapa, o ideal e o provável é que algum amigo ou conhecido passe a apoiá-lo(a) formalmente. Ou dando algum contato de uma pessoa que teria muito interesse em comprar seu produto ou serviço, ou, o que acontece na maioria das vezes, já fazendo o pedido para você.

Passo 5: Fechando o primeiro pedido. O primeiro pedido tende a ser fechado por alguém que você conheça ou indicado por algum conhecido. Como você ainda é um "amador" naquilo que está querendo fazer, só alguém que o(a) conhece e confia em você, o(a) apoiará neste momento.

Passo 6: Expandindo seus recursos iniciais. Ao executar o pedido e entregá-lo, o conhecimento sobre você e sua capacidade pessoal irá aumentar. É possível que sua rede de relacionamento também tenha se expandido neste primeiro ciclo. Será possível pensar em continuar fazendo a mesma coisa, interagindo com um número maior de pessoas e ampliando a rede de apoiadores (*stakeholders*).

Dê um passo de cada vez (e não planeje toda a viagem)! Vários empreendedores não tinham a mínima ideia de onde chegariam.

O que os olhos não veem, o coração não sente. Ops, você não realiza!

Algo em que eu acredito e pratico diariamente é deixar minhas metas visíveis, assim me mantenho no foco. Existe um mar de coisas que você vai precisar fazer para chegar onde sonha, e para isso você vai ter que criar pontes e construir estradas. Vamos à prática?

- Use sua rede de contatos como ponte para o seu objetivo, no que essas pessoas podem agregar por meio do conhecimento deles ao seu projeto?
- Cuide das suas finanças, saiba para onde vai cada centavo, use todo dinheiro extra para investir em um projeto ou em investimentos financeiros;
- Elimine tudo que tira o foco: pessoas, hábitos e rotinas;
- Faça plano de ação: o que eu preciso fazer para realizar ou chegar nesse objetivo? Faça o plano para cada ação que você precisa ter;
- Crie o hábito de ter uma agenda, seja organizado. Organização reduz desperdício de tempo e dinheiro;
- Confie no seu potencial.

Nunca sequer pense na possibilidade de passar pela vida como um fracassado, nunca deixe que algo ou alguém o faça acreditar nisso. Devemos acreditar que há um lugar para nós no mundo, e que nós vamos preenchê-lo com sucesso.

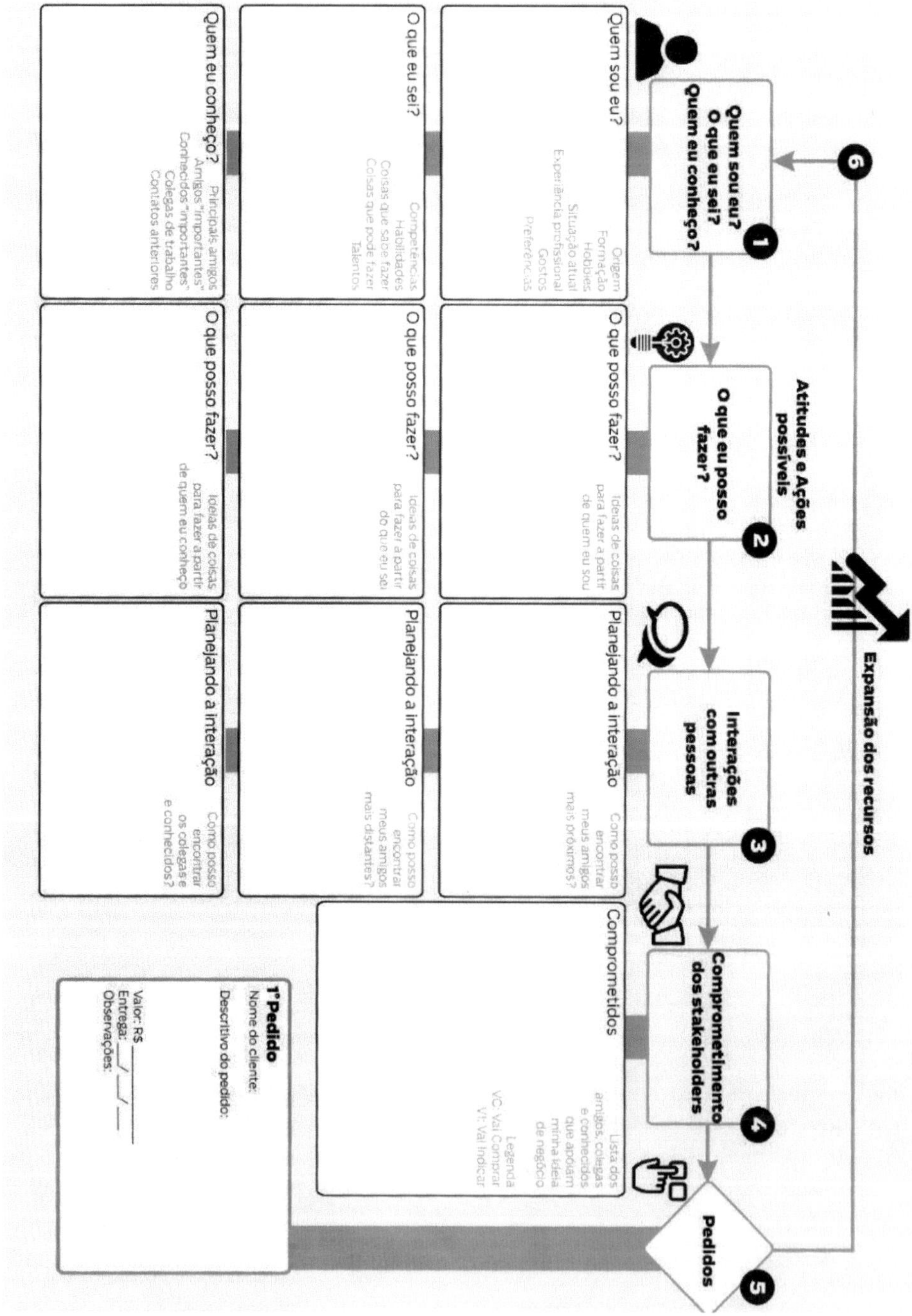

(Fonte: Read e Sarasvathy, 2005. p. 53).

Cap. 3 - O segredo

O maior segredo é que não tem segredo nenhum, foi só para chamar sua atenção para algo que você está cansado de saber, mas que deixa de lado.

Devemos nos treinar para esperarmos grandes coisas de nós mesmos, pois somos capazes de fazer coisas inimagináveis. Se praticarmos e mantivermos o pensamento positivo e produtivo, essa atitude um dia criará aquilo que desejamos.

Os pensamentos são forças, e é por meio delas que criamos as nossas condições e a nós mesmos.

Não podemos escapar do nosso pensamento. Ele é alimentado por palavras, ações, atitudes, pela experiência e pelo nosso próprio compromisso de mantê-lo.

Adquira o hábito de substituir aquelas palavras negativas que dizemos sobre nós mesmos por palavras positivas, eu sei que não é fácil, mas vale tentar.

Em vez de palavras de desespero, use palavras de esperança; em vez de palavras de fracasso, use palavras de sucesso; em vez de palavras de derrota, use palavras de vitória; em vez de palavras de preocupação, use palavras de incentivo; em vez de palavras de apatia, use palavras de entusiasmo.

Torne-se uma pessoa entusiasmada de fato

O entusiasmo é o segredo pouco reconhecido do sucesso. Estabeleça um objetivo e trabalhe para alcançá-lo e, quando este for realizado, estabeleça um outro objetivo e trabalhe para alcançá-lo. A emoção e o desafio que estes fornecem não podem deixar de manter alguém entusiasmado.

Como cultivar seus relacionamentos de forma que traga paz e felicidade:

- Não critique, não condene, não se queixe;
- Aprecie honestidade e sinceridade;
- Desperte um forte desejo nos demais;
- Torne-se verdadeiramente interessado na outra pessoa;

- Sorria;
- Lembre-se de que o nome de uma pessoa é para ela o som mais doce em qualquer idioma;
- Seja um bom ouvinte. Incentive os outros a falarem sobre si mesmos;
- Fale de coisas que interessem à outra pessoa;
- Faça a outra pessoa sentir-se importante e faça isso com sinceridade.
- Preencha sua mente com pensamentos de paz, coragem, saúde e esperança;
- Nunca tente se vingar de seus inimigos;
- Conte das bênçãos e não dos problemas;
- Não imite as outras pessoas;
- Tente tirar proveito de nossas perdas;
- Crie felicidade para os outros;
- Torne-se uma pessoa entusiasmada de fato;
- Cuide da sua imagem, o marketing pessoal é tão importante quanto o marketing de negócios;
- Enfatize o positivo, saia de perto de pessoas negativas;
- Confie em você e tenha coragem.

A razão pela qual muitas pessoas deixam de realizar seus ideais é o fato de não estarem dispostas a fazer sua parte para torná-los reais.

Para ter sucesso, somente o bom desempenho não é suficiente. Para realmente chegarmos no topo, devemos realizar bem mais do que é esperado de nós, sermos inovadores e termos a coragem de assumir riscos incertos.

Ande, fale e se comporte como alguém que você quer ser

Para que você consiga criar impacto e ganhar destaque, o seu marketing pessoal deve ser levado a sério. Isso pode te levar a outro nível profissional.

Busque Referências

Em qualquer caminhada, você terá muito o que aprender, busque referências que te impulsionem, faça uma lista breve de pessoas e empresas que te inspire, isso vai te ajudar a entender como e onde quer chegar.

As redes sociais trouxeram a possibilidade de qualquer pessoa poder se posicionar e gerar conteúdo publicamente. Foque apenas em conteúdos relevantes.

Como você é lembrado?

Para que você seja lembrado e consiga se conectar de maneira eficaz, é ideal que mostre suas qualidades profissionais de um jeito que as pessoas te entendam e percebam onde realmente você pode chegar.

Reflita sobre o que você tem feito e observe suas atitudes. Olhando a situação de fora, você se inspiraria em você?

Cuide do seu marketing pessoal. Ele é tão importante quanto o marketing de negócios, ele pode te levar ao topo ou ao limbo. Se eu fosse olhar o seu Instagram ou Facebook, eu fecharia negócios ou te contrataria?

O mundo está nas mídias sociais, cuidado!

Você já parou para pensar no que as pessoas irão encontrar sobre você em uma simples busca no Facebook ou Instagram? Aposto que bateu o desespero, aquele selfie de biquinho não faz mais sentido agora, né?

Se não havia pensado nisso, te aconselho a parar agora mesmo e ver o que anda publicando. Muitas empresas possuem profissionais especializado em "stalkear" pessoas em mídias sociais para contratar, demitir e fazer, ou não, negócios.

Prática, disciplina e rotina

Muitas vezes, não obtemos o resultado que esperamos por estarmos exaustos, sem tempo para muita coisa. Nosso estresse acaba se tornando rotina e a paz e tranquilidade são esporádicas. Ganho de peso, falta de energia e procrastinação fazem parte do seu dia a dia .

Temos a sensação de que todos a nossa volta conseguem conquistar o que sonham, menos nós. O que será que fazemos de errado? Trabalhamos duro, investimos tanto e o sucesso parece tão distante.

Eu me fiz várias vezes esses mesmos questionamentos, e cheguei à conclusão de que precisava mudar alguns padrões que se repetiam. Foi preciso entender o porquê de muitas coisas e buscar uma mudança o quanto antes.

Eu comecei pelos meus projetos, analisando onde eu estava e onde eu queria chegar, depois disso, o que eu precisaria para alcançar esse objetivo, coloquei tudo no papel, juntamente com todas as minhas atividades e rotinas.

Em seguida, fui buscar o que poderia aliviar minha ansiedade e estresse, eu era uma bomba, prestes a explodir. Cheguei mais uma vez nos esportes, escolhi o que fosse fácil de praticar independentemente do local e do horário, algo que eu certamente não me sabotaria. Eu sou mais disposta no período da manhã, porém sou mais criativa à noite. Então, determinei que correria todos os dias cedinho, aliviando minha ansiedade, liberando meu estresse e enchendo meu corpo com hormônios da alegria que me ajudariam a ter um dia melhor.

Decidi fazer meditação assim que terminasse a corrida, outro hábito que me ajudaria a me centrar e aliviar minha tensão, eram apenas cinco minutos que faziam uma enorme diferença no meu dia.

Todo mês suas células são renovadas, então o você de hoje não é o mesmo do mês passado. A razão pela qual a sua vida permanece igual é porque você continua com os mesmos hábitos e os mesmos padrões. Entenda que você precisa mudar suas crenças e suas limitações, criar uma rotina e hábitos para criar uma nova realidade.

Faça uma lista de todas as suas atividades diárias, semanais, mensais e anuais. Aqui você deve incluir atividades pessoais, como: buscar e levar seu filho na escola, fazer academia, futebol, fisioterapia, e também ter um tempinho a dois (ninguém é de ferro).

Estabeleça data e hora para início e fim de cada atividade, exemplo: alimentar a planilha de controle de dados de novos clientes, das 9h às 10h. Copie para todos os dias. Faça a mesma coisa com as atividades semanais, mensais e anuais. Aqui deve ser incluído as suas metas, como estudar uma hora por dia, ler e fazer cursos. Desta forma, você consegue realizar todas as atividades cotidianas e dar início e fim aos seus planos, essa prática simples vai reduzir em mais de 60% do seu tempo. Não é mágica, é organização de tempo.

Com prática de esportes somado a uma rotina onde não haja procrastinação, seu estresse e ansiedade serão reduzidos, podendo chegar ao zero.

Para chegar a outro nível e elevar seu potencial, é necessário cuidar da sua mente e do seu comportamento.

Comece com afirmações e pensamentos positivos. Se você tem um objetivo, um sonho, precisa fazer sua mente e seu corpo sentir como se já tivesse chegado lá.

Eu quero que você deseje isso, ative o estado da conquista, projete-se para o futuro, como se tivesse chegado lá. Expresse isso com o seu corpo, faça isso de duas maneiras: mentalize o seu objetivo e fale em voz alta o que você vê. Faça afirmações reais, algo que de fato é possível acontecer, como: "Eu lidero a minha vida, eu acredito nisso com toda minha força, eu criarei o meu futuro e não me destruirei, eu tenho uma rotina de uma pessoa de sucesso, eu invisto de forma sábia o meu dinheiro, eu viajo duas vezes ao ano, eu sou o líder da minha vida, estou estabelecendo altos padrões, eu vou criar alegrias, eu posso."

Isso fará você viver a sua vida dentro dos padrões que você estabeleceu, você cria a sua realidade. O que você sente quando diz em voz alta aquilo que você está projetando para sua vida? O que sente quando diz: "eu não me destruirei, eu posso?" Quando você desafiar tudo que te limita, fará com que você crie uma nova realidade e eleve seus padrões. Agora, você precisa sentir essa força, sentir que você não se conforma com o medo ou com a mediocridade. Você é capaz de mudar o seu dia, seu ano e sua vida!

Planeje o seu dia, pratique hábitos que mudarão sua realidade, tenha rotinas saudáveis.

Cap. 4 - Chegou a hora, vamos transformar sua história de vida e paixões em um negócio

O seu negócio precisa ter sua cara, seu estilo e seus valores. É impossível sustentar algo que não tem a ver com seus princípios. Tente ser verdadeiro na construção da base da sua empresa. Use tudo que você viveu e a forma como lidou com situação tão adversas em um potencial produto ou serviço. Quem sabe aquela paixão por livros não te torne um profissional especializado em desenvolver conteúdos para blogs, sites e agências de marketing?

Reserve um espaço na parede, pegue post-it, xícara de café e vamos à prática.

Quem sou eu?

- Formação
- Experiência profissional
- Estilo de vida
- Perfil (personalidade)

O que sei?

- Competências
- Experiências de vida
- Habilidades

O que posso fazer?

- Tipo de negócios
- Serviços

Você precisa entender que as respostas dessas perguntas irão te guiar para o seu negócio de sucesso. Não adianta você levar um estilo de vida pacata, ser tímido, e querer montar uma empresa de publicidade. Até poderia, mas as chances de isso dar certo são muito baixas.

Misture-se a outros empreendedores. Há encontros de empreendedorismo em muitas cidades. Essas reuniões são essenciais tanto para quem já tem um negócio quanto para os que procuram inspiração para abrir uma empresa. É nelas que você poderá encontrar sócios, parceiros e clientes, além de ouvir histórias de sucesso e fracassos – essenciais para quem está no começo.

Aprenda a planejar o negócio. Para fazer isso, há duas formas principais: uma para negócios tradicionais (offline) e outra para os digitais. Se sua empresa oferece um produto ou serviço que já existe, comece traçando um plano de negócios. Com ele, tudo ficará mais claro. Se o negócio for virtual, será preciso iniciar por uma forma simplificada do que você pretende oferecer. Assim, será possível sentir o mercado e planejar, testando diretamente o protótipo (ou a fase beta do negócio). Dessa forma mais interativa, também será possível receber mais retorno de clientes e usuários do produto ou serviço.

Tente (pelo menos!) fazer uma previsão do fluxo de caixa do negócio. De quanto você vai precisar para abrir o negócio? Depois de quanto tempo o caixa deverá se tornar positivo? Isso é essencial para se planejar financeiramente, especialmente se você tiver muitas contas para pagar e for o principal suporte financeiro da família. Esteja preparado para enfrentar as dificuldades iniciais e não desistir facilmente de uma boa ideia por precisar voltar a ter um salário. Se seu perfil for o de uma pessoa que só consegue ter sossego com um bom saldo na conta bancária, aumente a poupança enquanto tiver um salário fixo, por exemplo, para se sentir mais seguro depois.

Gestão de tempo. Antes de começar o negócio, sente com sua família e tenha uma conversa franca. Prepare-se (e prepare-os) para o período até o ponto de equilíbrio da empresa (quando ela sai do vermelho e começa a pelo menos não dar prejuízo). Tenha claro que essa fase será de muito trabalho (sabe aquela história de 100% transpiração? É bem por aí!) e que você terá pouco tempo para se dedicar à família e aos amigos. Toda essa preparação faz parte do investimento emocional de empreender. Depois que o negócio andar com as próprias pernas, equilibre suas vidas pessoal e profissional. Empreendedor também precisa ter descanso, tirar férias... Use a sazonalidade do negócio, por exemplo, para tirar dias de folga, viajar com a família e relaxar.

Seu preparo psicológico poderá ser até mais importante que o planejamento estratégico. Ele varia muito de pessoa para pessoa, mas fique atento a pontos essenciais, como a dependência do trabalho em grupo, a estabilidade financeira, o peso da vida pessoal, etc. É essencial buscar pelo menos um ou dois mentores e fazer reuniões a cada dois ou três meses para conversar sobre como vai a vida empreendedora e também a pessoal. Na ânsia de fazer o negócio se tornar realidade, muitos empreendedores abrem mão de suas vidas pessoais. Os mentores podem ajudá-lo a permanecer com os pés no chão e balancear as necessidades do negócio e de sua vida fora dele. Ao escolher esses conselheiros, considere três perfis diferentes. O primeiro pode ser alguém que entenda de gestão. Vale chamar um amigo que trabalhe numa grande empresa e que seja capaz de traduzir técnicas de gestão usadas no dia a dia para uma pequena empresa. Outro pode ser um estudioso de negócios, que traga ideias novas. Vale um professor e até um estudante de administração de empresas. O terceiro pode ser um cliente que é amigo e possa criticar seu negócio do ponto de vista do consumidor. Além de ajudar a empresa a se tornar mais sólida, os conselheiros são importantes para torná-la mais profissional.

Busque o sócio ideal. Normalmente, toda empresa tem pessoas com duas competências: fazer e vender. Antes de abrir um negócio, tenha claro se você é do time dos que fazem ou dos que vendem. Idealmente, toda empresa tem pelo menos dois sócios, cada um com sua característica principal. Dividir as tarefas é importante para fazer o negócio engrenar. Se você acumular as duas funções, sua vida pessoal irá se tornar um caos, especialmente se você usar o dia para vender a ideia e a noite para realizá-la. Encontre pessoas com capacidades complementares às suas. O início do processo de empreender é estafante e requer muita dedicação.

Inspire-se constantemente. Se você quer ser empreendedor, precisa gostar de negócios. Busque informações sobre grandes empresas e empreendedores que você admira. Vá a feiras e congressos nacionais e internacionais, leia sobre o assunto. A inspiração pode vir até da concorrência, mas não apenas dela. Procure referências em áreas diferentes da sua. Os donos do Starbucks, por exemplo, se espelharam no design da Apple, na inovação da Nike, na logística da Zara, na experiência de ambientes da Walt Disney Company. Aprendendo com os exemplos de outros, você certamente se sentirá mais motivado.

O Propósito

> "Você não sabe a força que tem até que sua única alternativa é ser forte"

Ao longo da minha longa jornada, eu descobri que a forma como lidei com o meu diagnóstico, me trouxeram ferramentas que poderiam mudar a vida de outras pessoas. Assim como as minhas intermináveis listas.

Foi perdendo tudo e passando fome que consegui ter a consciência de tudo aquilo que eu sabia e conhecia, mas que era deixado de lado, simplesmente descartado. Eu tinha muitos potenciais que estavam escondidos em uma rotina de trabalho.

Aprendi que mudando meu ambiente e minha forma de lidar com as coisas, a depressão e o estresse podiam ser evitados.

Foi a minha experiência no meio social que me ajudou a lidar com os meus problemas, me preparou para lidar com pessoas e liderar. Descobri que não conseguimos ir além sem ter gratidão, ela precisa estar presente em tudo que fazemos, da hora que acordamos até a hora de deitar. Consegui ver além do óbvio.

Para conseguir recursos para ajudar nos projetos sociais, aprendi a ter uma ótima comunicação, persuasão e viver de forma simples e sustentável. Entendi que não precisa de muito para ser feliz.

Dentro do ambiente esportivo, consegui entender que somente colocar toda a minha força e dedicação pode não me levar muito longe, mas se eu conseguir fazer isso com pessoas que estejam na mesma estrada e com o mesmo foco, eu consigo ir mais longe. A disciplina e o trabalho em equipe foram as competências mais aprimoradas nesses processos.

Eu descobri que o meu propósito era unir tudo que vivi e aprendi durante essas fases da minha vida e passar adiante, e foi o que fiz.

Hoje aos 37 anos, mãe de um menino incrível chamado Henry, que me ensinou muito, mesmo antes de nascer, tornando-se o único bebê registrado a nascer com vida de uma mãe com as doenças que tenho. Saudável, forte e com um sorriso que nos encanta a cada dia. Casada com o homem mais incrível e lindo que conheço, Lucas, o meu "nerd" favorito. Idealizadora e CEO da empresa mais diferentona que já vi, ganhadora de prêmios e referência no mercado, Awee Business.

O meu propósito é mudar a vida de pessoas por meio do meu conhecimento e experiência, ajudando a mudar o presente e o futuro.

Hoje eu não entrego mais comidas nas ruas, mas ajudo pessoas a se capacitarem e conseguirem empregos. Transformo pequenas empresas em grandes negócios, gerando mais empregos, reduzindo a pobreza e aquecendo a economia local.

Uso o mundo social e o esporte como ferramentas de transformação dessas pessoas e do mundo em que elas vivem. Ajudo grandes empresas a desenvolverem projetos sociais para as comunidades em que vivem seus funcionários.

Por meio de palestras e treinamentos, eu ensino pessoas a se descobrirem e mudarem sua história.

Ainda luto com as minhas doenças, o medo ainda existe, mas descobrir o meu propósito de vida e me realizar por meio dele é o que me mantém viva e feliz.

#tevejonotopo

FINANÇAS

GUSTAVO **KAHIL**

Finanças
@moneytimesbr

Sobre o Autor:

- Jornalista especializado em economia, negócios e finanças há 15 anos.
- Passagens pelas redações de InfoMoney, Gazeta Mercantil e Exame.
- Editor-chefe e sócio-fundador do Money Times, site de economia com maior crescimento do Brasil.

O propósito do autor é mostrar que o valor financeiro da vida está diretamente ligado ao modo com que entendemos as decisões e escolhas ao longo de nossa trajetória, sempre contestando as ideias quando elas parecem gastas ou inadequadas. Assim, criando o próprio caminho para a independência financeira.

Cap. 1 - Introdução

O assunto finanças pessoais será, possivelmente, uma das áreas mais procuradas deste livro. Falo isso com segurança apoiado na minha própria história.

Contando a minha história para vocês, eu nasci em família de classe média. Daquelas que estão sempre sujeitas às mudanças do mercado, da economia, da inflação e de, principalmente, falta de instrução sobre como lidar com o dinheiro no meio desta bagunça toda. Como um agravante, além de não saber nada sobre macroeconomia, meus conhecimentos sobre finanças pessoais também eram quase nulos.

Não somos ensinados em nossas escolas a lidar com o dinheiro, há algo muito errado em tudo isso na medida em que o dinheiro é parte fundamental de nossas vidas.

A pergunta que eu tinha em meu coração era: **como fazer para aprender a respeito do dinheiro e como lidar com ele de maneira a torná-lo um tema agradável em minha vida, vivendo em um país instável e sem educação?**

Neste momento, minha natureza jornalística, investigadora e curiosa entrou em cena. Fui tomado por uma força muito grande de aprender sobre todos os temas que envolvem dinheiro. Nesta busca por mais conhecimento, pude trabalhar nos maiores portais de informação a respeito de dinheiro.

Além disso, também pude conversar pessoalmente com pessoas influentes no mercado, conhecer o lado interno do mercado, sob o olhar de grandes influenciadores e referências nos mais variados assuntos.

Esta trajetória me levou a, inevitavelmente, construir um dos portais mais acessados no país a respeito de finanças, investimentos e economia – o MoneyTimes.com.br .

Talvez você não o conheça, mas o volume de acessos e buscas serve para mim como um excelente termômetro do que as pessoas buscam. Por meio das estatísticas posso saber os temas mais falados, os assuntos mais comentados, as notícias que as pessoas mais leem e também, pelo tempo de permanência, em quais leituras elas se engajam e se envolvem.

Ser o editor chefe de um veículo tão grande permitiu-me crescer em duas frentes. A primeira, é a maravilhosa oportunidade de ter acesso a informações de qualidade e de fonte confiáveis e a segunda, é poder acompanhar em tempo real o comportamento do leitor, entendendo suas dúvidas e necessidades.

Neste sentido, posso dizer com segurança que o que trago neste livro reflete, muito provavelmente, as dores e necessidades de milhões de pessoas a respeito do tema finanças e recursos financeiros.

Tenho certeza de que sairemos mais ricos desta conversa e que, no final, o assunto dinheiro deixará de ser um monstro assustador para se tornar um amigo íntimo e parceiro na sua jornada.

Faça as pazes com o dinheiro. Ele gosta de ser bem tratado!

Estamos aqui para crescermos juntos.

Vamos lá!

Cap. 2 - Um problema cultural

Não é de hoje que as pessoas têm dificuldades financeiras. Muitos herdam de seus pais os hábitos e sentimentos com relação às finanças. É algo que é passado de geração para geração, uma educação invisível que causa a perpetuação do problema e formação da cultura.

Os dados são assustadores, seis em cada 10 brasileiros (58%) admitem que nunca, ou somente às vezes, dedicam tempo a atividades de controle da vida financeira, e 17% dos consumidores, sempre ou frequentemente, precisam usar cartão de crédito, cheque especial ou até mesmo pedir dinheiro emprestado para conseguir pagar as contas do mês. O percentual aumenta para 24% entre os mais jovens. Há, também, aqueles que precisam recorrer ao crédito para complementar a renda.

Talvez você esteja em algum destes grupos, possivelmente considerando normal, já que a maioria das pessoas também está na mesma situação.

Os números mostram que a organização financeira não é uma tarefa que atrai as pessoas de modo geral e, no final, por considerarem difícil a tarefa de se organizar e controlar os impulsos consumistas, endividam-se e, muitas vezes, perdem seu acesso ao crédito, o que dificulta ainda mais a sua vida financeira.

Quero trazer alguns dados de pesquisas a respeito de hábitos de consumo das pessoas. Tocando em 3 pontos que considero importante quando trazemos o aspecto cultural nas dificuldades financeiras que as pessoas enfrentam, diria que são: **Equilíbrio, Matemática e Consumo por Impulso.**

Equilíbrio

Que uma vida financeira equilibrada traz mais satisfação e tranquilidade, todos nós sabemos. Curioso é o fato de que poucas pessoas já experimentaram isso na vida. Muitos encontram desafios desde o início da fase adulta.

O fato é que 56% das pessoas ouvidas na pesquisa disseram que se sentem melhor quando planejam as despesas para os próximos seis meses. O problema, novamente, é que nem sempre isso acontece na prática, porque 48% delas nunca, ou somente às vezes, fazem um planejamento cuidadoso dos passos a seguir para ficar dentro do orçamento nos meses seguintes. O problema surge com mais força entre os consumidores de baixa renda (classes C, D e E), com 51% de citações.

O planejamento financeiro é mais frequente entre as pessoas das classes A e B, com 59% de menções. Mostrando que o comportamento diante das finanças também é uma questão de educação e acesso à informação.

Matemática

Os consumidores ouvidos no levantamento afirmaram que ter algum tipo de familiaridade com matemática e conhecimento sobre números torna mais fácil exercer controle sobre a vida financeira. Em cada 10 brasileiros, seis (61%) consideram que informações numéricas são úteis na vida financeira diária e 62% dizem que aprender a interpretar números é importante para tomar boas decisões financeiras. Porém, nem sempre essas pessoas procuram, de fato, informar-se a respeito desses temas.

A pesquisa detectou que 19% dos entrevistados não costumam prestar atenção em assuntos que envolvem números, percentual que aumenta para 24% entre os homens e 27% entre os mais jovens. Há ainda 39% que nunca ou somente às vezes calculam o quanto pagam de juros ao parcelar uma compra e 53% que fazem esse cálculo com frequência. Quando parcelam alguma compra, um terço (33%) dos entrevistados nem sempre sabe se já tem outras prestações para pagar.

A busca de informações com especialistas também não é hábito de boa parte dos brasileiros. **Apenas três em cada 10 (31%) disseram que sempre, ou frequentemente, procuram dicas de especialistas sobre gestão financeira. Além disso, somente 17% costumam participar de cursos, palestras e seminários para aprender a administrar o próprio orçamento; e 49% nunca participam dessas atividades, ao passo que 25% dizem que, às vezes, procuram esse tipo de informação.**

Talvez, um pouco mais de dedicação aos números e à matemática possa te fazer uma grande diferença na vida financeira, não é mesmo?

Consumo por impulso

Na pesquisa, também ficou comprovado que a maioria das pessoas compra por impulso e toma atitudes de consumo desregradas. Quando estão fazendo compras, um terço (33%) dos brasileiros nunca, ou apenas às vezes, avalia se realmente precisa do produto, para não se arrepender depois. Além disso, 45% nunca, ou somente às vezes, conseguem resistir às promoções e comprar apenas aquilo que está planejado.

A pesquisa mostra também que os consumidores adotam posturas desaconselháveis do ponto de vista financeiro. Por exemplo, 19% dos entrevistados consideram mais importante gastar dinheiro hoje do que guardar para o futuro, embora 77% reconheçam que, às vezes, ou nunca, comportem-se assim.

Sobre pensar no futuro, a pesquisa detectou que muitos não se sentem preparados para investir. Somente 38% disseram que confiam na própria capacidade de identificar bons investimentos e 22% que desconhecem os tipos de aplicações com melhor taxa de retorno. Apenas metade (51%) da amostra sabe sempre, ou com frequência, o quanto precisa guardar todos os meses.

Trazer estes números para você, leitor, é importante para fazê-lo refletir sobre os seus comportamentos. Caso queira mudar o seu futuro financeiro, é necessário colocar atenção e energia na mudança desses hábitos.

Sair das estatísticas e virar o jogo. Você pode escolher agir de maneira diferente e adotar os comportamentos da menor parcela da população. Essa menor parcela é a que, no final, encontra equilíbrio e satisfação financeira.

Para isso, é importante traçarmos um ponto de partida e iniciarmos a mudança com passos simples que veremos mais adiante.

Cap. 3 - Primeiros passos

Ao contrário do que a grande maioria pensa, investir é simples, seguro e não é necessário muito dinheiro. É possível encontrar excelentes opções para quem tem R$ 100, R$ 30 e até somente R$ 1. Isso mesmo, é possível investir de forma segura e rentável com apenas 1 real.

O que o futuro investidor precisa saber é que, antes de começar a investir, ele deve, necessariamente, passar por alguns passos. Veja!

Livrar-se das dívidas; Abandonar o espírito consumista; Controlar seu orçamento; Aprender a poupar; Investir de fato.

Agora, entenda cada um dos 5 passos detalhadamente:

PASSO 1: Livrar-se das dívidas

Talvez o passo mais complicado, pois viver em dívidas significa que temos algum problema na nossa mentalidade sobre dinheiro.

Gastar mais do que ganha não deve ser tratado como algo normal. Se você tratar isso como algo anormal, já estará resolvendo metade do problema, que é o reconhecimento dele.

Muitas pessoas gostam de viver de "status" e, por isso, vivem atoladas em dívidas. Não conseguem perceber que, quanto mais gastam, mais pobres ficam.

"Coisas não te deixam rico, dinheiro sim". Ou seja, gastar só te deixa mais pobre. Sabe aquele amigo que ganha o mesmo que você e só anda de roupa de marca e possui um carro de luxo? Pois é, se você não é assim, você é mais rico do que ele. Acredite! Se você acha que está cheio de dívidas, muito provavelmente ele está mais ainda.

Pense em gastar seu dinheiro em algo que te dê retorno, como investimentos, imóveis para alugar ou um site para vender produtos.

E lembre-se sempre da melhor definição de riqueza: "Riqueza é ausência de necessidades".

PASSO 2: Abandonar o espírito consumista

O consumo excessivo pode ter duas principais possíveis causas: ansiedade e a sua mentalidade programada de forma errada.

A forma mais prática de controlar a ansiedade é praticando atividade física. Outras formas de controlá-la são: evitar pensamentos negativos; reduzir o estresse diário; manter o foco no seu presente.

Já para alterar a sua mentalidade você precisará reprogramá-la. T. Harv Eker, autor de "Os Segredos da Mente Milionária", nos brindou em seu livro com 17 arquivos de riqueza das pessoas de mentalidade rica, que as diferenciam das de mentalidade pobre.

Harv nos mostra que tudo que vimos e ouvimos sobre dinheiro nos moldou ao que somos hoje. Identifique a causa de seu consumismo e aja de modo a acabar com ela.

PASSO 3: Controlar o seu orçamento

Se você ainda se pergunta no final de todo mês aonde foi parar o seu salário, saiba que o único modo de descobrir é fazendo um raio-x do seu orçamento.

É nesse momento que percebemos quantos pequenos furos que minam nossas finanças existem. Pequenos gastos desnecessários e que fazem falta seja no final do mês seja acumulado no final de um ano.

Tome cuidado com os gastos invisíveis e anote absolutamente tudo! Nosso trabalho hoje em dia ficou muito mais fácil, pois existem diversos aplicativos que nos auxiliam a controlar os gastos. Porém, caso queira utilizar papel e caneta, fique à vontade, mas não deixe de fazê-lo.

PASSO 4: Aprender a poupar

Se não poupamos não investimos. Poupar é reservar de tempos em tempos uma quantia para um objetivo maior. **Entenda!**

Se um valor guardado compra X, o mesmo valor guardado duas vezes seguidas comprará duas vezes X. Agora imagine esse valor guardado três, cinco, dez, milhares de vezes. Imagine o poder dessa poupança ao longo do tempo.

É capaz de lhe render no futuro uma boa aposentadoria ou mesmo realizar a, tão sonhada por muitos, liberdade financeira.

PASSO 5: Investir de fato

Se você seguiu todos os passos até aqui, chegou a hora de investir.

Tudo que precisa agora é de conhecimento: conhecer o seu perfil de investidor e conhecer o investimento que deseja fazer.

Para descobrir o seu perfil de investidor existem testes na internet e até na própria corretora que escolheu para intermediar os seus investimentos.

Para conhecer o investimento que deseja fazer, também com uma simples pesquisa, você descobre o quanto ele provavelmente renderá e quais os custos envolvidos.

O conhecimento está disponível e difundido graças à tecnologia e plataformas de cursos. Não há mais segredos e o mundo dos investimentos está deixando de ser um tabu.

Provavelmente, para cumprir os passos deste capítulo você precise de algumas dicas de organização. É importante construir uma base forte para que possamos erguer o prédio.

Vamos continuar em frente com nossa tarefa de mudar sua vida financeira.

Cap. 4 - Organize-se!

A falta de disciplina e a desorganização podem te levar para o buraco num curto espaço de tempo. Por isso, é muito importante saber organizar as suas finanças pessoais.

1. Anote tudo

De nada adianta ter um alto salário, se o seu padrão de vida compromete todas as suas receitas. Por esse motivo, o primeiro passo para equilibrar sua vida financeira é saber como você gasta o seu salário. Não importa se você fizer isso em papel, planilha, bloco de notas do celular ou aplicativo de controle financeiro.

O importante é que, nos próximos 30 dias, você crie o hábito de anotar absolutamente todas as suas despesas, não importa o valor delas. Do pastel de feira ao bar com os amigos. Essa é uma etapa muito importante para equilibrar o seu orçamento. Em suas anotações, inclua data, descrição e forma de pagamento (débito, crédito ou dinheiro).

2. Analise os gastos do dia a dia

Passados os 30 dias, é hora de analisar como você gastou o seu dinheiro ao longo do mês. A análise dos gastos deve ser feita tanto nas compras realizadas a débito ou dinheiro como nas contas a crédito. Uma dica é separar os gastos por categoria, como alimentação, transporte, saúde, educação, moradia, viagem, entre outros.

Não esqueça de bater os valores anotados no seu caderno com o extrato da conta corrente do banco e da fatura do cartão de crédito para verificar se não há nenhuma divergência nas suas finanças. Ao final dessa etapa, você vai ter uma visão global do seu perfil de gastos e poderá definir as mudanças que podem ser feitas para diminuir os gastos.

3. Analise as dívidas

Se você é do time que usa sempre o cheque especial, preste muita atenção. Você precisa trocar essa dívida por uma mais barata, como o empréstimo consignado, que oferece taxas de juros com valores bem abaixo do cheque especial.

Pagar juros para os bancos todos os meses não se encaixa no perfil de quem quer organizar suas finanças pessoais. Pesquise no seu banco as opções de empréstimos com juros mais baixos. Utilize o valor do empréstimo unicamente para quitar a dívida. É muito comum ouvir pessoas que fizeram empréstimo, mas depois de poucos dias voltaram a se endividar. Para que isso não aconteça novamente, peça o cancelamento do cheque especial ao seu banco o mais rápido possível.

4. Estabeleça metas

Com tudo anotado e devidamente mapeado, chegou a hora de definir metas. É nessa etapa que você vai se manter disciplinado para cortar gastos desnecessários a fim de conseguir alcançar as metas estabelecidas.

É aqui que você vai parar e pensar nos seus objetivos de vida. Para ficar mais fácil, você pode separá-los em curto (até 2 anos), médio (de 2 a 5 anos) e longo prazo (acima de 5 anos). E os objetivos podem ser vários, como viagem dos sonhos, festa de casamento, compra da casa própria, intercâmbio, pós-graduação, tirar um ano sabático, faculdade dos filhos, mudar de profissão, ter sua própria empresa, trocar de celular, entre outros.

Com tudo anotado, você vai pensar duas vezes antes de gastar dinheiro com algo desnecessário. Para incentivar, você pode colocar fotos daquilo que você quer em lugar de fácil observação, para que você nunca se esqueça.

5. Corte gastos

Você já venceu quatro etapas, não é na quinta que você vai desistir, certo? Chegou o momento de colocar em prática o plano para que você consiga alcançar todos os seus objetivos: é hora de cortar ou diminuir aqueles gastos que estão te impedindo de alcançar os seus objetivos. Por exemplo:

Roupas e sapatos: pare de comprar todos os meses. Só compre quando for realmente necessário;

Compras no supermercado: nunca vá com fome e leve sempre uma lista das coisas que realmente estão em falta. Quando fazemos compra sem uma lista definida, o cérebro cria necessidades que, na verdade, não existem;

Planos de celular: avalie o plano contratado e verifique se não há opções de planos mais em conta em outras operadoras. Por experiência própria, a diferença de valores pode ser bem grande;

Almoçar fora: o custo da alimentação em restaurantes, principalmente nas grandes cidades, não é nada barato. Muitas vezes, o valor do ticket que a empresa oferece não é suficiente para almoçar. Uma opção saudável e econômica é levar marmita. Dá um pouco de trabalho, mas a economia no final do mês ajuda muito no orçamento.

Cap. 5 - Proteja sua saúde mental

Acredito que para fechar bem esta parte tão importante é necessário colocarmos a questão financeira em seu devido lugar.

Um dia li a seguinte frase:

SE ALGO CUSTA A SUA PAZ.
ESTE ALGO É CARO DEMAIS.

Essa frase fez muito sentido para mim, principalmente considerando minha história pessoal e de pessoas que conheço.

As palavras que melhor tratam sobre esta questão são as da Tatiana Pimenta, CEO e fundadora da Vittude, *startup* focada em Psicologia e Coaching), as quais trago a seguir.

"Em tempos de crise como a que o Brasil está passando, com o desemprego em alta e famílias e empresas tentando equilibrar seus orçamentos, muita gente tenta proteger seu dinheiro e até obter algum ganho adicional com investimentos. Mas, como quanto maior o ganho, maior o risco associado a ele, não raro pessoas acabam perdendo dinheiro. Às vezes muito dinheiro! As causas podem ser circunstanciais ou simples falta de habilidade. Daí vem o desespero, que pode se transformar em algo mais sério, como uma depressão. Possivelmente, você conheça alguém que já tenha passado por isso.

Muitas pessoas, antes acostumadas a fazer investimentos no mercado de ações, viram-se diante de perdas consideráveis de dinheiro em função do aumento da volatilidade dos mercados à medida que a crise econômica avançava e notícias políticas desfavoráveis eclodiam. Esse movimento provocou diminuição de patrimônio e em alguns casos até mesmo falência.

A relação com o dinheiro pode arruinar a saúde emocional. Essa é uma afirmação pesada, mas real.

Sou fundadora da Vittude, *startup* que promove a conexão entre psicólogos e pessoas que estão em busca de terapia e Coaching. Já recebemos em nossa plataforma casos de pessoas em busca de Coaching financeiro e orientação psicológica em decorrência de problemas relacionados a dívidas e perda de dinheiro. São relatos de quadros como taquicardia, gastrite, insônia, enxaqueca, hipertensão, entre outros. Sintomas originados no descontrole com as finanças pessoais e da preocupação em excesso. Picos elevados e recorrentes de estresse podem levar à depressão e em casos mais críticos, culminar em suicídio.

Mas, mantenha a calma! Coloco abaixo algumas dicas para manter a saúde mental e deixar as finanças pessoais em ordem.

Mantenha o hábito de poupar

Reserve uma parte de seu salário para um projeto futuro. Se você tem dificuldade em guardar dinheiro mensalmente, estabeleça pequenos objetivos. Mantenha o foco nas metas traçadas e a rotina se transformará em hábito.

Invista em aplicações mais seguras

Hoje em dia, segurança não é sinônimo de baixa rentabilidade. A tecnologia evoluiu e empresas como a Verios, startup que oferece opções inovadoras de investimentos, podem ajudá-lo a ter uma carteira inteligente e balanceada, protegendo você de taxas elevadas de bancos e corretoras.

Não se isole

Tentar esconder uma má situação financeira de outros é a pior coisa que você pode fazer. Converse com amigos e familiares, explique sua situação e peça ajuda.

Fale sobre isso

Se você estiver enfrentando momentos difíceis, procure a ajuda de um psicólogo ou Coach financeiro para ajudá-lo a reestruturar suas finanças e saúde emocional. Faça uma reflexão para entender como chegou até aqui. Onde o problema começou? Qual foi o caminho percorrido? Examine seu relacionamento com o dinheiro. Buscar o autoconhecimento e aprender com os erros é o início de um caminho de sucesso.

Aceite sua situação – por enquanto

Você tem que aceitar primeiro a maneira como as coisas são antes de poder mudá-las. Respeite sua história, jogue fora crenças antigas e limitantes, e mantenha a mente aberta para novas perspectivas.

Não se culpe

Quando os tempos ficam difíceis, o crítico que vive dentro de nós todos pega um megafone para anunciar os tombos. O que aconteceu já foi, não tem mais volta, mas, por pior que tenha sido o erro, ninguém deve levá-lo para sempre em suas costas.

Concentre-se no que você pode controlar

Dê uma boa olhada em seu orçamento. Faça um plano de ação para melhorar suas finanças apertando as contas e procurando novos fluxos de receita.

Viva o momento

Não gaste muito tempo ruminando o passado ou se preocupando com o futuro. Isso pode realmente comprometer sua saúde emocional. Faça coisas que o ajudem a estar no aqui e agora: respire profundamente, faça alguns minutos de meditação, ouça uma música que te dê prazer e dance!

Reserve tempo para exercício e amigos

Quando você está em estresse financeiro, seu primeiro instinto pode ser cortar tudo – até mesmo as coisas não materiais ou relativamente de baixo custo, que fazem você se sentir melhor, como exercício físico, por exemplo. Pessoas que praticam atividade física regularmente têm vida mais intensa, apresentam mais vigor, resistem mais às doenças e são mais felizes.

Evite drogas e álcool

Se você está sob pressão financeira, provavelmente está passando por momentos de ansiedade e experimentando sintomas físicos e mentais de estresse, incluindo músculos tensionados, dores de cabeça, irritabilidade e refluxo, mas você pode não os reconhecer.

Ao observar sinais como esses, tome medidas para lidar com o quadro de forma saudável. Não recorra a bebidas, ao uso de drogas ou tabaco. O uso de substâncias químicas pode aumentar a ansiedade e levar a um ciclo vicioso, no qual sua saúde mental e física ficará comprometida.

Inspire-se

Se você está em dúvida sobre seu próximo passo de carreira, espelhe-se em alguém que inspire você. Talvez alguém que esteja fazendo algo que você gostaria de fazer, como empreender. Convide essa pessoa para um café, um bate papo e descubra novos *insights*.

PEÇA AJUDA EM CASO DE DEPRESSÃO

Se você acha que está com sintomas assim, não hesite em buscar ajuda. Conheça os sinais de alerta de suicídio e mantenha um olho em seus entes queridos. Se você está ajudando alguém que ama, que está lutando contra a depressão ou é suicida, você precisa procurar sinais de alerta também.

É importante ressaltar que a vida está em constante movimento. Mesmo as adversidades servem de muito aprendizado e construção de novos caminhos e oportunidades. Se você enfrentou ou está enfrentando problemas com suas finanças pessoais, observe as dicas acima e não tenha receio de recomeçar. Não tenha medo ou vergonha de pedir ajuda de amigos, familiares e de profissionais especializados como um Psicólogo ou um Coach. Utilize os fatos como aprendizado e construa com eles uma ponte para o sucesso futuro e uma vida financeira saudável. Sinta-se bem!"

Estes são os maiores desafios na área financeira, os desafios emocionais. Lembre-se de que um bom estado emocional traz clareza mental. Clareza mental leva à boas decisões, o que é fundamental para o ganho e manutenção do dinheiro.

Fique firme. Fique forte. Pense a longo prazo e seja cuidadoso com suas finanças.

Se você fizer isso, eu te prometo que você terá um futuro financeiro maravilhoso.

Desejo um forte abraço e vamos rumo à liberdade financeira.

Referências Bibliográficas

https://moneytimes.com.br/pesquisa-revela-que-58-dos-brasileiros-nao-se-dedicam-as-proprias-financas/

Por: Agência Brasil

https://moneytimes.com.br/checklist-do-investidor-em-qual-dos-5-passos-voce-se-encontra/

Por: BLOG renda fixa (http://www.blog.rendafixa.rocks/investimentos/checklist-do-investidor/)

https://moneytimes.com.br/5-passos-de-como-organizar-suas-financas-pessoais/

Por: Francis Wagner

https://moneytimes.com.br/nao-deixe-que-as-financas-estraguem-a-sua-saude-mental/

Por Tatiana Pimenta (https://www.linkedin.com/in/tatianapimenta/)

GUSTAVO KAHIL

CONTRIBUIÇÃO SOCIAL

JAKELINE **DUARTE**

Contribuição Social

@jakeline.duartee

Sobre a Autora:

- Formada em Enfermagem pela URCA, Mestre em Saúde da Criança e do Adolescente

---

- Autora

- Fundadora do Instituto Anjos da Enfermagem e autora do Maior Programa de Responsabilidade Social do Brasil. Criadora da Tecnologia PSBT – Processo de Sessão do Brinquedo Terapêutico

---

- Mãe e Empreendedora.

- presidencia@anjosdaenfermagem.org.br • www.jakelineduarte.com.br

---

Missão: Empreender projetos sociais, produzir produtos e tecnologias que tornem a assistência à saúde mais humanizada e atraumática.

Cap. 1 - Uma história sobre fazer o bem

Nasci no interior do estado do Ceará. Sempre acreditando na magia e no amor, fui crescendo e me tornando cada vez mais sonhadora. Estudei todo o ensino infantil, fundamental e médio em colégios públicos. Entrei na faculdade aos 27 anos e tive uma coleção de frustrações, além de diversas histórias de luta e coragem. Aos 27, idealizei e fundei um Instituto, que se chama Anjos da Enfermagem e em 20 anos, ele se tornou o maior programa de responsabilidade social da enfermagem brasileira. Com 30, me tornei mãe de uma linda menina, chamada Bianca e aos 33, tive a Brice, outra princesa encantadora, me senti completa. Atualmente, continuo com o desejo de mudar cada vez mais o mundo, engajando pessoas no Instituto e incentivando-as a terem um estilo de vida saudável e a fazerem o bem.

Fazer o bem

Aí um dia você acorda, se olhando no espelho e começa a se perguntar para que mesmo veio ao mundo. O espelho não sabe te responder, você também não, e enquanto se veste para encara a árdua e estafante rotina, você recapitula toda sua vida; percebe, então, que o tão sonhado emprego está ali, que a tão sonhada casa está ali e que tudo que você projetou para sua vida, no quesito material, está a sua disposição.

Com certeza existirão também os que irão analisar a vida e verão que não conseguiram nada material. Não sei em que quais das duas situações você se encontra, mas tenha certeza, este momento de autoanálise irá acontecer com você um dia. Depois, já se deslocando para cumprir suas atividades diárias, você percebe que algo te falta, não são bens materiais, não são viagens, não são pessoas, é um sentimento intenso e vazio ao mesmo tempo, eu posso te falar porque já vivi isso: é um sentimento e uma vontade de mudar o mundo e sentir-se mais próximo da construção do bem na terra.

Mas, espera aí Jakeline, você quer me dizer que, eu tendo tudo que desejo materialmente, eu vou parar algum dia para sentir falta de ajudar o mundo? Ou mesmo, diante de uma vida sem nada materialmente conquistado, vou parar para ter esse pensamento? SIM! Te respondo que sim, mais cedo ou mais tarde, em algum momento de sua vida, você sentirá necessidade de contribuir, de outras formas, com o mundo.

E sabe por que isso irá acontecer? Porque, essencialmente, eu, você, todo nós fomos criados para nos ajudarmos, nos amarmos, vivermos em coletividade, em prosperidade. Essencialmente, somos formados por células, que somatizam sentimentos e assim, nunca teremos como fugir da explosão que um dia essas células sofrerão, com a vontade intensa de ajudar e fazer mais pelas pessoas ao nosso redor. Eu passei a chamar isso de Consciência do Bem, da consciência que um dia desperta, nos mostrando que não basta estarmos ilhados e felizes, quando muitas pessoas estão sofrendo ou passando por problemas que não precisariam existir se houvesse uma ação coletiva e global de apoio mútuo.

Essa consciência do bem é construída ao longo de nossas vidas, essa explosão de vontade de fazer algo pelo mundo pode se precipitar e vir quando ainda estamos bem jovens, ou pode mesmo demorar, e nos pegar já com a idade bem avançada. Eu tenho duas histórias para te contar, de como essa explosão de sentimentos se deu dentro de mim e espero muito que eu possa te ajudar a reconhecer se isso já aconteceu contigo, ou até antecipar essa majestosa experiência dentro de você. Só posso te dizer e afirmar uma coisa, quando ela acontece não há como você fugir, nem voltar atrás, ela dominará gentilmente o seu coração e você se sentirá atraído por ela e fascinado com a possibilidade de ajudar pessoas, por meio da responsabilidade social.

Ao final dessas duas histórias, irei te desafiar com 10 atividades simples e impactantes, e posso dizer, que te trarão um sentimento prazeroso de estar fazendo a sua parte no mundo.

Cap. 2 - A alegria da festa

Tudo estava ficando pronto, eu tinha tomado banho para ir a este evento, mas estava mesmo com a cabeça na viagem do outro dia, é que eu estava prestes a voltar para Fortaleza, para estudar. O evento, ao qual me refiro, era uma festa de aniversário surpresa para uma criança com câncer de minha cidade, que a minha tia havia organizado com outras amigas e amigos. A criança havia sido diagnosticada com leucemia, e acredito que na época era um dos primeiros casos de câncer infantil na cidade, o que comoveu muita gente. Minha participação foi muito insignificante, eu ainda não tinha vivenciado o processo que explanei para vocês acima, minha consciência do bem, ainda não havia sido despertada, eu ainda pensava só em meus sonhos e desejos.

Ao chegar no local do evento, o espaço estava tomado por balões, várias senhoras organizando os lanches e vários brinquedos e cestas básicas no salão em volta de uma mesa com bolo e doces. Timidamente, eu entrei na festa e logo sai, fiquei a observar de fora com uma amiga, estávamos conversando sobre minha viagem e o quanto eu sonhava em me formar em medicina, na época minha grande paixão, que depois foi preenchida pelo amor a enfermagem.

A criança chegou, fiquei a observá-la, curiosa confesso, ela foi a primeira criança com câncer que havia visto na minha vida, carequinha, com uma boina rosa, não lembro direito, mas seus olhos e expressão sempre estão na minha mente quando lembro dessa história. Os olhos dela pareciam assustados e havia pouca expressão de felicidade; a mãe dela estava muito feliz, mostrando tudo, algumas pessoas chorando em um canto e outras sorrindo e mostrando toda a organização da festa. Intrigou-me o fato dela não sorrir e comecei a me aproximar do prédio, que tinha muitas janelas de vidro. De longe, eu a observava e ficava a pensar: “Nossa, ela não tem noção de nada, não consegue expressar seus sentimentos, parece assustada. ” De repente, surgiu a voluntária que havia dito à minha tia, que não tinha como não ter um palhaço na festa para animar. Lembro muita dessa conversa entre ela e minha tia no dia anterior. Ela estava vestida de palhaço, um macacão com suspensório que fazia ela descer e subir as calças.

Pronto! O primeiro sorriso da criança surgiu, não havia, até então, nada naquela festa que tivesse feito o sorriso da criança desabrochar. E que sorriso lindo e inspirador, parecia um raio de sol, sua mãe então a abraçou e eu presenciei uma das cenas mais lindas que vi na vida, uma mãe abraçando sua filha, que acabara de sorrir por conta de uma atitude de alguém que teve a sensibilidade de se responsabilizar em trazer a alegria. Pronto, a explosão aconteceu em mim, e mesmo que eu tente, aqui, descrever todos os sintomas neurológicos, físicos e emocionais para vocês, eu não conseguirei, porque é algo único e surreal.

Naquela noite, eu havia sido fantasticamente surpreendida por Deus, a consciência do bem havia explodido dentro de mim e pude unir todos os pontos que me levaram àquele momento. Aquele sorriso dela, por algo tão simples, me fez perceber que o bem, por mais que seja algo singelo e pequeno, consegue resplandecer como um sol brilhante para quem recebe e como uma renovadora experiência para quem o dá.

Viajei, no outro dia, com outros pensamentos. Minha mente havia sido invadida pela responsabilidade social, ou seja, pela consciência de que eu posso, com pequenos gestos, ajudar o mundo a ser melhor, e, assim, me tornar um ser grandioso de coração.

E é nesse exato momento no qual cheguei neste capítulo, que quero te dizer o que eu entendo sobre reponsabilidade social, baseado em tudo que vivi e pude ler e conhecer.

A responsabilidade social é, na verdade, um ato de olhar para o outro, de olhar para o mundo, entender as necessidades e ter uma atitude proativa para intervir para o bem comum e da coletividade. Isso pode ser feito por uma empresa, o que chamamos de responsabilidade social coorporativa, ou mesmo por um único individuo, o que chamamos de responsabilidade social individual.

Mas o que quero realmente deixar claro para você, é que independentemente de agir individualmente, ou dentro da sua empresa, qualquer uma das duas formas te fará um ser novo e te dará um vigor que você não encontrará em lugar algum. Porque ser útil à humanidade , fazer algo pelo bem do próximo, não mexe só com nosso físico, pelo ato e pela ação, mas também com o nosso fisiológico, porque o sorriso e o ato físico de responsabilidade social que temos, nos dá uma sensação única de bem-estar e isso provoca no organismo uma reação hormonal e fisioquímica prazerosas.

O ato de praticar a responsabilidade social também nos permite criar uma memória responsável, uma memória capaz de nos guiar para atos e atitudes de, ainda mais, responsabilidade social e nos fazer sempre pensar no outro em vez de pensarmos somente em nós mesmos.

A outra história que tenho para contar, também revela como me descobri como pessoa proativa, bem como compreendi a importância de uma pequena doação. Vamos lá. Eu estava no início da fundação do Instituto Anjos da Enfermagem, na época sem dinheiro algum, estudante e cheia de responsabilidades acadêmicas, como trabalhos, provas, etc. Estava saindo da faculdade, quando recebi uma ligação a cobrar, rejeitei na primeira e segunda chamadas, mas atendi na terceira. Quando atendi, perguntei logo o que era e uma senhora do outro lado da linha, rapidamente, falou seu nome e disse que se tratava de uma apresentação dos palhaços.

Naquela época, muitas pessoas nos chamavam assim, palhaços, porque utilizamos a figura do palhaço para fazer nossas intervenções. Pois bem, atendi, perguntei o que especificamente ela desejava e pedi que falasse rápido. (Na época tinha poucos créditos, hahahaha, vida de estudante vocês já sabem como é). Ela respondeu mais calma: "Olha, preciso dos palhaços, organizei uma ação do Dia das Crianças, arrecadei 200 brinquedos e consegui doação de lanches, mas não tenho ninguém para animar a festa. "

No momento, eu senti uma chateação, digamos assim. Aquela mulher, que eu nem conhecia, estava me chamando de "palhaço" e me pedindo para fazer uma apresentação gratuita para distribuir 200 brinquedos, e ainda havia me ligado a cobrar, levando embora todos os meus créditos. Era isso mesmo? Sim, era isso mesmo e não sei explicar para vocês, mas mesmo tendo consciência disso tudo, eu respondi que sim, que íamos, mas que no evento iria explicar o nosso trabalho, pois não éramos apenas palhaços e também não trabalhávamos como animadores de festas, mas tínhamos um cunho científico e que nosso nome era Anjos da Enfermagem.

No meu primeiro livro, eu retrato bem essa história, ela foi muito marcante para mim e cheia de desafios, por isso que decidi recontá-la aqui, pois tem tudo a ver com o que gostaria que a minha pequena e singela parte, neste grandioso livro, fosse: um estimulante para que você tenha certeza de sua importante parcela no mundo da responsabilidade social.

Nossa, o primeiro desafio de ter aceito o convite, começou quando iniciei as ligações para o grupo de voluntários e de um por um, fui recebendo uma negativa, ou seja, ninguém podia participar da ação, estávamos na semana de provas da faculdade. Eu, fiquei desesperada, pensei em ligar desmarcando, mas logo vinha a mente a voz da senhora, pedindo socorro e meu pensamento nos rostos de 200 crianças tristes no evento, porque não iriam haver brincadeiras.

Era o meu senso de responsabilidade de social aflorando neste momento, entendem? Resolvi ir sozinha, pensei comigo: "o que é demais, 200 crianças para uma palhacinha? " Uauuuuu! Senhor, vocês não imaginam a experiência mais louca e fantástica da minha vida.

Vamos, então, ao dia do evento. Cheguei, logo ela me levou para uma sala de aula, o evento era no colégio de um distrito, perto da cidade de Crato, onde eu moro; me arrumei e me maquiei rápido, ela abriu a porta e foi me levando ao local onde estavam as crianças. Caramba! Vocês não imaginam a cena, eu tenho 1,60 e quando avistei 200 crianças gritando "o palhaço chegou", eu só pensei assim: dessa eu não escapo. Eu dancei, eu pulei, eu brinquei de roda, eu fiz de tudo um pouco e uma das brincadeiras me chamou a atenção, foi a brincadeira vivo ou morto; popular, conhecida entre todas as crianças, uma espécie de pegadinha; a criança abaixa e levanta, enquanto o animador vai falando "vivo" ou "morto"; só que eu já, empiricamente, trabalhava educação em saúde, pois nesse dia eu dizia que quem só come batata frita estava morto, e que quem comia frutas, estava vivo. Naquele momento, foi a forma que percebi que ensinaria algo legal naquele dia, afinal de contas essa é a essência de nosso trabalho: educação em saúde.

As horas se passaram, enfim, os 200 brinquedos haviam sido distribuídos, eu havia sido eleita a melhor palhaça de todos os tempos e milhares de sorrisos eu havia colhido. Já na sala de volta, trocando de roupa, bateram à porta; era a senhora que havia me feito o convite. De maneira bem singela, me abraçou e disse que eu era uma palhaça muito divertida. Naquele momento, senti uma enorme vontade de falar do projeto, da essência dele e do que realmente nós fazíamos. Após explicar tudo, ela me abraçou novamente e me entregou um pequeno papel embrulhado, quando abri, eram 10,00 (dez reais), me emocionei, tornei a embrulhá-lo e delicadamente entreguei novamente em sua mão, falei que não precisava, mesmo precisando, mas eu via que ali estava um esforço da parte dela para me recompensar, talvez também estivesse precisando e se esforçando para poder me retribuir.

Ela sorriu e me abraçou, sai de lá extasiada. peguei um moto-táxi para voltar para a minha cidade, a estrada era carroção, ou seja, não era asfaltada, vocês imaginam como cheguei em casa, a cor e suavidade de meus cabelos. Não importou. Realmente, eu me senti uma super-heroína; eu tinha feito, de forma simples, a felicidade de 200 crianças, e mais ainda, feito aquela senhora acreditar que quem busca sempre alcança. O que quero que você entenda dessa história são muitas coisas, a começar pela certeza de que sempre, sempre, por mais que você ache, que não irá contribuir ou poder fazer nada, você sempre conseguirá fazer algo por alguém; que o pouco que você, às vezes pensa que está dando, para os outros é muito; e que sempre, ao realizar o bem, ou agir com responsabilidade social, no mínimo, você irá impactar a vida de alguém positivamente. Então, acredite, o mundo precisa de você, precisa de seu senso de responsabilidade aflorado, atuante e corajoso.

Para finalizar minha contribuição por aqui, gostaria de te passar alguns exercícios, pois acredito muito que o hábito te fará cada vez mais gigante na arte de fazer o bem e agir com reponsabilidade social.

Cap. 3 - Construindo uma vida com responsabilidade social

Aqui, listarei dez passos que você poderá seguir, para ter uma vida com responsabilidade social, eu chamo da lista PRS. São 10 pontos, hábitos que se tornam rotina, te levando para uma evolução surreal e fantástica do mundo com reponsabilidade social individual:

01. Atos de gentileza.

Todos os dias, pratique atos de gentileza e anote-os. O que são atos de gentileza? Atos de gentileza são atitudes, ações humanas, que nos levam aos nossos valores mais primitivos; o ato de gentileza pode ser aquele "obrigada", o "licença", o "desculpe-me"; um exemplo prático e bem comum, é observar alguém dirigindo um carro e precisando de sua ajuda para sair do lugar estacionado, e você, mesmo atrasado, consegue ceder esse espaço. E depois, você recebe aquela buzinada, ou um ok, saindo pela janela do carro. São atos simples, que às vezes desmerecemos, mas se você observar bem, eles são dispositivos, para gerar em nós um sentimento suave de ter ajudado alguém.

Por que fazer isso? Você tem que manter o dispositivo do bem ligado, e quanto mais você fizer gentileza, mais isso te aproxima do desejo de fazer ações maiores e se responsabilizar por atividades, que antes você não via como importantes. As gentilezas são como estimulantes diários, uma pílula ou remédio que ativa a sua memória para a felicidade que é fazer ou praticar algum gesto de bondade.

Por que anotar? Olha, você pode, talvez, achar isso uma bobagem, mas não é; acredite, anotar o bem e a gentileza que fez, no mínimo por 30 dias, vai te deixar um registro, uma memória física, capaz de transformar sua vida! Como assim, Jakeline? Veja só, imagine que você comece hoje a praticar com mais frequência essas gentilezas. Daí, por 30 dias, você anota em um caderninho todas que fez. Daqui a 30 dias, você pode passar por um estado de ansiedade, medo, ou até mesmo um estágio transitório de tristeza, você corre no caderninho e passa a ler todos os atos que fez nesses 30 dias. Eu juro, te garanto, você vai se sentir melhor e uma sensação tranquilizante vai invadir o seu coração, ao ponto de remeter a sua mente à lembrança do quanto você é importante para o mundo.

02. Atitudes sustentáveis.

O velho ditado "quem ama, cuida! " A natureza é sua, e a minha, única fonte de vida, acredite nisso. Sem ela, seus equipamentos de alta tecnologia não existiriam, sua vida seria o verdadeiro "caos". Imagina não ter como carregar o celular para falar com quem você ama, ou terminar aquele trabalho necessário para que você conquiste seus espaços no mercado e trabalho? Imagine você ter uma entrevista de emprego e não poder tomar aquele banho revigorante, porque faltou água. Imagine que seu encontro, com o amor de sua vida, seja em um restaurante maravilhoso e simplesmente, por falta de energia, ele pare de funcionar naquela noite especial. Pensou? É, nós sempre costumamos parar para pensar quando perdemos, isso é natural, o cérebro age assim. Mas nós temos que oferecer ao cérebro outros caminhos, temos como programá-lo para que ele pense de forma preventiva, ou seja, eu vou tomar atitudes hoje, para que essas coisas não aconteçam comigo e com meus irmãos desta terra. Basta um pensamento, unido a uma atitude sua, para que você já esteja colaborando com o mundo e, sim, colaborar com o mundo é responsabilidade social, maravilha, não é?

03. Amar a sua família.

Eu sei, eu sei, às vezes não dá tempo, às vezes estamos estressados, ocupados, sem cabeça e sem tempo algum. Se eu te falar que todas essas desculpas são inventadas pelo bichinho preguiça que existe dentro de você? É, existe esse bichinho dentro de nós e ele se alimenta de nossas desculpas, ele é o rei do descaso e adora um vitimismo. Não o deixe crescer dentro de ti. Vou te explicar o porquê. Não importa por quantas pessoas sua família é formada, família, no querido dicionário Aurélio, é: o conjunto de pessoas aparentadas, que vivem geralmente na mesma casa, particularmente o pai, a mãe e os filhos. 2 pessoas do mesmo sangue. 3. Origem, ascendência. São importantes para você? Você vive sem? Você os prioriza? Deve, sabe por quê? Porque por mais que o mundo dê voltas, sua base está lá. Alguém de sua família, do seu convívio, com certeza já foi exemplo de responsabilidade social para você e isso é fantástico, porque o exemplo dela arrastou para dentro de você, esse sentimento bom de ser responsável pela felicidade ou pela alegria de alguém, nem que seja por alguns instantes. Lembram de minha tia da primeira história? Então, o exemplo dela me fez perceber a importância de fazer o bem, de ser proativo, diante da necessidade do outro. Eu, na verdade, não teria como continuar falando de reponsabilidade social individual ou coorporativa, sem te dizer a importância de você amar a sua família, pois acredito veementemente no que tão sabiamente disse Madre Tereza de Calcutá: "Quer fazer algo para promover a paz mundial? Vá para casa e AME a sua família. " Claro! Olha só, damos o que temos, não é? E se reponsabilidade social é doação, temos que ter algo para doar e tenha certeza, não é apenas financeiro não! É o amor, o amor é a moeda mais cara do mundo e ela realmente consegue qualquer coisa. Quando participei do Tedx Giradouro Parque, eu falei que o amor é o fio condutor de tudo, porque realmente abastecidos de amor, temos uma linha coerente de como agir e por onde caminhar. Amar a sua família, vai te abastecer de amor, abastecido de amor, seus projetos e vontades de agir com responsabilidade social serão incrivelmente potencializados.

04. Cuidar de si.

No tempo em que vivemos, com a diversidade de tecnologias para nos cuidar, não há como negligenciar isso. E esse é um passo importante, porque se você é uma potência humana de fazer o bem, essa potência deve estar sempre com saúde, ou, minimante, buscar estar. Mãos à obra, vamos em busca de seu network médico e de profissionais de saúde, ou seja, quem são seus profissionais de saúde de confiança? Vamos mapeá-los, você fará uma pesquisa simples entre amigos e familiares; vai olhar as propagandas, sites; certificar da responsabilidade e profissionalismo de todos e assim, vai criar o seu mapa assistencial, ou seja, você vai relacionar todos os seus médicos e cuidadores da saúde, clínicas e hospitais que você gostaria que lhe atendessem em caso de problemas de saúde. Fazer um check-up anual, também é importante, além dos exames preventivos. A responsabilidade social tem que te encontrar bem, com saúde e disposto, porque o mundo precisa de você!

05. Amigos do bem.

É muito importante você ter amigos que corroborem com os seus pensamentos de responsabilidades; pessoas que possam te dar um feedback positivo sobre suas atitudes humanitárias e que te incentivem a fazer isso.

06. Acredite no bem.

Sei que muitas vezes desacreditamos dos trabalhos de instituições do terceiro setor, se realmente fazem o trabalho ou não, se usam o recurso bem ou não; até mesmo porque, seja em dinheiro ou trabalho físico, o seu tempo vale dinheiro e você não pode desperdiçá-lo por aí de qualquer jeito. Enfim, quero te pedir para fazer sua parte, faça a sua parte e acredite no trabalho das pessoas, essa positividade gera segurança e segurança gera vínculo e amor, ou seja, tudo de que precisa para te manter atuante como um voluntariado de qualquer ação do bem.

07. Divulgue o bem.

Nós todos sabemos que o mundo inteiro foi tomado pelas redes sociais e isso é fantástico, e mesmo com os pontos negativos que giram em torno do uso da mesma, queria te convidar a ter uma atitude de responsabilidade social nas suas redes sociais. Pode ser? Mensalmente, semanalmente, divulgue instituições do terceiro setor e ações de responsabilidade no seu feed e no seu story. Você não imagina o impacto disso. Às vezes, existam amigos seus que possam estar passando por situações difíceis e de repente, eles veem essa sua publicação e lá dentro do coração deles, o senso de responsabilidade, o sentimento de que o mundo ainda tem jeito, dispara. Pronto, aí você já está tendo atitudes de responsabilidade social individual. O mesmo vale para empresas, as quais deveriam, sim, sempre doarem e fazerem seus comerciais com base na responsabilidade social, porque como diz o ditado, e eu acredito nisso, "o exemplo arrasta". E quando vemos pessoas que amamos e empresas que gostamos fazendo o bem, potencializamos nossa vontade também de fazê-lo.

08. Consuma o bem.

Claro que, aproveitando o passo 7, irei incentivar vocês a comprarem produtos de instituições que apoiam o terceiro setor e as causas coletivas. Imagine se pudéssemos estimular marcas que apoiam ONGs e instituições que defendem causas, como a dos animais, da coleta seletiva de lixo, do uso consciente da água! Vou até aproveitar este ponto para contar para você como estamos conseguindo patrocinadores para a nossa Instituição. Certamente, você já ouviu falar na profissão de enfermagem, sim? Então, eles são a maior categoria de profissionais de saúde do país, isso quer dizer que, em algum momento da sua vida, do nascimento à sua morte ou a morte de alguma pessoa que você ama, alguém passará pelas mãos de profissionais de enfermagem. Sentiu como são importantes? Praticamente 70% da mão de obra de um hospital é formada por profissionais de enfermagem. Pois bem, as empresas de produtos hospitalares, farmacêuticos, alimentos, roupas, todas as áreas, deveriam pensar no cuidado que devemos ter com esses profissionais tão importantes, e assim apoiar instituições do terceiro setor que ajude-os, fortaleçam e cuidem da qualidade de vida dessas pessoas tão importantes à saúde de todo o mundo. Com base nisso, iniciamos nossa captação de recursos, pois a missão do nosso instituto é atuar com estratégias de formação, ensino e pesquisa, para ajudar esses profissionais a atuarem com excelência e terem qualidade de vida. Assim, o impacto do apoio de nossa instituição a esses profissionais, refletirá diretamente no trabalho que eles prestam a vocês, ao mundo! Só que tem um porém, as empresas só olham para nossa Instituição, se o consumidor (você) der resposta por meio de suas compras, ou seja, se você considerar, além claro da qualidade e da segurança dos produtos daquela empresa, considerar também, na hora da compra, se aquela empresa contribui socialmente com alguma instituição como a nossa, que atua na defesa de políticas de saúde pública que impactam a vida de todos nós, que impacte a sua vida. A partir de hoje, tenha um consumo com responsabilidade social, observe se aquela marca está apoiando essas causas e sinta o amor invadindo ainda mais seu coração.

09. Lembre-se de Deus.

Deus tudo vê e ele realmente observa atitudes individuais e se você acredita na existência dele, acredite nisso, ele tudo vê. E eu não falo que ele tudo vê, porque vai ver você fazendo o bem e te dará o retorno por isso, não, quando eu falo "ele tudo vê", é a satisfação que ele irá sentir, em saber que seus filhos estão aprendendo e pondo em prática o seu maior e mais forte ensinamento " amai-vos uns aos outros". Imagine você ver um filho seu repetindo uma atitude sua e fazendo algo que você passou anos ensinando a ele? Imagine essa cena. Agora pense, se Deus é o teu pai e te vê fazendo coisas que ele sempre te ensinou, vê você as praticando, cara, isso deve ser de uma felicidade sem tamanho para ele. (Pausa, rsrsrsrs sempre me emociono quando falo de Deus). É disso que falo, é do orgulho que ele deverá sentir de ti e de suas atitudes. O mundo nos foi dado como presente, as opções de fazer o bem também. Lembre-se então e não esqueça, Deus tudo vê, orgulhe seu pai.

10. Orçamento do bem.

O que é isso, Jakeline? Bom, deixei esse ponto para o final, porque você deverá ter percorrido todos os passos acima listados e assim, chegar a esse nível. Um orçamento do bem, eu chamo uma planilha feita por você, destinando um valor simbólico do que você poderá, dentro de suas condições financeiras, doar para empresas do terceiro setor, que promovem a responsabilidade social em nosso País. E outra orientação, se me permite, precisa que seja um valor que não impacte na sua vida financeira, claro, mas que ao invés de você doar todo para apenas uma instituição, você possa dividir entre 4 empresas. Vou tentar te explicar em gráficos.

25,00 - Compra de uma camisa
25,00 - Assinatura de Revista
25,00 - Assinatura Combo
25,00 - Doação Direta

Sua doação única R$ 100,00 (Cem reais/Mês)

Seu impacto:

Por que que falo do orçamento do bem? Porque a reponsabilidade social não é feita somente por meio da doação do seu tempo, você pode não estar lá fazendo a ação, mas você pode financiar, apoiar e doar, isso gera o pagamento de profissionais sérios do terceiro setor, que realizam, de forma especializada, um trabalho que ajuda milhares de pessoas.

No fundo, responsabilidade social pode ser resumida na seguinte frase: "Eu me importo e faço algo para o mundo ser melhor. " Quando fiz o gráfico acima, quis te demonstrar como sua atitude pode beneficiar várias empresas do terceiro setor e como você pode impactar pessoas. Precisamos criar esse hábito, defender essa forma de fazer reponsabilidade social, porque o pouco que você "acha" que doa, ou faz, é muito para a instituição que recebe e absurdamente importante para o mundo que você quer.

E aí, você se importa? Você faz algo?
Bora! Bora fazer o bem!
Você pode mudar o mundo!
Conte comigo!

Referências bibliográficas

01. AZEVEDO, Debora Costa de. Voluntariado Corporativo – motivações para o trabalho voluntário. XXVII Encontro Nacional de Engenharia de Produção, Foz do Iguaçu, 2007. 12. DATA

02. BRASIL. Lei do Voluntariado. Lei nº 9.608, de 18 fev. 1998; Disponível em: < www.planalto.gov.br/ccivil_03/LEIS/L9608.htm >. Acesso em: 20 de outubro de 2009.

03. COMUNIDADE SOLIDÁRIA. Proposta de Criação de Centros de Voluntários. Relatório do processo de consulta. Brasília, 1997.

04. NIMCAP. Relatório Anual de Atividades. Instituto Anjos da Enfermagem. Juazeiro do Norte. 2017

05. ETHOS, Instituto. Como as empresas podem implementar programas de voluntariado.

06. INSTITUTO ETHOS. 2001. Disponível em: . Acesso em 24 de jun. 2011 MORTATI, I. B.. Relacionando o comprometimento organizacional e a responsabilidade social.

07. FGV. 2009. Disponível em: . Acesso em 15 de set. 2010. OLIVEIRA, J. A. P. de. Empresas na Sociedade: Sustentabilidade e Responsabilidade Social. Rio de Janeiro: Elsevier, 2008.

08. RICARDO. E. J. (org). Gestão da Educação Corporativa. 1º.ed. São Paulo: Pearson Prentice Hall, 2007.

09. ROBBINS P. S.. Comportamento Organizacional. 11º edição, São Paulo: Prentice Hall, 2005.

10. ROESCH, S. M. A.. Projetos de estágio e de pesquisa em administração: Guia para estágios, trabalhos de conclusão, dissertações e estudos de caso. 3. ed. São Paulo: Atlas, 2009.

11. ROMANIELLO, M. M.; AMÂNCIO, R.. Gestão Estratégica e a Responsabilidade Social Empresarial: Um estudo sobre a percepção dos estudantes do curso de administração.

12. REAd, Minas Gerais, v.11, n.3, p. 01-21, maio 2005 a jun. 2005. Disponível em: . Acesso em 11 ago. 2010. TENÓRIO, F. G. (org). Respon-

sabilidade social empresarial: teoria e prática, 2.ed. Rio de Janeiro : Editora FGV. 2006.

13. TONON, R.; LIMA, L.. O que nos motiva. Galileu, São Paulo, n.239, p. 36-43, jun. 2011.

14. VERGARA, S. C.. Projetos de pesquisa em administração. 12. ed. São Paulo: Atlas, 2010.

15. WAGNER, J. A.; HOLLENBECK, J. R. Comportamento Organizacional: Criando Vantagem Competitiva. 2. ed. São Paulo: Saraiva, 2009.

16. FIGUEIREDO, N. (2005), Interfaces do Trabalho Voluntário na Aposentadoria. Universidade Federal do Rio Grande do Sul, Porto Alegre.

17. FOLHA. Pesquisa Voluntariado, Outubro de 2001.

18. DUARTE, J. (2015), Quando um sonho te contagia. Eureka, São Paulo.

19. PERES, T. H. A. Comunidade solidária: a proposta de outro modelo para as políticas sociais. Civitas – Revista de Ciências Sociais, v. 5. n. 1, jan.-jun. 2005. Acesso em: 10 de junho de 2010. 23. PERES, C. M.; ANDRADE, A. S. Atividades extracurriculares: representações e vivências durante a formação médica. PROG. PÓS-GRADUAÇÃO EM PSICOLOGIA – FFCLRP. Tomo II – LIVRO DE ARTIGOS, 200.

RELACIONAMENTO FAMILIAR

FLÁVIA **VASCON**

Relacionamento Familiar
@flaviavascon86

Sobre a Autora:

- Facilitadora em Constelação Sistêmica Familiar por Simone Arrojo e Hellinger Schule, bem como em Rebirthing Integrativo.
- Master Practitioner em Programação Neurolinguística pelo INEXH; reikiana nível III.
- Formação e pós-graduação em Direito.

A partir da própria busca, a autora tem como propósito inspirar pessoas a aprofundar seu olhar sobre as experiências de vida, reconciliando-se com a dualidade, de modo que as vivências possam ser compreendidas como um grandioso chamado para se aventurar, evoluir e curar a si mesmo e todo o sistema familiar, promovendo a reconexão com forças maiores que atuam inconscientemente em nossas vidas.

Cap. 1 - Fazer do limão uma limonada

Talvez você já tenha ouvido falar desse ditado: "a família é o laboratório da alma" e, provavelmente, nós sejamos o cientista, buscando compreender algumas questões que de alguma forma nos incomoda ou desafia, tais como: por que eu nasci nesta família? "Por que me tratam assim?" "Por que essas repetições?" "Meu Deus, estou repetindo a história dos meus pais!" (Isso deixa muita gente maluca). "Minha mãe ou meu pai não deveriam ser assim". "Eu não aceito ter passado por tal experiência." "Meus pais me deram pouco ou me abandonaram."

Você já deve ter percebido que trabalhar nesse laboratório como cientista é desafiador, mas, com certeza, é o que garante expansão em todas as áreas da vida: pessoal, financeira, profissional, saúde, espiritual, emocional, intelectual, social e etc...

Como assim família tem conexão com todas as áreas da vida?

Pois é! Estamos todos vinculados ao nosso grupo familiar, esse vínculo não é somente genético, mas, também espiritual. Estamos conectados com todos os nossos ancestrais, inseridos em uma grande teia de destinos e histórias.

Quer queiramos ou não, saibamos ou não, estamos conectados inconscientemente com todo o passado do nosso sistema familiar. Os passos firmes e fortes que os nossos pais e ancestrais deram, chegam para nós como força, prosperidade e expansão; já os passos equivocados dados por eles, chegam para nós como possibilidade de fazer algo bom a partir do que aconteceu.

Você já percebeu quanta possibilidade de crescimento a sua família lhe traz?

Talvez, por meio daquela opressão da infância e submissão, você tenha agora a oportunidade de despertar o seu poder pessoal, aprender a escolher por si mesmo, sem depender da valorização dos outros, despertar e desenvolver coragem e amorosidade, confiar em si mesmo. Aquela submissão do passado, hoje, ensina sobre independência, flexibilidade, docilidade e etc.

Ou por conta da falta de presença física do pai, por exemplo, você tenha agora a possibilidade de aprender a valorizar a presença dos homens na sua vida e vice-versa; pode ser também que seus pais tenham sofrido muito e você, inconscientemente, na infância, sentiu e assumiu as dores deles, trazendo hoje a possibilidade aprender a carregar apenas o que é seu, sem assumir fardos dos outros, compreendendo mais sobre a nossa impotência e ao mesmo tempo, humildade, diante do destino alheio. Afinal, cada um passa pelas experiências necessárias para o próprio aperfeiçoamento espiritual.

Se os seus pais se divorciaram, ou brigavam muito, encontra-se aí uma grande oportunidade de você olhar para a humanidade deles, suas dores, permitindo que eles carreguem seus próprios destinos sem tomar partido de um em detrimento do outro, afinal, mesmo com todos os fardos que eles carregaram, se dispuseram a servir um poder maior para que você viesse à vida; e não há nada mais grandioso do que se dispor a trazer uma vida para a Vida. A mesma compreensão vale para os casos de abandono ou adoção: dê enfoque ao maior presente que você já recebeu, a VIDA. Se não fosse o encontro entre aquela mulher e aquele homem, independentemente da forma como isso aconteceu, você não estaria aqui, sequer lendo este livro. Respire fundo, sinta o seu coração bater, você está na Vida e muitas oportunidade são dadas a você.

Sabe aquele carinho que você tanto queria dos seus pais e não teve? Talvez o ensine a valorizar e aprender a expressar o amor, fazendo do limão uma limonada.

A família nos ensina exatamente isso: fazer do limão uma limonada. Isso tudo nos exige despertar a nossa grandeza. E por que viemos para a vida, se não para despertar para quem nós realmente somos?! Os desafios servem a essa causa infinitamente maior que os desejos do nosso ego.

Espero, de todo o meu coração, que você, que está me lendo, goste de limonada.

Cap. 2 - Vínculos familiares

Quando nascemos em um grupo familiar, ali já se encontram muitas histórias: leves, pesadas, com amor, com dores, com alegrias, tristezas, trágicas e engrandecedoras. É exatamente esse núcleo familiar que trará as experiências necessárias que a sua alma precisa para evoluir espiritualmente. Negar sua origem é negar sua vida e quem nega a vida, nega os louros que ela pode proporcionar. Em outras palavras, quem nega a vida, está ferrado.

O nosso grupo familiar atua em nós pela força do vínculo, vale dizer, que estamos conectados inconscientemente, mesmo que sequer tenhamos conhecido quem viveu antes de nós, ou até mesmo, quem foi gerado mas não pôde nascer.

Nas palavras de Bert Hellinger, via de regra, fazem parte da nossa família:

1. o filho e seus irmãos; inclusive os mortos e os natimortos, os abortos provocados e espontâneos;
2. os pais e seus irmãos; inclusive os mortos, os natimortos e os filhos abortados, bem como os nascidos fora do casamento e os meios-irmãos.
3. os avós e, algumas vezes, os seus irmãos.
4. eventualmente, um ou outro dos bisavós.
5. incluem-se também pessoas sem laços de parentesco que tenham cedido lugar a outros no grupo familiar, tal como:
   - parceiros anteriores dos pais ou dos avós.
   - todos aqueles cuja desgraça ou morte tenha resultado em vantagem para outras pessoas do grupo familiar.

(livro o amor do espírito, Bert Hellinger, editora Atman, página 39)

Todos os indivíduos em uma família estão conectados e o que afeta um, pode refletir no todo. Em resumo, significa dizer que eu não sou apenas eu; sou todo o meu sistema familiar. Você não é apenas você, você é os seus pais e todo o seu sistema familiar e as histórias vividas nesse grupo. Por exemplo: eventualmente, o filho que nasceu pode querer morrer porque deseja seguir o irmão que faleceu ou que não pôde nascer. Um avô excluído, julgado pela família, porque era violento com a avó, agora, pode estar ligado à dificuldade de um neto de se relacionar afetivamente ou de prosperar.

O suicídio de um membro pode fazer com que outros, em outras gerações, queiram inconscientemente, é claro, partilhar do mesmo destino para honrar o ancestral que, porventura, tenha sido criticado ou esquecido pela família por conta da dor sofrida.

O abandono de uma criança há algumas gerações passadas pode fazer com que várias pessoas das próximas gerações passem pela mesma experiência de abandono (físico ou emocional).

Um filho que exige dos pais mais do que eles puderam lhe dar ou que nega o que recebeu dos pais, cria para si dinâmicas ocultas que limitarão sua vida, criando, por exemplo, o próprio fracasso ou tragédias. O fluxo do amor interrompido nessa geração refletirá nas próximas até que possa ser restabelecido com consciência e gratidão por aqueles que passaram a vida adiante.

A pessoa que se sacrifica pelos pais, assumindo o lugar de genitor ou genitora dos próprios pais, carregará um fardo além das próprias forças resultando, geralmente, em sintomas, indisponibilidade para se relacionar ou ter filhos, sentirá que viver é pesado demais. O sacrifício neste caso é o desrespeito a uma ordem maior, à hierarquia (falarei sobre ela mais tarde); filhos são só filhos e não podem assumir os fardos daqueles que vieram antes, sob pena de graves consequências, inclusive, a morte. Então, por que é muito comum os filhos assumirem algo pelos pais, inconscientemente, principalmente as crianças? Elas sentem a necessidade de retribuir por conta da vida que receberam, são capazes de sacrificar a própria vida pelos pais.

Imagine-se em uma escada rolante direcionada para baixo, com muitas pessoas, e você tentando desesperadamente subir (contra o fluxo), tentando desviar das pessoas no intento de alcançar a outra margem, assim é quando os filhos saem de seus papéis e se comportam como pais de seus pais, vão contra o fluxo e encontram muitos obstáculos no caminho, que aqui, funcionam como sinalizadores de que a direção não está equivocada.

Essas são apenas algumas dinâmicas e as consequências que citei variam caso a caso, não é matemático. Somente uma Constelação Familiar tem o condão de mostrar qual é a exata dinâmica de cada indivíduo.

Você deve estar se perguntando: toda família tem dinâmicas inconscientes?

Sim, claro. Imagina que somos, em média 95% inconscientes, muitas memórias, nossas, desde a concepção, bem como dos nossos ancestrais, repercutem em nós inconscientemente. Nossa consciência acessa, ainda, pouquíssimo da realidade.

É imperioso dizer que não há família ideal, assim como não há pessoas ideais. Somos reais e essa realidade abrange luz e sombra, a dualidade. Nessa dualidade (luz e sombra, certo e errado, bom e mau, vida e morte, feminino e masculino, dia e noite), evoluímos. Sem dualidade, sem evolução. Ficaríamos na zona de conforto, tudo se resumiria em pipoca e Netflix (no meu caso, não sei no seu). Então, a vida nos chama para a aventura e o grupo familiar nos traz inúmeras, facilitando e matando a fome da nossa alma por evolução.

Bert Hellinger diz que nós não temos uma alma, mas uma grande alma nos tem.

Estamos inseridos em algo maior, a serviço dessa força. Lindo né?! Também acho!

Ressalto que muitos exemplos que mencionei e irei mencionar, não são, em hipótese alguma, absolutos, pois cada família guarda sua dinâmica inconsciente específica e muito do que trago nesta parte do livro está relacionado à visão sistêmica.

Cap. 3 - Consciências que nos abrangem

Para facilitar sua compreensão nesse contexto de família, é preciso compreender que somos regidos por três consciências. Imagine essas três consciências como: sombrinha (consciência pessoal – consciência bem limitada, menor do que um guarda-chuva), guarda-chuva (consciência coletiva- maior do que a sombrinha, mais pessoas conseguem ficar embaixo dela, mas ainda não é grande o suficiente), guarda sol (consciência espiritual), podemos falar aqui que esse é o guarda-sol de Deus ou o poder maior que nos sustenta, logo, esse guarda-sol a todos abrange, sem exceção.

- Consciência Pessoal
- Consciência Coletiva
- Consciência Espiritual

Consciência pessoal

Essa consciência é limitada e está a serviço do vínculo, ao direito de pertencer à família ou à perda deste direito, é movida pela moralidade. Por exemplo, se na sua família existir a crença forte e rígida de que somente determinada religião é a correta ou a salvadora, por conta do vínculo, terá uma tendência muito forte para excluir, criticar outras religiões. Esse comportamento o mantém vinculado com seu sistema. Ou ainda, caso na família haja a crença de que sexo só pode ser feito após o casamento, aquele ou aquela que fizer diferente disso, provavelmente se sentirá com a consciência pesada, como se estivesse "traindo" os seus e, por consequência, rompendo seu vínculo familiar, perdendo seu direito de pertencer. A pessoa que se casa com alguém que seus pais não apreciam, poderá sentir-se culpada, transgredindo regras familiares.

Portanto, na consciência pessoal, o indivíduo está limitado pela necessidade de pertencer ao seu sistema, e para não transgredir os limites do que foi imposto pelo grupo, repete padrões, ainda que gere graves conflitos e limitações. É importante salientar que muitas vezes isso ocorre sem que tenhamos consciência.

Desta forma, o indivíduo se mantém de consciência leve fazendo o mesmo que seus pais ou ancestrais, ainda que, muitas vezes, lhe cause sofrimento ou até mesmo lhe custe a vida.

Toda criança tem uma profunda necessidade de pertencer. Esse anseio está atrelado à sua sobrevivência, basicamente assim "porque eu pertenço, eu vivo". Contudo, nós crescemos e aos poucos precisamos deixar cair por terra nosso amor infantil que nos traga para a inocência, afinal, não somos mais inocentes "nem no jeito de andar" e o progresso está ligado à culpa, ao questionar e transgredir algumas normas impostas pelos nossos pais. Essa obediência cega e inconsciente faz parte do amor infantil que, muitas vezes, ainda nutrimos pelo nosso grupo, faz parte da criança que habita em nós. Esse amor, portanto, precisa evoluir para o amor que vê, que engrandece, que está a serviço do espírito, ou, em outras palavras, da evolução.

Em resumo, nesta consciência existe separação entre certo e errado, bom e mau, de acordo com as crenças, valores e princípios do grupo familiar. Por isso, muitas vezes, entramos em conflito com o outro, principalmente nos relacionamentos afetivos, cada qual vem munido com sua consciência pessoal rejeitando e lutando com a do outro, por ser diferente da sua, como se um grupo estivesse em guerra com o outro.

Se por um lado, por amor, nos entregamos à consciência pessoal e assim nos sentimos pertencentes, por outro, rejeitamos o que é contrário a ela até que nos movimentemos para níveis maiores de consciência.

Por isso, evoluir é uma aventura constante de auto-observação. Inconscientemente, ainda nos mantemos leais a muitos padrões familiares, por vezes, de escassez, reclamações, pessimismo, vitimismo, doenças, insucessos, exclusões e etc.

Consciência Coletiva

Essa consciência é mais ampla do que a primeira. Ela considera o grupo em detrimento do indivíduo. Aqui ela "fala": você é o grupo, está conectado com todos independentemente da moralidade, do que é ideal ou dos blá blá blás mentais.

Esta consciência é arcaica e segue leis próprias que zelam pela coletividade.

A consciência arcaica não tolera nenhuma exclusão. Se, por exemplo, a consciência pessoal (que é movida pela moralidade) exclui, a consciência arcaica ou coletiva, atuará no sentido de incluir o que foi rejeitado. Esta consciência não tolera exclusões. Portanto, se tentamos nos livrar de um sentimento, pensamento, doença, de alguém que não nos agrada, de uma situação, por exigência desta consciência mais antiga, o que foi excluído permanecerá.

Talvez agora você esteja com os cabelos em pé com essa informação. Respire fundo porque conhecimento é poder de se reconciliar e transformar a realidade.

De acordo com Hellinger: *nenhum ser humano é autônomo em relação aos seus antepassados. (Um lugar para os excluídos, página 96, Ed. Atman, 4 edição)*

Vale dizer, estamos conectados a um campo de memórias, onde todas as histórias dos nossos ancestrais fazem parte do que somos e, por vezes, somos tomados a serviço por essa consciência para que algo seja colocado em ordem. Para essa instância, somos o Todo, o grupo, lembra?

Em outras palavras, se algo estiver em desordem dentro de um sistema familiar, por força desta consciência arcaica, membros das próximas gerações ficarão enredados no destino daquele que sofreu alguma injustiça.

Bert Hellinger, sabiamente observou que existem 3 (três) leis que orientam esse campo coletivo de informações e as denominou "ordens do amor". A violação de uma ou mais destas 3 (três) leis implicam em consequências negativas para nós ou para as próximas gerações, chamamos esses resultados limitantes de emaranhamentos.

Se quisermos levar uma vida mais leve, consciente e próspera, precisamos respeitar essas três leis, que agem inconscientemente, e movimentam a consciência do grupo.

São elas: pertencimento, hierarquia e equilíbrio entre dar e receber.

Pertencimento

O amor é um dos requisitos fundamentais para os relacionamentos humanos, no entanto, Bert Hellinger nos ensinou que só amor não basta. Nas palavras de Hellinger, o amor é a água; ela pode saciar a sede, mas também alagar nosso lar, destruir nossa cidade e nos matar afogados. É imperioso direcionar essa água de uma maneira sábia e consciente. Portanto, caro(a) leitor(a), na hipótese de você pedir água porque está com muita sede; imagine que amorosamente eu coloco um pouco de água em minhas mãos para lhe oferecer e dou alguns passo em sua direção e digo: "aqui está, beba da minha mão". Você não sabe, por exemplo, se eu lavei as minhas mãos antes de oferecer água, e com toda certeza haverá dificuldades para que a água permaneça nas mãos sem molhar o chão e também será dificultoso beber direto da mão de outra pessoa, além de nojento, em alguns casos.

Observe. Neste exemplo, eu estava repleta de boas intenções, cheia de amor, querendo saciar sua sede, no entanto, será que é o suficiente para resolver sua questão?

Agora, imagine que você me pede água e eu lhe ofereço a água em um copo. Suponha que esse copo é a ordem que instrumentaliza e faz chegar a água, portanto, o amor.

Desta forma, se não houver ordem, o amor não será suficiente e poderá trazer grandes transtornos a você, bem como ao seu sistema familiar. E justamente por desconsiderarmos as leis que regem de forma oculta, munidos apenas de amor, é que trazemos para nós, e para o nosso sistema, inúmeras dificuldades de saúde, prosperidade, afetivas e etc.

Essas três leis, denominadas "ordens do amor", são, portanto, a base do amor consciente, e a primeira delas é o pertencimento.

A ordem fundamental da abordagem sistêmica é o pertencimento. Todos nós fazemos parte de um sistema. Todos nós somos filhos de alguém, netos de alguém, temos antepassados, mesmo que conheçamos os nossos pais e familiares ou não, mesmo que os amemos ou odiemos, continuamos fazendo parte.

Esse sistema no qual estamos inseridos está sujeito a uma lei natural: todos pertencem e têm o mesmo direito de pertencer; por mais condenável, imoral ou pecaminoso que tenha sido o comportamento, está assegurado o direito ao pertencimento. Em outras palavras, há que se respeitar o membro familiar como parte de um todo, sob pena de difíceis consequências, inclusive para as próximas gerações. Vale ressaltar que a consciência do grupo é amoral e não permite exclusões sob hipótese alguma.

O julgamento é uma das maiores chagas da humanidade e vem nos trazendo muitos problemas e tragédias ao longo das gerações. Quem nunca julgou alguém que atire a primeira pedra, não é mesmo? É um grande exercício espiritual para todos nós.

Uma das maiores dores que se pode experimentar é a dor da rejeição. Na hipótese, por exemplo, de um membro da família ter cometido um crime, a família pode, é claro, concordar com a condenação e prisão do sujeito, contudo, ninguém tem o direito de excluir o indivíduo dentro desta família, sob pena de consequências graves.

A lei do pertencimento nos convida a uma mudança de postura, ao respeito pelo outro e seu destino, até porque desconhecemos as forças que atuam no destino de cada um. É um convite à humildade, a se ajustar à realidade como ela é, ao outro como ele pode ser.

Vou trazer aqui alguns exemplos de violação ao pertencimento:

JULGAR O COMPORTAMENTO DA MÃE OU DO PAI É VIOLAÇÃO?

Sim e digo mais, a consequência geralmente, é você, mais tarde, replicar o comportamento que mais julgou nos seus pais ou atrair para si pessoas e relacionamentos que tenham aqueles comportamentos que você criticou. Isso não é sacanagem da vida, essa repetição de padrões nos faz calçar os sapatos daqueles que julgamos e assim, quando sentimos na pele o que se passava com quem excluímos, temos a oportunidade de olhar sem julgamento e incluir em nosso coração quem estava excluído.

Observe em você, na sua vida, o que você já julgou, criticou nos seus pais e depois percebeu em si mesmo ou atraiu para a própria vida? Essas reflexões trazem bastante cura e neste caminho, convido você a fazer um exercício para ajudar na quebra de padrões, e, como é óbvio, quanto maior a entrega, quanto mais você movimenta os seus sentimentos, maior o resultado. Traga o seu coração para esse exercício.

Imagine que você está diante do genitor que você julgou. Olhe para ele agora e diga:

"Querida mãezinha ou querido paizinho, agora eu sei como é. Agora, eu vivencio na pele o que critiquei em você. Eu sinto muito por tanta arrogância, por ter querido mudá-lo(a). Agora, o meu coração sabe como é e se abre para acolhê-lo(a) do jeito que você é."

Algo talvez se movimente em você ou na sua imaginação. Permita que isso aconteça.

Busque uma postura de reverência, você pode baixar lentamente sua cabeça, por exemplo. Sinta o seu corpo e o que se movimenta em você.

Criticar os pais é o caminho mais rápido para o fracasso. Criticar é excluir e viola a lei do pertencimento. Por exemplo, a mãe, para o nosso inconsciente, simboliza a vida, ela se dispôs, perante um poder maior, a nos trazer e nos dar essa oportunidade, nos carregando em seu ventre e parindo mesmo com dores. Não há serviço na humanidade maior que esse. Desta forma, a relação com a vida está intimamente conectada com o nosso relacionamento com a mãe. Quer **sucesso**? A condição imperiosa é tomar a mãe concordando com ela do jeito que ela pôde ser ou do jeito que ela é. Nosso primeiro sucesso foi a concepção e depois o nascimento, intimamente conectados com a energia da mãe e somente por meio dela o sucesso pode vir.

Qualquer tentativa de mudar nossos pais, pautados pela idealização, muitas vezes é projetada para a tentativa de mudar um parceiro ou parceira, ou rígidas autocríticas, exigindo de si mesmo, do outro ou da vida a perfeição. Perfeição é basicamente neurose, a vida não funciona com essa régua. Nessa postura de não concordância com a mãe, somos levados ao fracasso em vários aspectos da vida. Respeitar a vida é respeitar o imperfeito dentro e fora de nós, só assim há paz e progresso.

O guia de uma pessoa consciente é a realidade, estar em **sintonia com o real** é uma das chaves mais importantes do portal da prosperidade em todos os sentidos. Somente a concordância com a realidade traz força para o próximo passo. Negar a realidade ou lutar com ela é pouco inteligente. Quem luta com a vida perde, quem se submete a aprender com ela ganha.

Assim, projetamos, inconscientemente, o nosso relacionamento com os nossos pais, principalmente com a mãe, em várias áreas da vida. A luta para mudar a mãe, ou seja, a exclusão da genitora como ela é, muitas vezes é sentida, como um vazio existencial, uma luta interna, dificuldades com a **autoestima**, podendo levar à depressão, dificuldades para prosperar **profissionalmente** e nos **relacionamentos interpessoais e afetivos.**

É imperioso salientar que mãe e **profissão** estão conectadas dentro de nós. A mãe é quem foi o primeiro modelo do servir, nos servindo com o próprio corpo, nutrindo, cuidando, acolhendo e etc. É com ela que se aprende a arte do servir. Mais tarde, a força do servir à vida terá maior ou menor força de acordo com a conexão de alma com a própria mãe. Quanto mais gratidão àquela que lhe trouxe à vida, que lhe serviu com o próprio corpo, mesmo com dores, com medos, com toda sua humanidade, mais força para você servir à vida.

Então, o que é **sucesso**? Sucesso é estar disponível para servir à vida. Como está a sua disponibilidade em servir à Fonte? Se sente esgotado, irritado, ou motivado e leve?

Lembre-se de olhar para a sua relação com a mãe, que também é fruto da relação dela com a própria mãe, talvez algo da infância precise ser organizado no seu interior. Pesquise mais sobre os relacionamentos na sua família. É importante trilhar esse caminho sem julgamento.

A mulher que não tomou em seu coração a própria mãe, quando tiver filhos, comumente, um deles ou mais, mostrará para ela a sua dificuldade com a própria mãe por meio da desconexão entre eles. Por isso, muitos pais não compreendem a razão do comportamento dos filhos, que, na verdade, por amor aos pais assumem a difícil tarefa de mostrar a eles a postura com os próprios pais, por exemplo, uma raiva escondida, uma desconexão, exigências, carência e etc.

A recusa em tomar os pais é um ato arrogante e demonstra a imaturidade espiritual que ainda nos assombra. Sob outra ótica, é um ato humilde e maduro tomar a vida como pôde ser, pois o que cada um vive em seu clã contribui para a sua elevação espiritual e do respectivo sistema. Estamos todos a serviço de uma força maior para trazer consciência para a vida. Nossos pais são perfeitos e as dinâmicas familiares servem nosso despertar, nossa elevação de consciência.

Há que se considerar que como pais, os nossos pais, se tornaram perfeitos no momento em que o espermatozoide e o óvulo se encontraram, houve a fecundação e posterior nascimento e enfim chegamos à vida.

Pense comigo, se fosse outro pai ou outra mãe não seria você que estaria aqui na vida, logo, eles foram perfeitos, a serviço de um poder maior para lhe trazer para essa grande aventura. O que lhe faltou, cabe a você desenvolver e buscar por si mesmo, sem melindres, sem infantilidade, sem vitimismo, afinal, eles já deram tudo, o resto, você acorda e faz por si mesmo.

O problema começa quando confundimos a mãe e a mulher, o pai e o homem. Nesse raciocínio, como pais, nossos genitores são perfeitos, nós chegamos aqui na vida, independentemente da forma ou do que ocorreu entre eles. Como homem e mulher, eles são comuns, como todos os outros, têm falhas, dificuldades e dores, como qualquer pessoa e já viveram muito antes de nós chegarmos.

Nossa sociedade tem um ditado popular: "pai e mãe é quem cria". No entanto, a experiência por meio das Constelações Familiares nos mostra uma nova visão baseada em fatos e consequências. Pais são aqueles que deram a vida. Talvez por conta dos emaranhamentos familiares, aquele pai ou aquela mãe não estivesse disponível para exercer a função de pais; mesmo assim, eles não deixam de ser pais.

Na **adoção**, por exemplo, quando os pais adotivos excluem os pais biológicos por meio de críticas (ainda que veladas), sentindo-se maiores que estes, ou escondendo a verdade sobre a adoção, incontáveis problemas e dificuldades podem decorrer dessas posturas. A criança está profundamente ligada ao sistema familiar de origem, ela é a mãe e o pai. Quando, por exemplo, os pais adotivos excluem os pais biológicos, eles também estão excluindo a criança, pois dentro dela os pais habitam.

Os pais adotivos trazem para dentro do próprio sistema um novo sistema, tudo o que aconteceu no clã daquela criança é parte dela. Sendo assim, quando o sistema familiar da criança é rejeitado pelos pais adotivos, a criança captará inconscientemente e sentir-se-á excluída. Logo, excluir os pais da criança denota-se em violação à lei do pertencimento. Essa é uma das dinâmicas ocultas que costuma trazer dificuldades de comportamento e saúde para o filho adotivo.

É um grande exercício espiritual, aos pais adotivos, serem gratos àqueles que não puderam ficar com a criança por conta de sua indisponibilidade (espiritual, emocional, física ou psíquica). A arrogância por meio de críticas aos pais biológicos fere profundamente a alma da criança, mesmo que ela nunca tenha conhecido os pais.

Sendo assim, o olhar sistêmico é no sentido de que os pais biológicos continuam sendo os pais da criança (independentemente de qualquer ocorrido, por mais trágico que possa ter sido) e os pais adotivos atuam como tutores, pois apenas cumprem uma função, especialmente espiritual, para os pais.

Os filhos adotivos que não olharam com gratidão aos seus pais costumam carregar um grande vazio existencial, que, por sua vez, pode ocasionar inúmeros distúrbios comportamentais e tragédias.

É relevante salientar a importância da postura dos **ajudantes nos abrigos** que muitas vezes excluem os pais das crianças que ali se encontram por meio de críticas, inconformismos e severos julgamentos. Pensam estar ajudando aquelas crianças, mas a experiência por meio das Constelações Familiares mostra o oposto. Ao julgar o sistema ao qual a criança pertence, perturba-se a alma da criança, enfraquecendo-a.

O pertencimento é perturbado quando os ajudantes ou pais adotivos se sentem melhores que os pais da criança. Por conta do pertencimento, a criança, cujos pais são criticados, geralmente, assumirá características e comportamentos, parecidos com o dos pais biológicos, mesmo sem conhecê-los, porquanto, está eternamente conectada a eles. É um pedido da criança: "por favor, respeite os meus pais e ancestrais em mim." Ressalta-se o amor e vínculo espiritual que existe entre a criança e o seu clã de origem.

Quando, porém, os ajudantes e pais adotivos respeitam e são verdadeiramente gratos aos pais de sangue, a criança pode, talvez, estar livre de assumir os fardos inerentes ao seu sistema de origem e seguir.

Convido você, que se encontra nessa condição, a fazer esse exercício e deixá-lo atuar na sua alma.

Exercício para os filhos:

Sente-se com a coluna reta. Respire profunda e lentamente por 10 vezes, sentindo o ar entrar e sair, conectando-se com o seu corpo.

Imagine que você está descendo 5 (cinco) degraus de uma escada e se depara com o seu eu criança ou bebê. Perceba como ele está, como se sente. Permita-se sentir amorosamente o seu pequenino eu.

Você pode dizer ao seu eu criança: "querida criança que em mim habita, agora eu olho para você. Por meio do corpo da nossa mãe e do cordão umbilical recebemos toda a nutrição necessária e possível, uma parte da nossa mãe nos quis e por isso continuou a gravidez, mesmo não podendo cumprir a função mais tarde. Agora, nós podemos olhar amorosamente para essa mulher, que mesmo carregando seus fardos, se dispôs perante um poder maior, a nos trazer para a Vida e nos brindar com o presente mais precioso... Sim, nós sobrevivemos a tudo isso e podemos agora transformar o que nos aconteceu em força para seguir e honrar aqueles que não estiveram disponíveis para exercer a função de pais, fazendo um pouquinho diferente. "

Agora, sinta, visualize ou perceba que os seus pais e ancestrais estão atrás de você com uma das mãos nos seus ombros. Mesmo que você não os tenha conhecido, o seu coração conhece. Olhe para eles agora.

" Queridos pais e ancestrais, eu pertenço a vocês, a minha vida é a continuação da vida de cada um de vocês, por favor, me abençoem se eu sigo e faço um pouquinho diferente para homenageá-los no amor consciente, na saúde, na prosperidade, na alegria, na união, para que não tenha sido em vão tudo o que vocês passaram, que seja transformado em bênçãos para a minha geração e as seguintes. Obrigado (a). "

Aceitar e se reconciliar com o seu destino e a sua história trará uma força especial que movimentará você no presente. Muitas pessoas que, embora estudem ou trabalhem muito, **não conseguem prosperar, se sentem bloqueadas na vida.** Há casos em que a alma da pessoa está inconscientemente vinculada a algum trauma próprio ou de outras gerações e o bloqueio da prosperidade é um chamado para olhar e dar um lugar de respeito a alguma experiência ou incluir algum ancestral. Até que seja colocado em ordem, por meio da reconciliação, incluído no coração o que foi esquecido ou excluído, até mesmo por conta da dor experienciada; todos ou muitos, por muitas gerações, sofrem.

Exercício para os pais adotivos e ajudantes:

Toda dinâmica só gera efeitos se houver profunda entrega. Os sentimentos mostram a nossa disponibilidade de alma para olhar para as questões. Quando movimentamos sentimentos e sensações, movimentamos a cura.

Imagine que a criança está a sua frente e os pais biológicos atrás dela. Olhe, sinta com calma essa imagem, que sensação ela lhe traz?

Aos ajudantes: Visualize todos os ancestrais daquela criança chegando logo atrás dos pais. Olhe amorosamente para todos e diga: "Graças a vocês essa criança pôde chegar... Eu sinto muito pela minha arrogância diante de algo maior que serve à evolução da alma desta criança." Você pode humildemente baixar a cabeça em reverência a alma familiar da respectiva criança. Volte a olhar para a criança, amorosamente, e diga: "eu vejo os seus pais e ancestrais em você." Essa frase tem um profundo impacto na alma da criança. Ao incluir seus pais, ela se sentirá vista, incluída.

Aos pais adotivos: Visualize a mesma imagem, a criança e seus pais. Diga a eles: "Você é a mãe, você é o pai. Eu cuido desta criança para vocês, cumpro a função que vocês não puderam. Faço amorosamente."

Muitas pessoas podem se perguntar: como assim não puderam, muitos pais não quiseram ficar com seus filhos. Aparentemente "não quiseram". Cada caso é único, no entanto, é certo que há, comumente, questões do sistema familiar dos pais, denominadas emaranhamentos, que interferem na indisponibilidade para exercer a função de pais. Quando nascemos, somos brindados com possibilidades e limites inerentes a cada sistema familiar, estamos conectados de alma com o que veio antes e a liberdade decorre da mudança de postura diante do respeito às 3(três) leis sistêmicas (pertencimento, hierarquia e equilíbrio entre o dar e o tomar).

Não aceitar algo que tenha acontecido comigo é infringir a lei do pertencimento?

Sim, com certeza. A não concordância nos liga energeticamente com a situação, como se uma parte nossa ficasse congelada naquele evento. E se uma parte nossa ficou congelada, ela está excluída do todo, não teremos a mesma energia de antes para prosperar, para viver, até que ela saia de lá. Aquela parte tentará chamar nossa atenção e isso significa dizer que a dor ou desconforto daquele evento pode ser reeditado no presente. Uma segunda oportunidade para você olhar diferente para aquela situação, tomar o aprendizado, liberando a resistência e a possível dor.

Muitas pessoas estão vivendo esse ciclo vicioso por conta de terem assumido o papel de vítima e negarem, por meio do próprio inconformismo, o que ocorreu e como ocorreu. Tudo isso é perda de tempo e energia de vida. Essa postura é uma negligência ao próprio amadurecimento interior e trará inúmeros desconfortos.

Qual preço você está disposto(a) a pagar: do vitimismo, do inconformismo, da crítica e criar sombra na própria vida e dos seus descendentes ou do crescimento, da concordância e aprendizado, da autorresponsabilidade?

Viver é essa aventura e lidar com os opostos e desafios que as situações nos trazem é determinante para uma vida mais consciente e abundante.

Concordar, portanto, é força. Concordar não é cruzar os braços e desistir de si mesmo, concordar é a força da paz, da inclusão do que foi, do jeito que foi, e um dos caminhos para o progresso. Concordar é respeitar a realidade que serve à alma de cada um de acordo com a necessidade maior. Concordar é liberar. Em suma, a concordância é o detergente da alma, se você concorda, está limpo, livre de carregar, se você critica, julga, exclui, fica sujo, preso àquilo ou àquela pessoa que julgou. A concordância é o caminho do sábio.

Às vezes, a vida nos traz situações trágicas e pesadas, algumas delas na infância. Ter coragem para encarar essas memórias com compaixão (e compaixão não é dó, compaixão está vinculada à inclusão, ao acolhimento do que é ou do que foi) é o caminho para a sua liberdade e dos seus descendentes. A concordância os fará livres de carregar esse fardo e, talvez, até de repetir essa história; o caminho é da profunda humildade em concordar com o seu destino, com aquela experiência e tomar posse da força que ela traz (que geralmente fica oculta quando a pessoa fica presa na dor e no inconformismo).

Então, saia do julgamento e do vitimismo e faça algo bom com o que lhe aconteceu. Reclamar não vai ajudar, é atitude contrária à solução. Se você quer solução, enfrente as dores guardadas daquele episódio, assuma o aprendizado e fique pronto(a) para o próximo desafio e para crescer junto com ele. É uma decisão. Que tal você tomá-la agora?

Convido você a fazer um exercício de cura, simples e poderoso.

Respire 10 vezes profundamente pelo nariz e solte o ar pela boca de modo que não haja espaço entre uma respiração e outra. O ar entra e sai sem pausa. Passo a passo desça 5 degraus de uma escada e retorne a uma situação que você não aceita, uma situação onde sentiu dor, desconforto, pode ser da infância, por exemplo.

Sinta o que você sentia, perceba o que você via, se estava só ou acompanhado(a). Permita-se sentir as emoções ou sensações, mesmo que sejam desconfortáveis, elas são a chave do portal da cura.

Agora o seu Eu do Presente simplesmente diz ao seu Eu do Passado: “eu sinto muito, agora eu estou aqui para cuidar de você aqui dentro de mim (respire fundo), amorosamente.” Para ajudar nesse processo, você se abraça, como se pudesse abraçar esse seu Eu que passou pela experiência traumática.

Imagine agora que o seu Eu do Presente pega nas mãos do seu Eu do Passado e o leva para olhar para o que aconteceu, e o seu Eu do Presente, convida o do passado, para se curvar diante daquele aprendizado, mesmo com toda a dor ou desconforto (respire profundamente).

E vocês dois agora podem dizem: “Sim, nós tomamos essa experiência como parte da nossa jornada de crescimento na vida”. “Sim”... (deixe o sim ressoar em você, sinta-o)... "transformamos em uma força especial".

Parabéns, grande alma, enfrentar e acolher nossas dores é um passo grandioso para a prosperidade em todos os sentidos. Muitas pessoas vão vivendo a vida sem se importar com as suas emoções e trancafiam toda essa energia no inconsciente, mas elas nunca morrem, permanecem atuantes dentro de nós por meio dos nossos pensamentos, comportamentos, sintomas e situações. Aquilo que não resolvemos dará um jeito de chamar nossa atenção mais tarde e geralmente não será nada agradável.

Não aceitar algum aspecto meu também está relacionado com a referida lei?

Pasme, também. Nosso corpo é um sistema, logo, essa lei sistêmica também atua. Somente quando estamos em sintonia com a nossa jornada, com as experiências, com tudo como foi, com os nossos pais do jeito que foram ou são, com os nossos ancestrais, com o que estamos vivenciando hoje, somente assim, temos força. Essa atitude denota respeito à grande vida e aos aprendizados que ela nos traz. Respeitar pede humildade, reverência (ainda que algo tenha sido trágico), coragem (para olhar para dentro) e o despertar da grandeza interior, para abrir mão, por exemplo, da antiga visão sobre a vida.

Tudo o que negamos em nós nos escraviza, tudo o que acolhemos em nós, nos liberta. A vida não é sobre ser uma pessoa melhor ou bonzinho/boazinha, e sim sobre se tornar consciente do que lhe habita por meio do aceitar-se incondicionalmente. Aceitar não quer dizer resignação, cruzar os braços e dizer "sou assim mesmo, nasci assim, vou morrer assim", aceitar é sobre manter condições internas necessárias para ser a sua melhor versão buscando a raiz do próprio sofrimento, amorosamente.

Muitas pessoas carregam um ditador dentro de si e, quanto mais ouvem e dão importância a esses pensamentos, tanto mais abrem mão de seu poder pessoal. **Você não é seus pensamentos,** observe-os e dê importância apenas àqueles que realmente contribuírem para o seu bem maior. Os pensamentos negativos perdem força quando paramos de alimentá-los por meio da nossa atenção. Mude o foco e sua energia mudará. Por consequência, sua vida acompanhará essa mudança.

Pergunte-se: o que eu não aceito em mim? Qual aspecto meu que precisa de cura?

No lugar de se criticar, trago um outro exercício. Comece a observar a atuação desse "euzinho" que pode ser um comportamento ou pensamento dentro de você. Cada vez que ele vier, sorria para ele amorosamente como se pudesse dizer: "sim, estou te vendo aqui dentro de mim, agora vejo você com amor."

A raiz do sofrimento é a exclusão, seja ela de si mesmo ou de outros. Aprenda a aceitar o seu lado sombrio e a acolhê-lo. A sombra dentro de nós é o conjunto das memórias da nossa infância ou memórias transgeracionais que continuam atuando. Quando acolhe-se algo que parece ser terrível em nós, acolhe-se também a memória, independentemente de obter a consciência do conteúdo dela, assim, a cura pode ocorrer a partir do olhar inclusivo.

Por exemplo, um sentimento profundo de rejeição pode mostrar uma memória sistêmica, um irmãozinho abortado, um ancestral excluído e etc. A consciência coletiva, que não permite exclusões, **fará com que o membro excluído seja representado mais tarde por um descendente que é tomado a serviço, mesmo sem consciência,** até que o excluído seja olhado, trazido de volta à família e ocupe o seu lugar. Desta forma, nem tudo que sentimos é nosso, por vezes, pode ser uma memória transgeracional atuante. A esse fenômeno dá-se o nome de sentimentos adotados.

Abortos e natimortos são membros do sistema familiar e têm o direito de pertencer. Precisam ser contados como parte daquela família. Muitas desordens e tragédias podem ocorrem, para os pais e os irmãos que nasceram, por conta da não relevância das crianças abortadas. Então, por exemplo, caso o primeiro filho tenha sido um aborto (espontâneo ou provocado), nasce o segundo filho, e geralmente os pais ocultam o primeiro filho (aborto) e colocam o segundo filho que nasceu na posição de primeiro filho. É muito comum nas vivências de Constelação Familiar observar a conexão entre os irmãos que nasceu e o irmão que não pôde. Algumas crianças mostram a exclusão do irmãozinho por meio da indisponibilidade na escola, dificuldade de relacionamento com os pais, sintomas e até mesmo, acidentes e suicídios, como um chamado para a morte. É comum observar que aqueles que nasceram se sentem, muitas vezes, culpados de estarem na vida ou de prosperar por não ter sido dada essa oportunidade ao irmão abortado. Vale ressaltar que cada caso precisa ser analisado de forma única, essas dinâmicas inconscientes não são matemáticas.

Antepassado agressor ou vítima também precisa ser honrado.

É muito comum alguém das gerações seguintes assumirem comportamentos, sentimentos ou o destino daqueles que vieram antes, até que eles possam ser olhados e honrados como pertencentes ao grupo familiar. Conto aqui a história de um homem que foi infiel com sua esposa e um dos filhos tomou partido da mãe excluindo o próprio pai por meio da raiva e severas críticas. Muitos anos se passaram e hoje ele se percebeu fazendo com a esposa o mesmo que o seu pai fizera com sua mãe. Desta forma, até que honremos os nossos ancestrais, não estaremos livres para viver nossas vidas.

Cabe aqui mais um exemplo. Certa vez uma pessoa me contou que mesmo sendo muito religioso tinha pensamentos que o levavam a sentir vontade de matar alguém. Confidenciou que seu avô tinha sido assassinado e seu pai tinha muita raiva do agressor, por vezes, nutrindo a vontade de matá-lo. Ele cresceu e inconscientemente assumiu o desejo de fazer" justiça" (na verdade, o que era justiça para eles, até porque nosso critério de justiça, por conta do nosso nível de consciência, é muito limitado). O desejo cessou quando ele pôde olhar para o perpetrador de seu avô e dizer "eu também tenho vontade de matar, aqui somos iguais. Agora deixo com você e com meu avô o que lhes pertence como destino." Ao olhar para o assassino, reconhecer seu pertencimento, se fez livre de carregar esse fardo.

O sistema familiar pressiona um descendente, sem liberdade ou poder de escolha, para resolver questões ancestrais. Poderia, no caso acima, tomar um descendente que talvez se tornasse assassino para honrar aquele que foi excluído no passado. De outro norte, ao incluir o assassino, essa energia de morte pode cessar, do contrário, algo terrível pode acontecer nas próximas gerações. Ressalte-se, essa instância maior, não é moral, segue leis próprias e assegura a todos o pertencimento.

Hierarquia

Como anteriormente narrado, o amor por si só não basta e aqueles que ainda acreditam que é o suficiente amar para tudo ficar bem, serão acometidos em algum momento da vida por forte desilusão. O amor é fundamental, mas a experiência no trabalho sistêmico nos mostra, nas palavras do alemão Bert Hellinger que a "ordem precede o amor". Por meio das ordens (pertencimento, hierarquia e equilíbrio), o amor pode fluir e alcançar seu destino sabiamente.

Por hierarquia entende-se que aquele que chega primeiro em um sistema tem precedência em relação àqueles que vêm depois. Nossos pais vieram antes de nós, desta forma, têm precedência. Nossos avós vieram antes dos nossos pais e portanto, têm precedência sobre nossos pais e sobre nós. A lei da hierarquia está baseada no tempo de chegada e indica que cada um tem seu devido lugar naquele sistema. A ordem de chegada também é válida com relação aos filhos, o primeiro filho tem precedência com relação ao segundo, cada um precisa assumir o lugar ao qual pertence.

A violação da hierarquia se dá, frequentemente, quando os filhos assumem algo pelos pais, uma dor, um fardo, dando "pitacos" na vida deles, querendo ensinar o que eles atribuem como certo sem respeitar a opinião e o jeito dos genitores, quando querem salvar os pais do próprio destino, nesses exemplos, e claro, há outros inúmeros, o filho se arroga em uma postura superior, na maioria das vezes por amor. Mas lembra? Só amor não basta, precisamos reconhecer certas leis que fazem o amor fluir harmoniosamente.

Quando um filho assume algo pelos pais, frequentemente, sente-se com a consciência leve, sente-se bem, poderoso, especial, herói, pois é capaz de dar a vida pelos pais (essas dinâmicas atuam no inconsciente). Contudo, ao assumir algo por eles, enfraquece e fica indisponível para viver a própria vida. É comum, por exemplo, um dos pais ter vontade de morrer para seguir alguém que já se foi (mais uma vez, gostaria de ressaltar, que tudo isso acontece inconscientemente), o filho capta o desejo de morrer de um dos pais e diz: "eu por você" e, muitas vezes, morre criando uma doença, um acidente ou se suicida. A essa dinâmica, chamamos de amor cego, porquanto, esse amor da criança pelo pai ou pela mãe não vê o sofrimento que a própria morte ou desejo dela causa nos genitores. Esse amor é infantil e cego pois não respeita o destino do outro e só traz mais desgraças.

Hellinger chamou de amor que vê, esse amor que concorda e respeita o que o outro carrega, ainda que seja um fardo muito pesado, uma doença, uma dor, um destino, a aproximação da morte. Nesse amor, tem humildade e ao mesmo tempo impotência; e essa impotência é respeito; porque diante do destino alheio há forças que somente ele, o dono do destino, é capaz de carregar.

É muito comum as crianças, conectadas com o inconsciente dos pais, assumirem os sofrimentos que eles não estão dispostos a resolverem em si mesmos, na tentativa de salvá-los. A alma de muitos filhos "trabalha" para seus pais e os leva para o fracasso ou para a morte, por assumirem algo que não lhes pertencem.

Nesse ínterim, só estamos livres quando deixamos com o outro o que é do outro, assumindo apenas o que é nosso, nossos fardos, nosso destino, nossas tarefas na vida, nossa missão, nossas possibilidades, e esse caminho exige grande maturidade para respeitar e se conscientizar que o que cada um experiencia lhe confere dignidade espiritual.

Isso não quer dizer que não devemos ajudar os nossos pais ou outras pessoas, em hipótese alguma. No entanto, só conseguimos efetivamente ajudar com a postura correta, com humildade diante do destino alheio, sem dó (quem sente dó se sente superior ao outro, ainda que inconscientemente), com compaixão (nela tem concordância e acolhimento), bem como em nosso lugar, sem ultrapassar os nossos limites e dos outros.

Não raro, o comportamento de pessoas que vivem sobrecarregadas, assumindo fardos das pessoas ao seu redor, querendo cuidar de todos, tomando para si responsabilidades que não lhes cabem, demonstra que estão emaranhadas, fora do seu lugar no seu sistema familiar, geralmente, assumindo, inconscientemente, algo por alguns dos pais ou antepassados. O comportamento é uma projeção do que acontece na alma da pessoa.

NAS PALAVRAS DE SOPHIE HELLINGER: ...O CUMPRIMENTO DA ORDEM DE PRECEDÊNCIA É DETERMINANTE PARA O SUCESSO OU FRACASSO, VIDA E MORTE *(PÁGINA 28, HELLINGER, SOPHIE. A PRÓPRIA FELICIDADE: FUNDAMENTOS PARA A CONSTELAÇÃO FAMILIAR/ 2019, TAGORE EDITORA).*

No que diz respeito à **relação de casal**, não há hierarquia, ambos estão no mesmo nível e é importante respeitar essa paridade para que não haja disputas de poder, conflitos, em outras palavras, emaranhamentos.

Quando **os filhos se intrometem na relação dos pais**, eles saem do seu nível (hierarquicamente inferior, pois são filhos, vieram depois) e sobem para o nível dos pais (um nível acima), alterando a ordem da hierarquia. O filho passa a sofrer, carregando um peso além de suas forças e os pais enfraquecem ao delegar seus fardos ao filho. Caso esse emaranhamento não seja resolvido, esse filho pode levar essa carga para sua própria família atual e, ou, até mesmo, por meio de problemas de saúde dentro do ambiente familiar e repetições ao longo das gerações.

Para que o amor possa fluir na relação entre pais e filhos, aqueles precisam **colocar limites.** Limite e amor andam juntos. Ao impor limites, os pais estão ensinando os filhos a assumir responsabilidades, se cuidarem, por exemplo: "eu lhe dei um carro, você arca com a gasolina." "Eu lhe dei uma quantia X em dinheiro até 18 anos, agora é com você, você pode ir para a vida e arrumar um emprego." E os filhos costumam ficar como? Geralmente, com raiva. Essa raiva faz parte do amadurecimento do filho que está deixando de ser criança para assumir sua própria vida. Mais tarde, eles podem voltar com amor e, com certeza, agradecer.

Quando, porém, os pais fazem demais pelos filhos, os enfraquecem. É de sabedoria geral que a vida não vai poupar ninguém dos desafios e aprendizados. Com essa conduta dos pais, o sofrimento vem mais tarde para os filhos. De outro norte, ao colocar limites, prepara os filhos para a vida.

As pessoas mais ingratas são, em alguns casos, aquelas que receberam muito e pouco valorizam o que receberam.

Faz jus salientar que os p**arceiros(as) anteriores têm precedência em relação ao seguinte**. Caso o parceiro não tenha sido respeitado, incluído como parte da jornada daquela pessoa, um próximo relacionamento fica fadado ao fracasso ou, algum filho, da nova família fica impelido a representar o antigo parceiro de um dos pais, expressando, por exemplo, os sentimentos e comportamentos do anterior parceiro. A ordem é reestabelecida quando o parceiro anterior é olhado e também sua dor.

A essa altura, imagino que você que me lê, já deve estar pensando sobre a grande responsabilidade que temos de **fechar ciclos com gratidão**, reconhecendo a importância de cada um que passa em nossas vidas como mensageiros do nosso despertar, bem como de assumirmos o nosso lugar, e somente o nosso, seja em uma família, em uma empresa e etc.

Por meio da visão sistêmica, percebemos que não somos tão livres como imaginamos e essas forças inconscientes atuam de forma a nos trazer consciência da nossa conexão com tudo e com todos, independentemente do tempo.

É importante salientar que matrimônios anteriores têm precedência, mas não prioridade, o atual relacionamento tem prioridade sobre o antigo. Assim como o **sistema familiar atual tem prioridade em face do sistema de origem (pais).** Quando, por exemplo, **um dos parceiros não consegue se despedir dos pais para ir para a própria vida,** o matrimônio fica fadado ao fracasso, afinal, o relacionamento é entre dois adultos e não entre um adulto e uma criança. É necessário se despedir, parar de se preocupar com os pais, carregar seus fardos e ir para a própria vida. Para manter a ordem, os sogros não podem interferir no relacionamento do casal e é evidente que o casal enfraquece a relação quando leva suas questões para seus pais e eles tomam partido do(a) filho(a) em detrimento do genro ou nora ou entram como um terceiro tentando resolver a relação do casal. Isso é "oba oba", não é relacionamento. Em resumo, se cada um estiver consciente dos seus limites, em outras palavras "cada um no seu quadrado", o amor pode fluir.

Uma outra dinâmica muito comum é um filho entrar no lugar de pai da mãe, mãe da mãe ou do pai, marido da mãe ou esposa do pai (no sentido figurado, é claro), principalmente quando um dos pais faleceu, como se pudessem assumir o lugar daquele que morreu. Mas não podem, se esse é o seu caso, agora olhe para aquele que faleceu e diga:

"querido(a) pai/mãe, esse é o seu lugar para sempre, eu sou só o(a) filho(a). Você permanece fazendo parte. Sinto muito. Agora, volto para o meu lugar. "

Aquele que ficou na vida tem plenas condições de carregar seu destino, afinal, antes de você ter nascido, seus pais já estavam no mundo vivendo e "se virando" e que fique bem claro: sem você.

A pergunta que não quer calar é: mas eu não posso ajudar meus pais?

Deve ajudar, contudo, na postura certa, no lugar de filho e isso exige profunda humildade e reconhecimento de outras forças que atuam na vida oferecendo a cada um o que lhe é necessário para o crescimento.

Um dos caminhos necessários ao sucesso nos **relacionamentos afetivos** é despedir-se da infância e assumir com maturidade a própria vida, sem depender dos pais ou assumir o papel de protetor deles. Ocorre que muitos filhos cumprem a função de suprir o vazio ou carência dos pais, tornando-se indisponíveis para sua própria vida, para ter relacionamentos duradouros, prosperar profissional e financeiramente. Essa dinâmica entre pais e filhos enfraquece a ambos, porquanto, não há nada mais precioso para os pais do que ver seus filhos trilhando o caminho do desenvolvimento, da autonomia, da grandeza e passar a vida adiante.

Os filhos de um casamento anterior têm precedência em relação ao novo parceiro(a), pois chegaram antes. Problemas acontecem quando o novo parceiro não reconhece a precedência dos filhos da pessoa com a qual se relaciona e, muitas vezes, passa a competir com eles pelo amor do cônjuge. Em outras palavras, os filhos de um casamento anterior, vêm antes do atual parceiro, que fica em segundo lugar. Ao respeitar a hierarquia, o casal tem chances de dar certo e se dedicar amorosamente à relação.

Os filhos do relacionamento atual vêm depois dos filhos do casamento anterior. Parece óbvio, no entanto, essa ordem precisa ser clara para os filhos do novo matrimônio, sob pena de muitos conflitos entre pais e filhos, bem como entre os irmãos.

Vale ressaltar que padrastos e madrastas não têm responsabilidade pelos filhos de seus parceiros(as). Devem permanecer no seu lugar. Somente os pais têm responsabilidade de cuidar da criança. É comum o filho ter raiva do parceiro da mãe, por exemplo (ou vice-versa), pelo fato dele, ainda que seja inconsciente, se arrogar na postura de pai da criança, dando ordens ou querendo educá-lo. Somente quando estamos em nosso lugar temos paz e somos geradores de paz.

Ainda na relação de casal, a relação conjugal vem antes da maternidade ou paternidade. Afinal, a energia que nutre os filhos vem do casal, no entanto, quando estes dão prioridade aos filhos em detrimento da própria relação, enfraquece a relação, bem como os filhos. Não é novidade que a maternidade, para muitas mulheres, tornou-se mais importante do que seu relacionamento conjugal, e, inconscientemente, acabam por excluir os homens de seu papel e essa é uma das causas frequentes de problemas matrimoniais, e futura dificuldade com o filho, inclusive, relacionada aos vícios.

Nas palavras de Bert Hellinger, "torna-se viciado aquele a quem falta algo. Para ele o vício é um substituto. Como curamos um vício em nós? Reencontrando aquilo que nos falta. Quem ou o que falta no caso de um vício? Geralmente é o pai" ***(A Cura, Bert Hellinger, editora Atman, 2014).***

A mãe é quem libera o filho para o pai e quando a mãe nutre ressalvas com relação ao pai da criança, oculta ou declarada, a criança se vincula, inconscientemente, ainda mais ao pai, para dar a mãe a oportunidade de honrar este pai por meio do filho, podendo, por consequência levar ao vício ou à repetição do destino ou comportamento do pai pelo filho.

Estar em nosso lugar na vida garante paz e força para as próximas gerações. Por isso, o que acontece entre um casal, é do casal e os filhos não podem se intrometer, dando palpite, conselhos e etc. Os pais são os grandes, vieram antes, e têm força para resolver suas questões. Os filhos, quando ficam no seu lugar, ganham força para viver a própria vida.

Há uma última dinâmica que acontece com certa frequência em muitos relacionamentos afetivos relacionada à inversão de papéis. Quando um dos parceiros assume o papel de pai ou mãe do outro. Essa violação de hierarquia costuma trazer dificuldades e enfraquecer o casal, trazendo, inclusive a possibilidade de um triângulo amoroso, onde um dos parceiros vai buscar fora a parceria sexual que não tem na relação, pois no lar o outro assumiu o papel de mãe/pai.

Nesse raciocínio, se cada um ocupar o seu lugar dentro de um sistema, que pode ser na família, no trabalho, não haverá desordens, sequer sofrimentos. Filho no papel de filho, pais nos papéis de pais, irmãos nos papéis de irmãos, cônjuge exercendo seu papel de cônjuge. Assim, onde houver ordem, o amor pode fluir e dar frutos. Os problemas familiares são apenas portais para nos despertar por meio do amor e da ordem. Autoconhecimento é a chave.

Quer mais leveza para sua vida, mais prosperidade, mais energia, mais relacionamentos saudáveis?

Convido você a perceber em que relação você sai do seu lugar. Observe-se. Se é na relação com seus pais, ou filhos, ou então com o(a) parceiro(a), com os amigos ou no trabalho. Chegou a hora de você sentar na cadeira em que está escrito o seu nome e não o nome dos outros. No seu lugar, vale dizer, na postura certa, tem tudo o que você precisa para cumprir o que você veio fazer na vida. No entanto, às vezes, o sucesso o procura e você está lá assumindo o fardo dos outros, se desvalorizando, com pouca energia para cumprir sua missão porque não olha para si mesmo, sentado(a) na cadeira de outra pessoa.

Preparado(a) para mudar a postura? Para voltar para o seu lugar? Confio em você. Conhecimento é poder, use-o para desenvolver sua brilhante missão na vida.

Equilíbrio entre o dar e o receber

A lei do equilíbrio aplica-se especialmente nas relações onde não existe hierarquia, vale dizer, nas relações entre iguais, parceiros, amigos, prestadores de serviços e etc.

Uma parceria saudável baseia-se na troca e ela é fundamental para nutrir o relacionamento. Quando damos algo a alguém, uma gentileza ou um carinho, naturalmente surge ou, em tese, deveria surgir, a vontade no outro de retribuir.

O que mantém a qualidade do relacionamento afetivo é a troca. Quando recebemos algo que nos faz bem, surge uma vontade natural de retribuirmos. Para a manutenção do vínculo é importante retribuir um pouquinho mais do que recebemos. Desta forma, quem recebe se sente valorizado, agradece o que recebeu e dele nasce a vontade de devolver ao outro também um pouquinho mais. Essa troca faz com que o relacionamento permaneça. Vamos frisar as palavras ***pouquinho mais,*** pois quando a retribuição é excessiva o relacionamento fica ameaçado.

Quem dá sente-se credor e por isso superior, quem recebe, sente-se devedor, desta forma, inferior. A troca equilibrada ajusta a manutenção do relacionamento para que ambos sintam-se bem e amados. **Na relação de casal**, ambos precisam estar no mesmo nível hierárquico para que haja progresso.

Há pessoas quem têm grande facilidade em dar e dificuldade em receber e outras só querem receber e têm dificuldade em dar, nesse passo, criam-se obstáculos para a fluidez do relacionamento, seja entre amigos, parceiros, irmãos e etc.

Quando se dá tudo o que se tem ao outro, por exemplo, no início de uma relação, tentando agradar demais, fazendo tudo pelo outro, a menos que haja troca equilibrada pela outra parte, a relação está em perigo.

Nas palavras de Hellinger "quem recebeu demais, parte"

(Hellinger, Bert. Amor à segunda vista: soluções para casais, editora Atman, 2016, página 23).

Por isso muitas vezes ouvimos: "eu fiz muito por tal pessoa e ela fez isso ou aquilo, ou me deixou ou foi mal agradecida". Encontre o erro nessa frase: "eu fiz muito" e a consequência geralmente é o outro ir embora ou desabonar a relação de alguma forma.

Quando uma das partes se sente "cheia de amor para dar", sem que o outro lhe devolva, troque, compense essas atitudes, aquele que recebe costuma, depois de um tempo, sentir-se indigno, devedor, pequeno, inferior, pode ficar com raiva e ir embora.

Aqui, é de extrema relevância anotar aquela frase conhecida: todo excesso esconde uma falta. A pessoa que faz demais pelo outro, sem esperar a troca, pode, consciente ou inconscientemente, querer segurar o outro, ser reconhecida, valorizada, suprir um vazio dentro de si mesma, contudo, geralmente, o efeito costuma ser devastador.

Exemplo: "faço muito pelo outro e ele não precisa me devolver, porque tenho amor de sobra", o famoso "amo pelos dois", assim na tentativa de segurar o outro nessa relação para suprir uma carência emocional, acaba por afastá-lo ainda mais. Em outras palavras, o feitiço vira contra o feiticeiro, por traz do "eu não preciso receber", coloco-me como superior ao outro para esconder uma fragilidade. É um mecanismo de defesa para esconder a verdade que neste momento se mostra como vulnerabilidade disfarçada de amor ou de grandeza.

Todo relacionamento é uma grande escola de autoaperfeiçoamento. Vamos trocar de forma saudável modificando os nossos padrões?

Convido você que tem dificuldade de receber e se considera mais doador que recebedor a fechar os olhos e imaginar seus pais a sua frente.

Diga a eles: "vocês são os grandes e eu só o(a) pequeno(a). Antes de mim, vocês já cuidavam de si mesmos. Sinto muito por todo esse tempo ter me colocado como maior que vocês, seus salvadores ou protetores. Eu sou apenas aquele(a) que veio depois, o(a) necessitado(a) e agora de vocês eu tomo a vida como foi e me curvo diante da grandeza de vocês."

Respire profundamente algumas vezes soltando o ar pela boca. Você pode inclusive se ajoelhar e imaginar a presença dos seus pais a sua frente.

Lentamente, respirando lenta e profundamente, imagine que seu corpo vai diminuindo e você vai voltando no tempo como um bebê. Sinta-se no colo de sua mãe, sua pele, seu cheiro, observe seu olhar e o que mais a sua imaginação lhe trouxer. Talvez venha um sentimento desagradável, desamor, carência, vazio. Deixe-o vir, sinta-o. Permaneça nos braços de sua mãe.

Diga a ela: "Obrigado(a) mamãe, o seu amor faz a diferença. Agora eu me nutro." Respire profundamente se nutrindo energeticamente.

Observe o que se movimenta em você e permita-se sentir.

É imperioso cuidar da autoestima, aprender a olhar e acolher nossos lados carentes e solitários para que não deleguemos essa função a mais ninguém sob pena de causar mais sofrimento. Se existe algo de extrema relevância na jornada de autocura é aprender a ser **gerador de amor para si mesmo**. Trilhamos esse caminho quando nos tornamos amorosamente conscientes da nossa sombra e paramos de escondê-la ou julgá-la e nos brindamos com um olhar amoroso para tudo o que nos habita.

É importante frisar que o equilíbrio de troca não ocorre na relação com os pais, eles dão e nós recebemos. Como uma cachoeira cujo fluxo é de cima para baixo, ao filho não é permitido equilibrar a troca com os pais, que acontece de cima para baixo (dos pais para os filhos, dos grandes para os pequenos), afinal, é impossível pagar a vida que recebeu. A compensação ocorre quando o filho reconhece que os pais deram tudo aquilo que podiam com gratidão, respeitando a hierarquia e, assim, prosperando, se desenvolvendo, passando a vida adiante, honrando tudo o que recebeu e, por conseguinte, dando alguns passos a mais na vida.

A troca negativa também acontece quando um parceiro faz mal ao outro. Nasce uma vontade irresistível de compensar o dano sofrido. Aqui não se fala do verbo perdoar, pois se trata de uma relação horizontal (entre pessoas). Quando alguém me fere e eu digo: "eu perdoo", me coloco como superior (eu estava certo(a) e você errado) e tiro do outro a responsabilidade de assumir os efeitos da sua ação e aprender com ela. Nas relações intersubjetivas, todos (ainda que inconscientemente) são responsáveis pelo que atraem para a realidade, logo, ao invés de "me perdoe" ou "eu te perdoo", dizemos "eu sinto muito", neste caso não há desnível, cada um assume sua quota de responsabilidade pelo que aconteceu.

Caso o dano não seja compensado, o relacionamento fica ameaçado. Eu sei querido leitor que sua cabeça deve estar fervilhando neste momento e você pode ter querido reler a frase acima algumas vezes. Mas é isso mesmo, a troca negativa, na visão sistêmica, também precisa acontecer de forma consciente e amorosa para que não se transforme em vingança. Então, com amor, nós trocamos a ofensa, contudo, um pouco menos.

Vamos facilitar por meio de um exemplo. É aniversário de casamento e a mulher está muito empolgada com o evento, espera o marido sair do trabalho, porque pretende fazer uma surpresa a ele. Prepara um jantar especial, arruma a casa, decora especialmente o ambiente de jantar, compra uma lingerie, vai ao salão de beleza e etc. Todo esse processo para comemorar a data que reputa importante. O marido, no entanto, cheio de seus afazeres e preocupação, sai do trabalho e vai direto para o happy hour como de costume. A esposa, certa de que ele iria lembrar da data tão especial, nem se preocupa em ligar ou mandar uma mensagem. Para melhorar o exemplo, a bateria do celular do parceiro acaba e eles ficam incomunicáveis. Algumas horas se passaram, o marido chega em casa levemente embriagado e a esposa muito ferida emocionalmente finge que está dormindo (Com tantos detalhes que narrei acredito estar pronta para escrever uma novela mexicana).

Qual é a solução para equilibrar? A esposa, amorosamente, escolhe uma forma de compensar o ocorrido ferindo-o em menor dose, não igual, ou maior, em MENOR dose. Caso a dose seja maior, a infelicidade tomará o curso da relação e a vingança só trará danos e sofrimentos para ambos.

Essa troca em dose mínima interrompe a vontade inconsciente por vingança, mágoa e etc e o relacionamento pode voltar a crescer.

Consciência espiritual

Já que a consciência pessoal é a sombrinha, mais limitada se comparada à consciência coletiva (que é o guarda-chuva). A consciência espiritual é aquele mega guarda-sol (no qual você coloca a família inteira, o cachorro, os vizinhos, inclusive aquele que coloca o som nas alturas de madrugada, aquele colega de trabalho que olha para você de cara feia, o carteiro, o cachorro, o sapo, o piriquito, o papagaio, quem está passando e aperta a campainha da sua casa e sai correndo). Brincadeiras à parte, a consciência espiritual abrange toda a humanidade, nela não existe limitações entre certo e errado, bom e mau, pertencimento e exclusão. Uma vez ouvi dizer que a consciência espiritual é o chapéu de Deus, abarca a todos, fiquei com essa ideia e compartilho ela com você.

Essa consciência nos remete a um poder espiritual que move tudo no Universo de forma criativa.

Quando estamos em conexão com a referida consciência?

Quando estamos em sintonia com tudo e todos como são. O nível de maturidade espiritual de uma pessoa pode ser medido pela sua capacidade de estar em sintonia com os movimentos da vida sem julgamento, com profunda humildade e benevolência independentemente do que tenha ocorrido.

Estamos a serviço de um poder maior que, a meu ver, nos quer despertar para a nossa essência que é amor espiritual.

Como é óbvio, toda vez que desrespeitamos a vida, julgando, reclamando, excluindo, violando as três leis da consciência coletiva, nos desviamos dessa conexão com a grande fonte.

Somente conectados a ela temos paz, pois estamos em sintonia com a vida, com tudo, com todos e com nós mesmos. É um grande exercício espiritual e a existência nos convida a praticá-lo inúmeras vezes ao longo da vida.

FAMÍLIA

Família, o jardim das rosas e dos espinhos. Quem quiser ter sua própria rosa, sua própria vida, não pode abrir mão dos espinhos.

Nesta grande jornada, lembre-se da sua origem: um viajante ou, como no início do texto, um cientista da alma. Estamos aqui para despertar o melhor em nós, mesmo por meio dos movimentos de contrações e expansões que a vida nos traz.

Faça-se a seguinte pergunta: como eu faço dessa experiência/ desse sentimento, algo bom?

Confie que a resposta virá. Existe um sábio amoroso dentro de você. Abra-se para ouvi-lo, para senti-lo ou vê-lo. Eventualmente, quando uma pessoa não se ouve, esse sábio projeta sua mensagem em algo que alguém lhe diz ou algo que você lê ou vê. Esteja atento(a). O poder criativo do Universo não tira férias.

Lembre-se que tudo na vida é uma oportunidade (até mesmo aquelas que doem). Você é o aluno, a vida o professor. Que tal fazer sua lição de casa? Ser um bom aluno na escola da vida nos poupa de muitos sofrimentos desnecessários.

Portanto, como oportunidade, tudo é um presente. Alguns vêm com o embrulho meio rasgado, amassado, da cor que você não gosta e se você se sentir no direito de descartar o presente pelo embrulho, perderá incríveis oportunidades e bênçãos.

Qual é o presente que você tem negado por não aceitar o embrulho? Serão os seus pais? Será a vida? Ou algo que aconteceu na sua infância? Ou ainda, algo no passado da sua família? Ou por fim, algo que aconteceu com você, tipo a morte de alguém ou o término de um relacionamento?

Como assim essas situações são presentes? Pois é, são. Você quem tem escolhido andar como cego no Jardim do Éden, se comportando como um mendigo num resorte *all inclusive*.

São presentes espirituais, oportunidades de crescimento que o espírito criativo lhe trouxe para que você despertasse.

Pegue seu presente, honre-o como algo que vem do sagrado para você, sem julgamento, sem querer um embrulho diferente. Olhe para o essencial, abra o presente (os potenciais aprendizados e correções que a vida amorosamente lhe concedeu). Quem olha demais para o aparente se perde, inclusive de si mesmo.

Faça, por fim, algo bom com essa oportunidade. Você decide.

Espero com toda a minha alma que você decida abrir o presente sem arrogância de querer mudá-lo. Esse é o presente certo para a sua alma. Honre-o.

Viver bem em família pede autoconhecimento. Quanto mais você se conhece, conhece suas forças e vulnerabilidades, suas alegrias e suas dores, mais você cria empatia com o outro e pode, então, enxergá-lo além das aparências.

Quer enxergar alguém? Olhe para além dessa pessoa agora. Veja, sinta, seus pais e as histórias e dores que ali aconteceram. Olhe para seus avós e ancestrais também. Quando olhamos para alguém além da capa, algo novo, fresco, sem julgamento, surge em nós e nos brinda com a compaixão, compreensão, portanto, reconciliação.

Veja seus pais como um livro ou um filme. Se você tentar compreendê-los apenas lendo da metade para o final ou perdendo o início do filme, corre o risco de você não entender, julgar e incorrer em grandes e graves injustiças. Leia o início do livro da vida dos seus pais, sua infância, o que sentiram, o que aconteceu ali, a relação dos seus avós ou a infância deles e etc. Essas histórias fazem parte do nosso livro também. Honre-as e extraia força de cada uma delas.

Referências bibliográficas

01. A Própria Felicidade
Autora: Sophie Hellinger
Tagore Editora 2019

02. Um Lugar Para os Excluídos
Autor: Bert Hellinger
Editora Etman 2006

RELACIONAMENTO AMOROSO

MARIO HENRIQUE **MEIRELES**

Relacionamento Amoroso
@mariohmeireles

Sobre o Autor:

- Formado em Engenharia pela USP.
- Life, Business e Executive Coaching SBCoaching.
- Autor de 4 livros na área do desenvolvimento pessoal.

O Autor tem como missão melhorar as vidas das pessoas ajudando-as a encontrar propósito, sentido e felicidade, utilizando de ferramentas acessíveis, simples e práticas.

Cap. 1 - Relacionamento amoroso

Nos encontramos mais uma vez! Que alegria! Vamos trabalhar a delicada questão de Relacionamento Amoroso. Chamo de delicada, pois, do conjunto de emoções, o Amor, a Paixão, o Afeto, falam muito forte dentro de nós. Na temática de Relacionamento Amoroso, envolvemos outras emoções a esta sopa emocional. Sentir-se respeitado, aceito, admirado, protegido, seguro, confiante, por exemplo, são só algumas das emoções que circundam o tema e deixam-no, como eu disse, delicado.

Na Roda da Vida, feita no primeiro capítulo, a pergunta era: "qual o seu grau de satisfação?". É importante relembrarmos isso, afinal, você talvez se encontre em algum dos cenários a seguir:

1. Não tenho um relacionamento amoroso e estou feliz assim.
2. Não tenho um relacionamento amoroso, mas quero encontrar uma pessoa.
3. Estou em um relacionamento amoroso, mas estou insatisfeito.
    a. Estou insatisfeito e gostaria de encerrá-lo
    b. Estou insatisfeito e quero "consertá-lo"
4. Estou em um relacionamento amoroso, estou satisfeito e quero levá-lo ainda mais longe.

Você percebe que é impossível generalizarmos, nestas nossas curtas páginas, uma receita ideal para os 4 casos. Obviamente, não é a minha intenção aqui. De maneira mais ampla, quero te ajudar com insights e ferramentas que possam melhorar sua comunicação com o outro, mas, principalmente, com você mesmo.

Eu acredito que o amor mexe com tantas áreas da nossa Psique que perdemos a razão, e a lógica passa a não fazer lógica alguma. Fazemos verdadeiras loucuras por amor. Algumas boas, outras nem tanto. Mas, em qualquer caso, o importante é reconhecer **a força motriz que é o Amor! Aprender a usar essa força e canalizá-la de forma correta para que ela traga, sobretudo, progresso e felicidade para todos, inclusive você.**

Eu acredito que o amor vale a pena. Levanto essa bandeira. Entretanto, é importante **você conhecer o que você considera como Amor.** O que você sente, o que você busca, o quão feliz esse relacionamento te faz. São aspectos fundamentais a serem trabalhados e esclarecidos. Falaremos sobre isso.

Falaremos também sobre como é importante compreender a diferença entre Amor, o sentimento, e as Provas de Amor, que são a maneira como cada um demonstra seu amor, o que é algo individual e pessoal. É uma questão que chamo de COMUNICAÇÃO do amor. Cada pessoa tem seu idioma próprio quando demonstra Amor.

Discutiremos tudo isso nestas próximas páginas, cobrindo os cenários todos, portanto, fique comigo e vamos ampliar a energia do amor, e suas realizações, em sua vida.

Cap. 2 - Você não é obrigado

O primeiro cenário que propus no capítulo anterior deixa isso bem claro. Você não é **obrigado a estar em um Relacionamento Amoroso**. Em hipótese alguma.

O importante é você estar feliz como está. Seja dentro de um relacionamento ou não. Vale ressaltar que quando digo isso, eu quero dizer REALMENTE FELIZ. Não adianta você dizer que está feliz da boca pra fora.

Você sabe o que eu quero dizer, aquela pessoa que diz que está feliz, mas por dentro, no fundo, está numa zona de conforto, isolada, distante dessa assustadora coisa que é o amor, por já ter sofrido demais.

Isso não é felicidade, é medo! Essa forma sutil de negação acaba por drenar a sua energia vital.

Então, saiba reconhecer o seu real grau de felicidade com relação a esta área. Se você não estiver em um Relacionamento atualmente e estiver **verdadeiramente** feliz, ótimo! Isso é o que importa.

Existe uma forte pressão social sobre a questão dos relacionamentos. Muitas piadas e memes rodam a internet na época das reuniões familiares. Aquela pergunta famosa que as tias e parentes fazem: **"está namorando? Já casou? Você vai casar quando?"**, entre outras de um repertório quase infinito.

Existe uma forma de pressão muito forte por parte da necessidade de manter a CONFORMIDADE aos padrões da família. Pessoas que nascem em famílias bem conservadoras, tradicionais, que seguem um exemplar modelo de construção de família, criarão uma força, uma espécie de campo, que exercerá essa "pressão" (não no sentido de estresse, mas sim de empurrar) para que você mantenha os mesmos padrões.

"É o padrão da família!".

Caso você não queira um relacionamento amoroso e esteja bem com isso, não se sinta obrigado. Não é sua obrigação ser igual aos seus pais, fazer melhor ou pior. Sua obrigação é ser feliz e, dentro desta felicidade, promover a felicidade alheia.

Se você se sentir compelido a manter o modelo familiar e por isso estiver buscando um relacionamento, você não estará sendo sincero com você, com o seu parceiro e com a sua família. Será apenas um cumprimento de um protocolo. Sem o verdadeiro sentimento que o Amor pode dar e te engrandecer.

Não se sinta rejeitado, não se sinta a "ovelha negra", ou qualquer outra crença/emoção que queiram te fazer sentir para que você mude sua forma de ser e se adeque aos padrões impostos. É uma busca do EGO dos outros fazerem com que você se molde aos padrões deles para que eles possam se sentir bem com as escolhas que eles mesmos fizeram.

Se esta não for a sua busca, seja firme, encontre a coragem necessária para acreditar na sua natureza e na sua própria felicidade.

Tenha um relacionamento saudável, a princípio, com você mesmo!

Prepare-se para o amor

Continuando nossa conversa, talvez você tenha começado a ler este capítulo e tenha se deparado com uma verdade inconveniente: *"Eu acreditava que não queria um relacionamento, mas na verdade eu estou com medo. O que eu faço agora?".*

É importante você estar bem consigo mesmo antes de querer iniciar um relacionamento. Claro que um relacionamento pode ajudar você a se curar de antigas feridas e dores, porém, estas mesmas feridas e dores, quando desconhecidas e inconscientes, podem, eventualmente, atrapalhar a sua nova relação ou a sua busca por uma.

Você terá que enfrentar o que te atrapalha. No Coaching, muitas pessoas querem entender e identificar os bloqueios que as impedem de prosseguir. Eu costumo me posicionar dizendo que não é preciso entender para agir. Identifique o que está faltando ser feito e faça, mesmo com medo.

Entender a origem do medo não necessariamente resolve o medo. Mas entender que este mesmo medo está te impedindo de crescer, aprender, viver e amar, pode sim te fazer decidir por uma nova forma de agir.

O medo existirá. É preciso sair desta zona de conforto que nos colocamos e encará-lo. Aprender e, na sequência, crescer. Viver de verdade só acontece após a Zona do Medo.

Nas redes sociais do Instituto Life Coaching (@ilccoaching), postamos o seguinte diagrama que exemplifica perfeitamente isso. Claro que ele serve para todas as áreas da vida, seja profissional, pessoal, intelectual, etc. Aqui, usaremos o diagrama para uma questão emocional: a sua relação com o Amor.

Veja se ele faz sentido para você e, depois, responda as perguntas na sequência.

(imagem: Da zona de Conforto à Zona de Crescimento | Fonte: Instagram @iccoaching)

Responda:

Em qual Zona do diagrama você se encontra com relação ao Amor hoje?

____

O que faz você permanecer nesta Zona?

____

____

____

Como seria a sua vida se você já estivesse na zona de Crescimento com relação ao Amor? Quais experiências incríveis te aguardam lá?

____

____

____

____

Qual passo você dará para ir para a próxima fase?

____

____

____

Escreva o seu grau de comprometimento em fazer você mais feliz.

Eu estou __________ % comprometido(a) em me fazer ainda mais feliz.

Espero que sua resposta tenha sido 100%. Ninguém mais pode fazer a mudança para você. É a sua caminhada. São as lições que VOCÊ precisa aprender. Mais ninguém é responsável pela sua maturidade emocional.

Deixe o passado no passado

Essa expressão clichê é excelente para quem está infeliz sem ter um relacionamento e quer passar por esta transição e **admitir e aceitar que deseja o Amor em sua vida.**

"Admitir que desejamos ter um relacionamento é o primeiro, e mais corajoso, ato de abertura para um amor verdadeiro nos encontrar."

Mario Meireles

Muitas pessoas falam – às vezes naquele tom de brincadeira que permite as verdades serem ditas sem expor nossas fraquezas – que "Não quero nunca mais saber de namorar, é só dor de cabeça". É uma forma de defesa para não olhar a dor que sentiu e assumir os eventos e fatos do passado. Dói olhar nossas feridas. Às vezes, preferimos mentir para nós mesmos do que admitir que temos a dor.

Fomos adestrados a acreditar que ADMITIR NOSSAS DORES é sinônimo de fraqueza, motivo de vergonha.

"Engole esse choro!". Sabe?

Então ficamos **presos a um falso discurso** de força, autocontrole e inteligência emocional, que em sua falsidade apenas nos serve como forma de nos mantermos onde estamos.

Você deve conhecer muitas pessoas assim. É uma verdadeira prisão e anos passam sem que percebamos nosso padrão.

Por isso, quando falo "deixe o passado no passado", quero conversar com essas pessoas que estão, inconscientemente, presas às relações e experiências anteriores.

Obviamente que todas as nossas experiências amorosas nos trouxeram lições e serviram de guia e referência para sabermos como conduzir e viver as novas aventuras amorosas. Contudo, é importante entender os seus papéis de "professoras" e mantê-las, as experiências, no passado. Mantê-las como referências e não como regras.

Digo isso para que você, leitor, abra a sua cabeça e seu coração para a beleza que é uma nova relação. Ela é, sempre, 100% diferente das anteriores.

Cada nova pessoa, cada novo momento, cada nova palavra e cena vividas neste novo romance não têm, em absoluto, nada a ver com as relações anteriores. É algo totalmente inédito.

Há uma frase linda que simboliza bem o que quero dizer.

"Nenhum homem pode banhar-se duas vezes no mesmo rio, pois na segunda vez o rio já não é o mesmo, nem tão pouco o homem!
Heráclito de Éfeso

Guarde bem essas palavras. Mesmo que tenha vivido dolorosas e frustrantes experiências, você não é mais o mesmo! Tudo o que foi vivido te preparou e ensinou novas maneiras de pensar e se comportar. Na realidade, as experiências anteriores te aperfeiçoaram! Elas, em essência, te tornaram um ser humano mais vivido e capaz de entender outros contextos e realidades.

Preste bem atenção. Deixar o passado no passado não é sobre negar as coisas que aconteceram, ou ainda, tentar esquecer que existiu e aconteceu. Infelizmente (ou felizmente), a mente não apaga informações com a mesma simplicidade que você apaga o número de celular de alguém. Fica tudo registrado e guardado em algum lugar aí dentro.

Sendo assim, negar o passado é tentar fazer o impossível. Além de causar sofrimento e tensão, fará você dispersar energia e perder valiosas lições.

Deixar o passado no passado é, em essência, aprender a conviver com sua história, agradecendo e compreendendo que ela te tornou quem você é. Que tudo o que aconteceu foi útil e importante para moldar o seu caráter e sua conduta.

Deixar o passado no passado é sobre amar a sua própria história. Sobre amar a si próprio e ter orgulho do que se tornou.

É muito mais sobre autoestima do que sobre relacionamentos.

É sobre considerar-se pronto para amar.

É sobre escolher fazer do amor uma verdade em sua vida.

É sobre estar aberto e sentir-se merecedor da felicidade.

Pois você é!

Deixe o seu lindo e amado passado onde ele deve estar, em um lugar de gratidão e entendimento, e abra-se para o novo. Como eu costumo dizer, as melhores aventuras ainda estão por vir. Esteja pronto!

Cap. 3 - Relacionamento ou meta?

Um próximo passo natural em nossa conversa é falarmos sobre o cenário número 2 que propus logo no início, ou seja, para as pessoas que não estão em um relacionamento, mas estão em busca. Este é, talvez, o cenário mais comum atualmente.

Como coach, tenho uma abordagem prática sobre o assunto. Recentemente, gravei um curso online justamente sobre isso, tamanha a busca por *insights* na hora de se relacionar.

A abordagem do Coaching é pouco convencional. Como premissa, assumimos que tudo é nossa responsabilidade, inclusive nossos erros, problemas, infortúnios e etc. Do contrário, caso não tivéssemos essa nossa Autorresponsabilidade, não teríamos o poder de mudança. Seríamos apenas vítimas das circunstâncias exteriores e do acaso.

Qual seria nosso poder de escolha se tudo dependesse dos outros ou mesmo do acaso? Seria mais inteligente, então, sentar e esperar as coisas acontecerem.

Felizmente, o "deixa a vida me levar", não faz parte do Coaching.

Na área de relacionamentos amorosos, isso também é uma verdade. Eu abordo esta questão junto com meus clientes de maneira NÃO-ROMÂNTICA.

Nós colocamos o "encontrar um relacionamento" como uma meta. Definimos bem como é a pessoa ideal, sua aparência e valores. Definimos também como é a relação perfeita, em comportamentos e forma de comunicação.

Criamos um plano de ação para a "prospecção" e o colocamos em prática.

No final, torna-se algo divertido. É como se fizéssemos um acordo com o Universo dizendo: *"Olha só! Eu sei bem o que quero, como que quero ser tratado e o que espero desta relação. Essa pessoa existe! Crie as condições para que nos encontremos. Farei a minha parte! Grato!".*

Brincadeiras à parte, essa forma de pensar e agir manda um recado muito forte para o seu subconsciente. Um recado de que é possível encontrar um amor perfeito para você.

A mensagem de que você acredita que esta pessoa e este relacionamento existem. A mensagem de que você o deseja, está aberto, pronto e sente-se merecedor deste relacionamento.

É, também, um comprometimento de que você fará o seu melhor. Deixará o passado onde ele está. Será sua melhor versão e de que esta nova pessoa, que também está procurando alguém maravilhoso como você, também pode confiar que você será a pessoa certa.

Quando eu estava nesta situação, particularmente, eu tinha uma forma de pensar muito clara. Após os filtros iniciais, apoiados nos critérios que eu escolhera, eu me abria e me entregava nas minhas relações. Na minha cabeça (e na minha lista), eu queria alguém que estivesse disposto a se jogar inteiramente em uma relação.

Eu sabia que se eu me jogasse, a pessoa certa me pegaria. Tinha essa certeza, pois era exatamente o que eu estava disposto a fazer.

Claro que você, durante o processo, corre o risco de se frustrar. Corre o risco também de assustar algumas pessoas que dirão que você "está indo rápido demais". Esses são sinais. Não tenha medo.

É uma questão de escolha, jogar-se, ou não, nas relações.

Eu, no final, entendi que o maior dos riscos era não me jogar e perder uma relação verdadeira e profunda, onde ambos estavam repletos de amor para dar e vontade de se abrir.

O maior risco é não amar, por medo do amor.

Acredito que, neste ponto, podemos fazer um exercício. A princípio um exercício mental, apenas usando nossa mente. Recomendo fortemente que você o faça! Passar reto por ele, pode ser destrutivo para o seu futuro nesta área.

Reflita por uns minutos.

1. Mesmo que tenha terminado mal, o que eu consigo extrair de positivo dos meus últimos relacionamentos?

   (Aqui, aproveito para relembrar que tudo traz aprendizados e boas experiências. Muitas vezes sobre o que não deve ser feito também).

2. O quão aberto eu estou para um novo relacionamento?

3. Tenho comunicado isso claramente para as pessoas que eu encontro ou tenho medo de expressar minha vontade de dar certo em um relacionamento?

4. Como posso, após refletir sobre estes 3 pontos, aumentar minhas chances de encontrar alguém e construir uma relação?

Faça essas reflexões, elas serão importantes para os próximos encontros e "paqueras" que você encontrará pela sua caminhada.

Cap. 4 - O relacionamento ideal

Continuando na mesma linha do capítulo anterior, ou seja, colocando um pouco de Coaching na questão dos relacionamentos, existe um exercício que sempre funciona. Na realidade, qualquer livro de motivação, negócio, autoajuda, Coaching e etc. falará a mesma coisa: você precisa começar com o objetivo em mente.

Quando você não sabe o que está procurando, você corre o risco de aceitar qualquer coisa que vier. Isso é uma grande armadilha. Sem perceber, você acaba aceitando pessoas em sua vida com valores, ideias, comportamentos e pensamentos que são desalinhados aos teus.

No longo prazo, este desalinhamento pode causar uma ruptura da relação, perda de tempo e até mesmo grandes prejuízos emocionais.

Sendo assim, precisamos utilizar uma das ferramentas mais comuns e populares do Coaching: **a definição de objetivos.**

Uma das coisas mais poderosas a respeito desta ferramenta é que ela traz especificidade, ou seja, ela faz com que pensemos com clareza sobre o que queremos para nossa vida.

O que eu quero que você faça agora é pensar em como é a pessoa ideal para você. Veja, se você pudesse escolher todos os detalhes desta pessoa, como ela seria? Qual seria a personalidade dela? Os valores? Os gostos?

Esta pessoa existe. Quero que você acredite nisso para que possa fazer este exercício como ele deve ser feito.

Acima de tudo, você também precisa acreditar que merece esta pessoa e que você também pode ser e, cada vez mais, se tornar a pessoa certa para ela também.

O casal ideal, o relacionamento ideal. O primeiro passo é definir.

Vamos lá, lápis ou caneta na mão.

Defina agora, como é a pessoa ideal para você! Acredite que ela exista!

Para te ajudar, olhe para si mesmo e veja os seus valores mais importantes.

Veja também sua rotina ideal, seus sonhos e prazeres. Veja também quais hábitos que são fundamentais para você e que você quer que a pessoa tenha.

Coloque características físicas que te atraem, que você admira e te cativam do ponto de vista físico.

Não esqueça de mencionar as questões financeiras, sociais, profissionais e éticas da pessoa.

Escreva esta lista com detalhes. Vai ajudar o Universo a encontrar, em um universo de bilhões de pessoas, a pessoa certa para você.

Mãos à obra. Está valendo um relacionamento maravilhoso. Vai!

____

____

____

____

____

____

____

____.

Comunicação

Quando você conquista um novo relacionamento, vencendo seus próprios medos, traumas com relação ao Amor, ou ainda, encontra uma pessoa com a qual você quer viver a vida inteira, tempos difíceis podem surgir.

Nestes momentos, você se encaixa no cenário 3, isto é, alguém que tem um relacionamento, mas pode estar decidido a encerrá-lo ou quer consertar a relação.

Caso você já tenha decidido pelo fim da relação, as páginas anteriores podem te impulsionar a entender que existem incríveis pessoas pelo mundo, com as quais você poderia se relacionar e se conectar em um nível altíssimo.

Entretanto, eu recomendaria que, antes de qualquer decisão, você tentasse consertá-lo sob a ótima destas próximas páginas. Recomendo também que você leia ou releia o capítulo escrito pela Flávia Vascon, uma especialista incrível em constelação familiar.

Tenha em mente que você está se relacionando com uma pessoa que carrega todo um sistema familiar em sua história. Muitas vezes, ela tem suas próprias dificuldades em lidar com o relacionamento. Assim como você também carrega todo um passado.

Caso você esteja querendo terminar, sob esta ótica, vale refletir a respeito do capítulo da Flávia. Muitos exemplos podem se encaixar em rompimentos de relacionamento causados por causa do seu contexto familiar – "Sou eu que quero terminar, ou é uma ideia que estou trazendo de minha base familiar desestruturada?".

O que posso dizer é: comunique-se abertamente, isso pode fazer você decidir por consertar a relação. Saiba que muitos casais se amam, porém, por educação ou exemplos aprendidos em sua própria família, eles demonstram sentimentos de forma diferente.

Alguém nascido em um ambiente de muito amor e carinho, demonstrações de amor e afeto contínuos, podem ter mais facilidade de demonstrar amor desta maneira. De maneira contrária, alguém que traz uma história de abandono, individualismo ou rompimentos, pode ter uma outra forma de comunicar amor.

Preste muita atenção no seguinte:

Pessoas comunicam amor de diferentes maneiras. Carinho, presentes, presença, esforço, sacrifício, palavras, demonstrações públicas, etc.

O sentimento, porém, é o mesmo. A maneira de comunica-lo é pessoal.

É importante para o casal entender como cada um demonstra o Amor e, do mesmo modo, entender como cada um percebe que é amado, do contrário, você pode demonstrar seu amor intensamente e a outra pessoa não entender que é amada, ou ainda, não se sentir amada.

É um idioma individual. Talvez, esta conversa seja a mais franca e importante para o casal conseguir entender o quanto se ama.

Faça com você, responda:

Como eu demonstro que amo alguém, o que faço?

Resposta: ____

____

____.

Essas são as formas que você prova o seu Amor por alguém. Veja a maneira que seu parceiro(a) demonstra. Alinhem-se.

É provável que vocês se amem intensamente, mas apenas estão falando em diferentes idiomas. Esse ajuste levará vocês para um novo nível.

Aliança

Estamos encerrando esta nossa curta conversa. Quero agradecer pelos minutos e espero que tenham sido proveitosos para o seu crescimento. Para mim, particularmente, já estou inspirado a escrever um livro apenas no tema de relacionamentos. Ajudar ainda mais pessoas a sentirem essa energia poderosa.

Neste final, quero deixar uma mensagem que serve para todos os cenários, inclusive o 4 – pessoas que querem levar um relacionamento já feliz para o próximo nível.

Proteja a relação! Proteja do EGO, da vaidade, das interferências externas e etc. Quando os problemas surgirem, tanto os individuais como os problemas do casal, lembrem-se desta próxima frase:

"DURANTE UMA BRIGA, O CASAL DEVE PERCEBER QUE SÃO OS DOIS CONTRA O PROBLEMA,E NÃO UM CONTRA O OUTRO."
AUTOR DESCONHECIDO

Manter isso em mente os fará ainda mais unidos, sabendo que vencer os desafios é missão do casal. Perder essa briga pode causar o fim da relação.

Encerrar a relação não é algo ruim, porém, que nunca seja por uma derrota do casal, "perdendo" para os problemas, vaidades e crises. Que vocês sejam sempre mais fortes do que os desafios.

Eu acredito que você possa ser muito feliz e possa encontrar Amor e Conexão em sua vida. Agora, preciso que você também acredite!

Vou dar um primeiro passo e te dizer: **Eu te amo**. Até a próxima conversa!

Referências Bibliográficas

01. Série LifeCoaching Vol. 1,2 e 3
Editora Instituto Life Coaching,
2015-2018

NETWORKING E VIDA SOCIAL

VAGNER **FERREIRA**

Networking | Vida Social
@vagner.a.ferreira

Sobre o Autor:

Advogado, Pós-Graduado em Administração de Empresas pela FGV, Personal e Professional Coach pela Sociedade Brasileira de Coaching e Certificado Green Belt Seis Sigma. Atua há mais de 23 anos na área de gestão estratégica e com sólida experiência no Gerenciamento de Recursos Humanos em diversas empresas de diferentes segmentos.

Atuação no envolvimento da área de Recursos Humanos no gerenciamento pelas diretrizes, desdobramento de metas e processo de meritocracia, resultando no desenvolvimento do capital humano da empresa.

Cap. 1 - Relacionamento, a base de tudo

No início de minha carreira no mundo corporativo, após ter atuado por quase uma década como advogado, recebi um *feedback* de meu líder direto, nesta época um diretor administrativo, que me provocou uma profunda reflexão, disse ele: "... veja... você é muito ortodoxo em sua comunicação escrita e isso dificulta seu relacionamento com as pessoas...".

Opa, como assim? O que havia de errado em minha forma de escrever? Se considerarmos o local em que eu estava inserido naquele momento, diria que tudo. Eu tinha saído da advocacia, mas a advocacia não tinha saído de mim. Utilizar-me do *"juridiques"* era tão comum em meu antigo meio de trabalho para me comunicar com pessoas de outras áreas e dentro de outros contextos, que de fato me tornava uma pessoa com linguajar ortodoxo e acabava prejudicando a formação do relacionamento.

Este foi o melhor *feedback* que eu poderia receber naquela fase da minha carreira e que serviu de convite à reflexão pessoal sobre as chaves para o alinhamento das atitudes para estabelecer relacionamentos, utilizando a visão para planejar com ética e buscar superar os desafios.

Ali, pude perceber na prática, que a cultura da empresa é permeada de valores e crenças. Ela não é criada ou mantida sem a existência das pessoas interagindo em grupos e se comunicando em redes de relacionamentos, o tempo todo e a todo tempo.

Cap. 2 - Contágio social

Certamente você já ouviu esta frase: "Você é a média das pessoas com quem mais convive". Ela traduz o que de fato observaremos agora, o Contágio Social, que é uma técnica que você pode aplicar em sua vida para começar a ter resultado imediato.

Agora, outra vertente... e para você, o que é ter sucesso? Para mim, sucesso é ser feliz!

O ser humano depende de relações interpessoais que se desenvolvam e sigam em frente em sua trajetória. Logo, fomos criados para vivermos em sociedade.

A teoria do Contágio Social foi desenvolvida por dois pesquisadores, um cientista social de Harvard *(Nicholas Christakis)* e o outro da Universidade da Califórnia *(James H. Fowler)*.

A universidade de Harvard desenvolve, desde 1937, o maior estudo sobre saúde humana, acompanhando milhões de pessoas todos os dias.

Este estudo afirma que o que mais influencia a saúde do homem não é o poder, não é o dinheiro, não é o trabalho, mas sim a amizade. Os laços afetivos previnem doenças e podem aumentar a expectativa de vida em até 10 anos.

Por meio deste, concluiu-se que possuir "amigos de bem com a vida" aumenta em 15,3% a sua própria felicidade.

Em contraponto, o contágio de doenças entre pessoas, por meio de vírus ou bactérias, é de amplo conhecimento da sociedade. Agora, o que estamos abordando aqui é diferente...é tipicamente emocional. Um otimista influencia os demais por meio deste sentimento. Pessoas fracassadas profissionalmente têm a mesma capacidade.

Esta influência não está limitada às pessoas mais próximas e de convívio direto, mas também aos seus conhecidos, aos amigos destes e assim por diante, criando uma grande rede.

O Contágio Social está ligado à forte influência que sofremos em decorrência da nossa rede de relacionamentos. É você quem tem o poder de decidir sobre quem irá se relacionar com você ou não. Permita-se refletir sobre as pessoas que estão à sua volta, sobre seus valores e seus propósitos de vida.

Comece a observar quem são os seus amigos na comunidade em que você está inserido, do futebol, do seu trabalho. Eles são motivados, otimistas, determinados, felizes, eficientes e prósperos? Ou ao contrário, são pessoas pessimistas, "reclamonas", fofoqueiras, invejosas? Pode acreditar, você tem forte tendência de se tornar a cara deles.

Assim, as pessoas que estão ao seu redor exercem forte influência sobre suas conquistas, nas mais variadas áreas, como relacionamentos, carreira, finanças, saúde e etc., por isso, observe, selecione as pessoas que participam de seu convívio, pois mesmo que não perceba, todos estão se contagiando.

Para reflexão

Como se comportam as pessoas mais próximas a você?

Resposta: ____

____

____.

Quais são os valores que essas pessoas de sua rede de relacionamentos partilham na sociedade?

Resposta: ____

____

____.

Estados emocionais, crenças e comportamentos também são transferidos de pessoas para pessoas. Você precisa começar a andar com pessoas que se assemelham aos seus objetivos de vida. Comece a agir de forma estratégica.

Todos nós conhecemos a clássica frase: "Diga-me com quem andas, que te direi quem és".

Algumas dicas

- Fuja das redes que não somam resultados para sua vida. Isto vale também para grupos em aplicativos de celular que só trazem assuntos que não agregam, saia já! Não se deixe influenciar por coisas ruins;
- A decisão é sempre sua. Você é o responsável por suas escolhas e irá colher os resultados disso;
- Selecione as pessoas que entram em sua vida, não conviva com pessoas negativas, que só reclamam e aparentam estar sempre de mal com a vida;
- Busque sua evolução sempre. Seja a transformação que você busca nas pessoas.

"Mostrar-se interessado pela pessoa é mais atrativo do que mostrar-se interessante. " Reflita sobre isso. Demonstre interesse...dispa-se de vaidade, busque bagagem. É muito comum as pessoas se aproximarem de alguém pelo cargo que este ocupa, com algum interesse em mente e já chegarem falando que também atuam nesta mesma área, que são líderes no assunto, etc... em vez de perguntarem sobre projetos deste seguimento e tentarem agregar algo, trocarem experiências por exemplo.

Por fim, reflita mais uma vez: com quem você se relaciona?

Cap. 3 - Desequilíbrio entre vida profissional e pessoal

Você já se pegou perguntando na segunda-feira para onde foi o seu fim de semana? Passou por você e nem conseguiu aproveitá-lo direito. Conseguiu terminar o relatório, mas perdeu aquele passeio de bicicleta com a filha? Ou foi ao cinema com a esposa e não sobrou tempo de preparar a reunião com o chefe? Fique tranquilo, você não está sozinho. E eu também não tenho a fórmula mágica para aumentar nossas míseras 24 horas diárias...mas podemos fazer algumas adaptações em nosso cotidiano e acreditem, ter mais tempo para conciliar trabalho e família, mesmo estando neste mundo atribulado onde a concorrência está cada vez mais acirrada e nossa "tarefa de casa" aumenta a cada entrega de nossos resultados.

Primeira regra: organizar a agenda. Não tem agenda? Então esta sim será a primeira: criar uma. Você precisa passar para o papel todos os seus compromissos, quem sabe depois desta organização, seus afazeres não parecerão menores do que você os enxergava?

Aqui, vão algumas dicas para se alcançar um maior equilíbrio entre a vida privada e a social:

Vai de carro para o trabalho? Experimente trocar alguns dias da semana para ir de transporte público, por exemplo. Você poderá colocar a leitura em dia de um bom livro que está tentando terminar. Não tem como deixar o carro de lado? Coloque um áudio-book.

Mora próximo ao trabalho? Se você trocar de 2 a 3 dias na semana para ir trabalhar a pé ou de bicicleta, aquela academia que faz no período da noite deixando de curtir a família, já está resolvida!

Pode também arranjar uma carona, dividir o carro com colegas do trabalho. Além de economizarem no combustível, trocam ideias, ótimo para praticar Networking (assunto que veremos a seguir).

Esposa cobrando para fazerem as compras do mês? Tire um tempo para realizar isso on-line e na hora do supermercado surpreenda-a com um jantar a dois. Que tal? Depois me contem...

A rotina acelerada e desordenada acaba nos forçando a um desequilíbrio entre nosso profissional e o pessoal. Temos "N" coisas para realizarmos durante o dia, mas podemos nos ajudar escalonando tudo isso, dando preferência aos itens mais importantes pela manhã, onde estamos mais produtivos e com a cabeça "relativamente" descansada (tudo bem, forcei aqui, peço desculpas). Você é daqueles que já acorda nos 220v, ou nem dorme pensando nos afazeres do dia seguinte? Mas tente parar e idealizar o seguinte: hoje finalizarei isto, depois darei andamento naquilo...treine sua mente para que ela aja de acordo com as suas necessidades, e não extrapole de qualquer jeito suas tarefas. Seja organizado, acostume-se a seguir uma rotina. Quem sabe assim, amanhã não dará tempo de bater aquela bola com o filhão, e que está sendo adiada há tempos? E se amanhã também não der certo? Converse com seu filho, mostre que se preocupa com ele, que gostaria de estar mais presente...e que da próxima semana não passa! Pois o que passa é o tempo e daqui a pouco, quem poderá estar com a agenda lotada é o seu filho. Faça essa anotação na sua agenda...é um evento importante. Eu recomendo!

Malefícios de um esgotamento

Quando você é cobrado a todo instante, não conseguindo entregar sadiamente o que lhe foi confiado, tendo noites mal dormidas, sono atrasado, afazeres acumulados, chefe impaciente e salário que não paga tudo o que acha que lhe é devido, o corpo fala e o estresse chega.

O estresse pode interferir na sua produtividade de trabalho, na sua rotina em casa, como pai/mãe de família, enfim nos seus dois lados: emprego e família. Aí, a luz amarela acende! Tome cuidado, esteja atento e, se necessário, busque ajuda com profissionais capacitados para lhe ouvirem e lhe darem um norte a seguir. O estresse pode caminhar para uma depressão – não se envergonhe – esta é a doença do século. O que está em alta também – infelizmente - é a Síndrome de *Burnout*, traduzido do inglês "*burn*" que quer dizer queima e "*out*" exterior, é um estado de exaustão emocional, mental e física extrema, causado pelo estresse excessivo e repetitivo de um trabalho profissional, mas pasmem...essa síndrome já está sendo diagnosticada em mães!

Atente-se aos possíveis sintomas:

- Distúrbios do sono;
- Dores de Cabeça e musculares;
- Irritabilidade;
- Alteração de Humor;
- Falhas de memória;
- Dificuldade de concentração;
- Falta de apetite;
- Agressividade.

Se você acaba tendo jornada dupla, tripla ou mais e se identificou com os sintomas relacionados anteriormente, procure ajuda, cuide de você. Afinal, como diz aquela velha frase: "A vida não pode ser só trabalhar e pagar contas"; a vida é para ser vivida, é para se aproveitar o melhor dela, ter amizades, ter uma família, ter um trabalho – não só para se pagar contas – mas para bancar nossos sonhos e, principalmente - e para mim o mais valioso - os sonhos de quem amamos.

Cap. 4 - Networking

Antes de abordarmos mais detalhadamente o tema, reflita um pouco e responda às questões abaixo:

Você tem uma meta que dá frio na barriga só de pensar nela?

Resposta: ____________________

Você acredita que alcançará o seu maior sonho?

Resposta: ____________________

Você está profissionalmente satisfeito?

Resposta: ____________________

Você é próspero na área financeira?

Resposta: ____________________

Se o "não" predominou nas respostas do questionário acima, isso é um alerta de que você precisa mudar o rumo de suas atitudes na vida. O tema, ora abordado, tem o papel principal no filme de sua existência, não o deixe atuar como coadjuvante.

O relacionamento move tudo...seja dentro da família, com amigos, em sua comunidade, no meio empresarial e em toda a parte. É ele que torna tudo mais fácil.

Networking é quem conhece você e em quem você, concomitantemente, consiga emitir influência sobre ela, por meio de uma rica rede de contatos. Isso, em nada tem a ver com as pessoas que você apenas conhece... eu, por exemplo, conheço o ex-presidente dos Estados Unidos, Barack Hussein Obama, e ele... não faz a menor ideia de quem eu seja.

Por que fazer networking?

Fazemos Networking o tempo todo, com nossos familiares, líderes, liderados, clientes, fornecedores, amigos, colegas de trabalho, cônjuge, etc.

Ele permite criar um efeito de capilaridade que possibilita influenciar um número expressivo de pessoas e, se considerarmos que um indivíduo faz parte de também uma ou mais redes de relacionamentos, quando conseguimos fazer parte da rede de alguém, estaremos tendo acesso às ramificações dessas redes.

Cada vez mais, as pessoas e empresas têm acesso às mesmas informações, às mesmas oportunidades, sendo cada vez mais relevante a importância do relacionamento e, consequentemente, a reputação da pessoa ou empresa.

O Networking sempre existiu, o que jogou o holofote e trouxe o ar de novidade foi a tecnologia, que permite multiplicar consideravelmente a extensão da rede de relacionamentos, facilitando, e muito, a comunicação.

Ele é essencial para sua vida pessoal, e em especial para a profissional, se equiparado a um investimento de longo prazo, onde se poupa um pouco por mês para usufruir dos resultados lá na frente.

Hoje, em torno de 80% das vagas de emprego são preenchidas por meio das redes de relacionamentos, boa parte do que você sabe veio por meio delas, assim como as pessoas que você conhece.

Pense: Quantos negócio você fez na vida porque alguém, próximo a você, o indicou para a outra pessoa? Quantas oportunidades você obteve pelo Networking?

Foi assim que você se conectou a clientes, empresas, fornecedores, sócios, chefes. Um bom Networking contribui ativamente para sua visibilidade, promovendo sua credibilidade.

Use o Networking com ética! E aqui, a ética está em não usar as pessoas, pelo contrário, está em ter atenção, compromisso, respeito, honestidade, hombridade. É trocar conhecimentos e influências sem manipular a outra parte. Fuja dos bajuladores.

É necessário lembrarmos, neste capítulo, de algo muito importante: que tudo fala sobre você! Suas roupas, seu cabelo, sua barba, sua fala, seus óculos, seu carro. Cuidado com o seu exterior, sua imagem chegará – sempre - antes de você.

Seja eficiente, Networking sem resultado não se sustenta. Você precisa ser você! Mentir dá trabalho e trabalho dobrado, e você vai quebrar a cara.

Como fazer networking

Não caia na armadilha de fazer Networking apenas no momento da necessidade. Ligar para um ex-colega da faculdade, que você não vê e não conversa há tempos, pedindo emprego, com certeza será uma tremenda "bola fora";

VEJA ALGUMAS DICAS:

- Fique visível. Mostre suas boas características. Faça diferente e encante a outra parte com sinceridade;
- Fortaleça seu nome sempre, ele é sua "logomarca". Faça com que as pessoas se lembrem dele;
- Todo mundo gosta de ser chamado pelo nome. Esforce-se para lembrar o nome das pessoas e dirigir-se a elas dessa forma pessoal;
- Foque nas pessoas que estão interagindo com você;
- Comunicação é fundamental. Converse com as pessoas, interaja. As informações que você troca ao longo de sua existência, enriquece a pessoa que você é;
- Interesse-se por gente. As pessoas percebem quando você está genuinamente interessado nelas, de forma natural;
- Encontre o ponto de ligação com a pessoa e conecte-se. Tudo é motivo para iniciar uma conversa, desde um time de futebol, uma música, questões de economia, atualidades...aqui, a magia é encontrar a conexão com a outra pessoa;
- Saiba ouvir. Este é o pano de fundo de seu relacionamento, é ele que gera um interesse verdadeiro e uma proximidade. É isso que gera uma reciprocidade no Networking;
- Elogie a outra parte de forma sincera. Não seja pegajoso ou puxa-saco, as pessoas sábias fogem de gente assim. Não subestime as pessoas, ninguém quer ser enganado e manipulado. Declare suas intenções desde o início. Não constranja a outra parte;
- Seja diplomático e gere gentileza. Respeite opiniões adversas das suas. O mundo não evolui com pensamentos iguais;

- Tenha zelo pelo tempo alheio. Pavimente a relação com conversas agradáveis, respeitando o bem mais valioso dos últimos tempos: o tempo;
- Busque ser você mesmo. Crie seus próprios meios de comunicação, personalize. Fique longe do que não é autêntico;
- Faça a diferença! Seja um recurso para a outra parte, tendo valor a oferecer;
- Faça o bem às pessoas. O bem gera o bem. O que você emana para o Universo, ele retribui para você. Boas ações retornam com pessoas, fatos, ações que irão elevar seu Networking;
- Seja diferente em seus atos. Surpreenda! Seja recíproco e esteja disponível;
- Admire as pessoas eficientes. Os fortes admiram os fortes;
- Seja uma pessoa agradável, onde os demais façam questão de estar com você e não tenham que lhe suportar por obrigação. Possua leveza em suas ações. Tenha humor. Não leve a vida tão a sério, você não sairá vivo dela!

Networking é um modo de ser. Faz parte da sua vida, quer você queira ou não.

Networking killers

Evite as pessoas negativas! Elas sempre têm um problema para cada solução. Essas pessoas mostram o lado negativo da vida e irão lhe tornar negativo também. Há uma diferença tênue de quem está numa fase negativa para quem já é negativo e não faz esforço algum para mudar.

Saiba identificar estes sugadores. Veja as principais frases utilizadas por eles:

- Você sabe com quem está falando?;
- Você não está me entendendo;
- Você não irá conseguir;
- Ah... Isto já foi tentado anteriormente;
- Se eu não fizer negócios com você, faço com seu concorrente;
- Deixe-me dizer o que você deve fazer;

- Não se envolva tanto, ninguém dá valor mesmo;
- Sou sua única opção;
- Todo mundo faz assim;
- Eu gostava muito do seu antecessor;
- Isto dá muito trabalho para fazer;
- Aqui, ninguém reconhece o que você faz;
- Eu sou muito amigo do seu chefe;
- Você está velho demais para começar isso.

Redes sociais como ferramenta de networking

O mundo está cada vez mais conectado e acredite, isso não tem volta. Ter uma presença digital planejada e estratégica, bem estruturada nas redes sociais, irá criar canais de comunicação que lhe proporcionarão a possibilidade de conexões com um número ilimitado de pessoas. Uma vez conectado, é hora de começar a cultivar o relacionamento.

O número de redes sociais aumenta dia a dia com as mais diversas finalidades, desde de redes de entretenimento, passando por redes de informações, redes de relacionamentos profissionais, entre outras.

O movimento de Networking inicia justamente do relacionamento que se cria dentro dessas redes, onde você permite se tornar acessível aos contatos criando novos relacionamentos. A partir deste momento, a pessoa passa a ter uma exposição constante, apresentando conteúdos, participando de fóruns, de debates ou simplesmente compartilhando uma foto.

Fique atento ao que você segue, publica e curte. Não caia na armadilha de falar mal e fazer fofoca do chefe, da sogra, da empresa, dos concorrentes. A essência do Networking é vivê-lo o tempo todo e em todos os lugares.

O Networking criado nas redes sociais deve evoluir e servir de meio para proporcionar o relacionamento pessoal, o local onde a essência do relacionamento se perpetua e gera frutos, como concretização de vendas, uma contratação para vaga de emprego e até casamentos.

O "pulo do gato" no bom Networking nas mídias sociais está em justamente dar prosseguimento aos contatos iniciados nessas redes, gerando oportunidades de relacionamento pessoal, como participação em congressos, workshops, palestras, entre outros.

E é justamente com esta finalidade que o Networking nas redes sociais deve ser analisado, dentro do seu planejamento de participação e presença nas mais variadas mídias sociais, utilizando desta importante ferramenta para ampliar sua rede de contatos.

Pense nisso!

Eu quero propor um exercício que, ao final, fará você refletir sobre quais os comportamentos que deverá evitar ou persistir em sua vida.

Permita-se registrar aqui as informações que julgar importantes sobre seu comportamento e fatos que tenham fomentado e/ou também atrapalhado a formação de sua rede de relacionamento. Este espaço é seu!

Pontos positivos: ______________________________

____

____

____

Pontos negativos: ______________________________

____

____

____

Quais os desafios atualmente enfrentados em minhas relações interpessoais?

Resposta: ______________________________

____

____

____

O que hoje me impede de ser realizado profissionalmente? E o que me distancia do meu maior sonho?

Resposta: ____

____

____

____

Como reajo quando recebo um feedback negativo em meus relacionamentos?

Resposta: ____

____

____

____

Cap. 5 - Marketing pessoal

Você é sua marca! Valorize isso.

Este capítulo poderia ser resumido pela seguinte frase: "Tão importante quanto o saber, é demonstrar que você sabe". Mas o assunto é tão necessário, que discorrerei mais sobre o tema.

Quando falamos em Marketing, classificamos este termo como sendo a arte de criar e demonstrar valores de um produto, de um nome, de uma empresa. Neste caso, falamos de Marketing Pessoal, onde a empresa a ganhar promoção é você!

Mesmo que estejamos insatisfeitos com o nosso atual emprego, não perdê-lo acaba sendo uma de nossas maiores preocupações. E o que fazer para mudarmos este cenário? Se não podemos nos arriscar e deixarmos este emprego, temos que tentar mantê-lo enquanto nos esforçamos para conseguir oportunidade melhor. Como? Anunciando a nós mesmos! Como? Por meio do Marketing Pessoal.

Reflita por dois minutos: Como você se venderia? Seja franco...sem meias verdades. Você realmente sabe sobre você? Sabe enaltecer seus pontos fortes? Vamos lá...comece por tempos anteriores, formações, cursos, experiências, certificados, viagens (...). Isso mesmo, o seu currículo! E estas serão as peças-chave do seu anúncio.

Com tudo isso esquematizado, permita-se agora pensar no futuro.

Defina seu Plano de Ação, sua meta – essa será sua Estratégia de Marketing Pessoal e será usada em benefício da sua própria carreira.

Todos, ou ao menos a maioria de nós, estamos em busca de um salário mais alto, uma qualidade de vida melhor, uma carreira mais próspera. E quando se tem filhos, então? Mas se ficarmos inertes, estagnados, não alcançaremos um objetivo sequer.

Mexa-se!
Mostre-se!
Venda-se!

Por mais estranho que seja refletirmos sobre esta última frase, é isso o que fazemos o tempo todo, ou pelo menos tentamos. Mas aqui, neste capítulo, você saberá como reestruturar toda essa mecânica e chegar ao sucesso almejado:

1. Do ponto de partida que se encontra hoje, onde deseja chegar?;
2. Defina seu público alvo;
3. O que você pode fazer para se especializar mais?;
4. Algum empecilho já o distanciou de algum sonho? Gostaria de rever este projeto? Onde pode ter errado?;
5. Seja o líder da sua carreira. Faça seu trabalho, mas tenha criações suas, feitos que tenham sua assinatura, sua cara. Tenha iniciativa e acabe por influenciar os demais. Faça-se ser notado, não de modo pejorativo nem tão pouco forçado, gritando aos quatro ventos o que já tenha feito, ou o que já liderou, acabando por se gabar de tudo isso, mas sim, trace estratégias que melhorem, por exemplo, a dinâmica de seu grupo de trabalho. Reuniões extensivas demais e que não chegam a um consenso acabam sendo uma perda de tempo, tente usar esse tempo em prol de um resultado específico, produtivo; ou também se você entende de números, pode tentar gerar uma economia, no fim do mês, com a redução de algo muito oneroso, ou até mesmo o fim de algo supérfluo.
6. Transmita confiança! Você se conhece, mas se não conseguir passar isso de forma clara, de nada adiantará. Medo de falar em público? Isso pode ser trabalhado com inúmeras opções que a própria internet disponibiliza. É tímido? Já tentou mudar e não obteve êxito? Mostre suas habilidades e não suas limitações. Quem sabe com mais segurança em si mesmo, isso não fique no passado?
7. Valorize-se! Destaque seus melhores pontos, suas maiores habilidades e como já citado no começo: tão importante quanto saber, é demonstrar que se sabe!
8. Cuide do seu exterior. Ele é seu cartão de visita.

Ser notado é bom.
Ser lembrado é muito bom.
Ser requisitado é melhor ainda.

Agora sim, unimos o útil ao agradável, ou seja, o Marketing Pessoal com o Networking, tão necessários para sua vida social, abrindo portas para o novo... novos relacionamentos, novos contatos, novas parcerias, novos públicos, novos seguidores do seu trabalho, novos admiradores de quem você é, do seu empenho, enfim, do seu desenvolvimento.

Válvula de escape

Estamos por terminar este capítulo, passamos por vários temas, situações, algumas dicas, mas creio que isso não tenha fim, há muito ainda que se falar em Networking, Marketing Pessoal, relação entre pessoas.

Mas agora lanço uma pergunta: Para você aguentar firme e forte e dar conta de tudo isso e mais um pouco, o que lhe renovam as energias? Qual tua válvula de escape?

Entendemos claramente a importância de tudo que envolve o mundo corporativo, mas sabermos usufruir da nossa vida social é a cereja do bolo. É ela que nos renova e nos deixa prontos para encararmos o próximo dia. A vida é competitiva - não vou passar a mão na sua cabeça...peço desculpas - para enfrentar o mundo lá fora tem que ter coragem, iniciativa, garra, mas também é preciso que tomemos fôlego.

Ir à luta todos os dias - ou quase todos - cansa, mas não podemos parar, você sabe! Os dias que temos de folga, finais de semana, feriado, férias, devem ser como combustível para tudo aquilo que nos suga a energia. Precisamos ser renovados, somos seres humanos e precisamos de recompensas. Aproveitar a família, contemplar o sol, curtir o barulhinho da chuva, enaltecer o silêncio, dormir até mais tarde porque amanhã não tem que levantar tão cedo, organizar seus sonhos...ou até arrumar as gavetas, armários, desapegar-se, fazer doações, praticar o altruísmo. Passe uma tarde vendo fotos, chame a criançada, mate a saudade, dê boas risadas... crie você mesmo a sua diversão, o seu merecido descanso, aproveite, isso não tem preço!

Enfim, tudo isso se torna uma via de mão dupla. Quanto mais buscamos melhoria e nos doamos à vida profissional, mais valor temos que dar aos bons momentos encontrados na Vida Social.

Mensagem do autor

Por fim, eu lhe desejo boa sorte! Tentei passar um pouco da minha vivência, mas também muito do meu anseio. Espero que por meio desta leitura você seja o seu melhor produto de venda e acredite no seu potencial, projete suas melhorias, insista (e se der, invista) no seu frequente aperfeiçoamento, aposte em você, mentalize o sucesso, não desista no primeiro obstáculo, nem no décimo, nem no vigésimo, nunca! Invista em seus relacionamentos, no seu Networking como se fosse um produto ativo, com o mesmo cuidado e mesma dedicação que você investe em outras áreas da sua vida social, como em suas finanças e desenvolvimento pessoal. Persevere, desfaça-se de rótulos, demonstre competências, habilidades, estude para isso, corra atrás. Isso vale tanto para a vida profissional como para a pessoal, e se elas andarem juntas, já o vejo na linha de chegada! Forte abraço!!!

CRIATIVIDADE, HOBBIES E DIVERSÃO

BÁRBARA **LINS**

Criatividade, Hobbies e Diversão
@babilins

Sobre a Autora:

- Formada em Jornalismo pela Universidade de Brasília, UnB, onde também fez Mestrado em Turismo.

- Fundadora do Blog Descobertas Bárbaras

- Repórter da Rede Globo, com passagem pelas redações da BandNews, TV Câmara e Jornal Planalto Central.

- Treinamento nas áreas de novas mídias, comunicação, sustentabllidade e empreendedorismo.

- www.descobertasbarbaras.com.br

Missão: Minha missão é compartilhar o que torna a vida mais simples, equilibrada e divertida. Resumindo: Menos coisas e mais experiências.

Cap. 1 - Um pouco sobre mim:

"Menina, você é doida?" "Meu Deus, que loucura!" " Babi, sua doidinha" "Tem juízo não, essa menina" "É a Bárbara, né?"

Nos últimos anos tenho ouvido muito isso. E toda vez que ouço, tenho a certeza que tô no caminho certo. Um caminho que tem tomado mais forma desde 2015, quando eu decidi começar a me jogar. Literalmente em alguns casos.

Estava começando o meu retorno de Saturno. Para quem não sabe, segundo a astrologia, é um período da nossa vida que muda muita coisa. Acontece ali entre 28 e 32 anos. Mas não é assim, tipo uma fada madrinha que trisca uma varinha de condão no seu nariz e olha quanta belezura. Não... É uma onda daquelas gigantes que te sacode com aqueles caixotes gigantesco, que você fica sem ar, parece que está numa máquina de lavar. Até ela te cuspir para praia, todo arranhado, com o biquíni cheio de areia e água salgada no cérebro. É mais ou menos isso.

E assim foi o meu. Tudo de uma vez! Terminei um noivado, tinha desistido do mestrado, voltei a engordar, mudei de casa, não conseguia botar meus projetos para funcionar, estava distante de amigos e família, fiquei sem dirigir. Tava o caos na terra. Na minha terra. Mas hoje vejo o quanto isso foi importante para sair da zona de conforto.

Graças a esse maremoto que passou na minha vida, comecei a buscar o que realmente me faz bem. A me perguntar o que eu queria da vida? O que me faz feliz? O que eu quero e devo fazer? Qual o meu propósito? Quem realmente sou eu? Eu estava levando a vida no automático, tentando me enquadrar em papéis que não fui eu quem escolheu. Parei de deixar a vida me levar e comecei a mudar muita coisa.

Ainda não respondi todas essas perguntas aí, mas a jornada tem sido bem interessante! Descobri nos últimos anos pessoas lindas, experiências incríveis, novas formas de me relacionar, de me alimentar, de viajar, de me encontrar, de amar, de consumir. Cada coisa mais maravilhosa do que a outra!

E quero passar os próximos anos ouvindo cada vez mais o quanto eu sou louca! Porque todas as ações que fiz para merecer ouvir isso foram as que mais me fizeram felizes e das quais eu nunca me arrependi. E quero dividir isso, afinal: o que é bom fica ainda melhor quando é compartilhado!

E como diria o Renato Russo em uma das minhas músicas prediletas, "E aos vinte e nove, com o retorno de Saturno, decidi começar a viver".

Simplificando a criatividade

No fim de 2018, fiz um curso de empreendedorismo. Logo na primeira aula, um dos professores me deu um conceito simplificado de Criatividade. Explicou que criatividade nada mais é do que o resultado de conectar pontos dentro das suas experiências para resolver um problema. O conselho era aumentar nosso repertório, bagagem de vida e experiências para que pudéssemos deslanchar nossa criatividade.

O interessante é que não precisava ser algo muito grandioso, revolucionário ou bizarro. A gente não precisava sair da caixa de uma vez, mas poderíamos ir ampliando nossa zona de conforto aos pouquinhos. Desde que de forma constante.

Voltei pra casa com isso na cabeça, pensando no que eu faria pra dar uma esticada na minha zona de conforto. Então, tive a ideia de me desafiar todo dia a fazer algo diferente até o fim do curso, por mais simples que fosse.

Decidi ainda que minha jornada começaria naquele dia mesmo. O único problema é que era onze da noite e precisava acordar às 4h para trabalhar. Eu não tinha tempo para inventar nada elaborado, só tinha que correr pra cama. Ora... então por que não dormir diferente?

Sentei na cama e fiz minha primeira micromudança. Peguei o travesseiro joguei para onde coloco meu pé e a coberta foi pra cabeceira. Iria dormir do lado contrário da cama.

Pensei que não seria nada demais, mas foi mega estranho. Eu me sentia muito deslocada. Perdi meu eixo. Era curioso ver meu quarto de outro ângulo. O que diabos aqueles livros estavam fazendo atrás da escrivaninha?

Passei a noite me revirando. Pior ainda foi de manhã. Assim que o despertador tocou, meu corpo automaticamente virou para o lado que foi condicionado a virar nos últimos anos. Fiquei tateando o ar em busca no meu celular na cômoda durante alguns segundos até me tocar da besteira que estava fazendo.

Na minha primeira experiência, já sabia que aquilo ia ser, pelo menos, divertido.

Nos dias seguintes continuei fazendo coisas pequenas que nunca tinha tentado antes, como tomar banho ao som de música tradicional sul-africana, pintar a unha de preto, ouvir podcast de gamers, ir para o cinema sozinha num sábado à noite rodeada de casaizinhos, ir pra balada sem nenhuma produção, mudar o caminho de volta pra casa.

Depois fui ganhando confiança e tomando medidas não tão "micro", como publicar, no meu blog e redes sociais, conteúdos mais intimistas que expõe minha vulnerabilidade, tocar tambor e pandeiro numa roda de samba sem nunca ter tocado nada na vida, inventar uma receita de panqueca envolvendo hommus e ovo caipira (não dá certo, já aviso), criar um drink malucão com vinho, suco de uva, chá de gengibre e especiarias (esse eu podia patentear de tão bom).

Por mais estranho que pareça, entrou nesta lista não fazer nada. Eu sou das pessoas pilhadas, que acham que dormir é perder tempo, que querem eficiência, que estão sempre procurando algo pra fazer. Em um dos dias não fiz nada. Deliberadamente nada. Foi libertador!

Essas pequenas mudanças, foram me animando e decidi então fazer algumas coisas mais elaboradas. Mandar um e-mail para o chefe pedindo ajuda num projeto da firma, gravar vídeos para um projeto pessoal que estava engavetado, falar com meus familiares um assunto mais delicado que eu estava enrolando há um bom tempo, fugir dos tubinhos pretos que vestia em toda festa de fim de ano da firma. Fui de calça estampada de semente de guaraná! Nunca usaria isso na vida.

Todas essas iniciativas tiveram resultados muitos bacanas. E aos poucos veio se consolidando em mim uma confiança que só tinha experimentado em alguns momentos específicos da minha vida.

Me aproveitei dela para tomar medidas mais ousadinhas. Estava cuidando de um quadro especial no trabalho e me veio a ideia de fazer algo meio maluco. Com essa confiança e coragem, fiz algo que estava protelando há muito tempo. Consegui engajar várias pessoas de diferentes departamentos numa meta audaciosa.

Não foi fácil. Erramos várias vezes, tivemos que aprender como fazer, nos viramos com os recursos que tínhamos, mas no finalzinho do segundo tempo, conseguimos entregar um produto novo para TV que deu orgulho para todo mundo e ganhou destaque em outras regionais.

A vida inteira quis fazer mega projetos, mega mudanças, grandes revoluções, mas o que tenho aprendido é que é com ações pequenas, mas constantes, que a gente chega lá!

(Ah! E se vocês querem saber se estou mais criativa, semana passada, uma das editoras mais exigentes me olhou depois de ler meu texto e disse: "você tá bem mais saidinha, né? ". Achei um bom sinal!)

Integridade

As micro mudanças diárias que apliquei na minha vida foram a cereja do bolo de uma receita que já estou testando há um bom tempo. Há pelo menos 5 anos, tenho buscado mudar de vida, adquirir novos hábitos e mudar padrões.

Entendia que a minha transformação viria como um raio. Me iluminaria e mostraria exatamente o que sou e o que tenho que fazer para meu autodesenvolvimento. Só que cansei de esperar esse raio. Na verdade, cansei de tudo, inclusive de mim.

Um dia, fui invadida por uma ideia: "precisava tirar férias de mim". Foi há uns seis anos. Naquela época, comecei uma série de viagens. Subi o Monte Roraima, na Venezuela; aprendi a surfar em Maresias, São Paulo; fiquei com Hare Krishnas em Paraty, Rio de Janeiro; andei pelo Deserto do Saara; cruzei a Espanha a pé...

Tudo isso porque eu queria me deixar. Me esquecer em algum canto da casa ou do trabalho. Eu precisava ir sem nada, inclusive companhias que me lembrariam quem sou eu. Ir completamente livre.

E foi nessas viagens malucas, que aprendi a me perder. Perder o que não era minha essência, mas que eu insistia em carregar. Perder medos, perder neuras, perder o passado e o futuro para me fixar no presente.

Um dos aprendizados mais fortes que tive é que tinha que tirar tempo para mim, para me amar, pra me curtir, pra fazer o que me traz prazer, para colecionar experiências. Para compartilhar o que aprendi nesta jornada, eu criei um blog onde divido uma forma mais divertida, equilibrada e saudável de viver.

Foi minha forma também de divulgar e difundir a importância do tempo ocioso, da diversão, de exercer sua criatividade, de reunir experiências e ter hobbies.

Muitos já vieram me questionar porque estudo tanto sobre tais assuntos. Eles argumentam que com tantos problemas maiores que podem tirar o sono de uma pessoa, como questões financeiras, familiares e no ambiente de trabalho porque gastar tanto tempo incentivando as pessoas a se dedicarem a um hobby, a viver outras experiências.

Eu sempre respondo que foi por meio dessas vivências diferentes, das minhas viagens e dos meus hobbies, que consegui sair de problemas profissionais, financeiros e de relacionamentos pessoais.

Entender que somos seres íntegros, no sentido de que está tudo ligado, é o primordial deste livro. Pretendo mostrar aqui como é prejudicial tratar tal setor da sua vida como algo secundário. Esse é um dos maiores erros que você pode cometer.

Por isso, eu gostaria de te perguntar:

- Você tira um tempo regulamente para se divertir, brincar ou se aventurar?
- Você sabe quais atividade te renovam e te fazem se sentir vivo? Você dedica tempo a tais atividades?
- Você abre espaço na sua agenda para relaxar ou curtir a si mesmo e aos outros que ama?
- Você consegue criar diversão para si e para os outros?

A importância da diversão e da criatividade

Nós já adiantamos aqui que a criatividade é a soma de suas experiências. Quanto mais coisas você souber, viver e tiver acesso, mais elementos você vai ter para conectar na sua mente e achar uma solução para variados problemas.

Uma autora que corrobora com este pensamento é Tina Sellig, professora de inovação de Stanford. Em seus textos e palestras, ela lembra que conhecimento é a base para criatividade e inovação. Conhecimento é a caixa de ferramenta para você criar.

Em seu livro *Ingenius*, a autora criou o que ela chamou de Motor da Inovação, composto por seis elementos. Além do conhecimento, temos imaginação e atitude como fatores internos. Como fatores que fogem ao nosso controle estão o ambiente, a cultura e os recursos disponíveis.

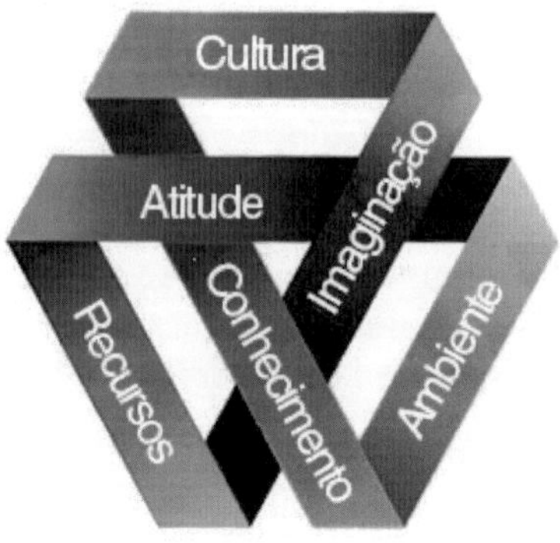

Innovation Engine: Tina Seelig: Professor of the Practice, Management, Science and Engineering: Stanford University

A professora mostra ainda que esses fatores estão relacionados e se retroalimentam. O ambiente é uma manifestação da imaginação e a imaginação é estimulada pelo ambiente. Enquanto isso, a cultura é definida pelo conjunto de atitudes das pessoas e as atitudes das pessoas são influenciadas pela cultura. Já os recursos ajudam e incentivam à aquisição de conhecimento e o conhecimento possibilita o acesso a novos recursos.

E o conhecimento aqui, vale frisar, não é só sobre a área que você trabalha ou quer trabalhar. O ideal é ter uma gama de conhecimentos que não têm nada a ver com o campo com o qual você atua profissionalmente. Aí entra a importância dos hobbies e da diversão.

Ter um hobby enriquece nossas vidas, nos permite ter momentos de prazer e relaxamento. E o mundo está cheio de atividades que você pode explorar. É só ver a internet cheia de sites dedicados aos mais variados hobbies. E como veremos ao longo deste capítulo, ter momentos para se dedicar a algo prazeroso para você traz inúmeras vantagens.

Te tornar mais interessante.

Pessoas que têm hobbies, têm experiências e histórias que podem compartilhar com outras. As pessoas mais interessantes que conheci tinham paixões e hobbies bem fora do comum, diga-se de passagem. Elas abriram meus horizontes para mundos antes completamente desconhecidos para mim, como games, música eletrônica, gibis, agroecologia, astrologia, finanças.

Alivia seu stress.

Só vale ter hobbie que te faça feliz, logo quando você se engaja com uma atividade que foge das suas obrigações, você relaxa. Vamos discutir mais a frente a importância de ter atividades diferentes do seu trabalho, por mais que sua profissão te faça a pessoa mais feliz do Universo.

Te tornam mais paciente.

Na missão de desenvolver uma atividade diferente, você precisará ter paciência. Ninguém aprende a tocar um instrumento, a fotografar, a jogar bem poker ou subir montanhas de bicicleta da noite pro dia. Para se desenvolver no que gosta, você precisa ter calma e aumentar a resiliência a fracassos. Difícil, né?

Pode bombar sua vida social.

Quando eu inventei de andar de bicicleta, acabei descobrindo centenas de pessoas que nunca conheceria de outra forma. Eram militares, atletas, mães de família que eu encontrava nos passeios ciclísticos sempre e que acabaram me convidando para as mais inúmeras atividades. E isso acontece com outras atividades, como clubes de leituras, torneios de futebol, turmas de jogatina.

Te desafia.

Quando você escolhe um novo hábito, se envolve com desafios para aprender algo do zero. Você se sentirá muito mais engajado e terá mais prazer se seu hobby for desafiador.

Além disso, essas experiências podem ser aliadas para aumentar sua autoestima e confiança, te tiram de momentos entediantes, te fazem desenvolver novas habilidades, aumentam seu conhecimento, te oferecem uma nova perspectiva de vida e podem te tirar de hábitos ruins, que te fazem perder tempo.

Achei boas razões, né? Agora pense aí. **Desses itens, o que mais te motiva a encaixar na sua vida momentos para hobbies e diversão?**

Tente anotar tudo isso aqui. É uma forma de reforçar e de se convencer de que esse item é sim mega importante para fazer sua Roda da Vida girar.

Resposta: ____

____

____

____

____.

Cap. 2 - Elogio ao ócio

Bertran Russell, um dos autores mais primorosos e premiados do mundo, escreveu na década de 30 o livro *Elogio ao Ócio*. Naquela época ele já alegava que nossa jornada de trabalho deveria ser de quatro horas diárias.

O autor lembra que a ideia de que todos, incluindo trabalhadores e pobres, devem ter direito ao lazer sempre chocou a parte mais rica da sociedade. Para gente ter uma ideia, no século XIX, a jornada de trabalho de um homem tinha quinze horas de duração na Europa. Quando tentaram reduzir esse tempo, alegavam que os trabalhadores teriam mais tempo para se envolver com álcool e drogas.

Essa afirmação não é nada diferente do discurso das nossas avós "cabeça vazia oficina do Diabo". Acontece que Bertran pregava o contrário. Ele acreditava que:

"Homens e mulheres comuns, tendo a oportunidade de uma vida feliz, se tornarão mais gentis, menos persecutórios e menos inclinados a ver os outros com desconfiança. O gosto pela guerra desaparecerá, parcialmente por esta razão, e parcialmente porque ele envolverá trabalho longo e severo para todos. A boa índole é, de todas as qualidades, a que o mundo mais precisa, e boa índole é o resultado de segurança e bem-estar, não de uma vida de árdua luta."

Essa tomada de poder, para si mesmo, do seu tempo é algo revolucionário. Em quase todos os livros sobre distopia que li, até nosso tempo livre era tomado pelo sistema para servir a um determinado propósito. Como se a gente estivesse dentro de uma engrenagem, onde se divertir de determinado jeito passasse a ser uma obrigação.

Quantas pessoas eu conheci que detestam praia, areia, água salgada e estão todo feriado prolongado no litoral tirando fotos com hashtags #praiana #feriassualinda #relax para postar no instagram? E essas férias têm que ser perfeitas, com fotos incríveis.

Quando vemos essa turma voltar de férias estão mais irritados do que quando saíram. Isso porque até as férias se tornaram obrigação. Tirar férias para ficar em casa é quase um crime! Com isso, encontramos gente neurótica, fazendo gráficos e planilhas para seu tempo livre. Garantindo que vão passar por todos os lugares que o guia destacou ou a blogueirinha da moda indicou.

Se algo sai errado, essas pessoas piram. Nada pode sair diferente da tabela de excel ou dos *bullet points* do word onde eles organizaram tudo. Essas pessoas vão preparadas para encontrar o que já viram. Sem grandes surpresas. Sem descobertas. Sem autenticidade.

Em 2017 eu quase pirei exatamente por isso. Cismei que minhas férias tinham que ser perfeitas e que eu tinha que fazer tudo que os guias indicavam. Na metade do mês, percebi que estava morta de cansaço. Tão pilhada quanto quando comecei. Enchi meus dias de atividades, queria aproveitar cada segundo.

Afinal, os primeiros 15 dias na Irlanda e em Londres seriam com sol!!! Sol!!! Minha lista do "tenho que..." era enorme. Aulas, trilhas, passeios, pubs, saídas com amigos... fora atualizar o meu blog o tempo todo.

Meu iPhone me mostrou que neste período andei em média 12 quilômetros por dia. Um dos dias chegou a 19! Quase a mesma distância que eu fazia no Caminho de Santiago de Compostela.

Que doideira era aquela? Transformei minhas férias num trabalho também. Seguindo a mesma lógica de eficiência! Tinha que usar todos os minutinhos!!!

Lembrei do Palomar, personagem do livro de Italo Calvino, que decidiu ir à praia para relaxar, mas a única coisa que conseguia fazer lá era tentar analisar o mar. Ao invés de desfrutar com calma tudo aquilo, ficava tentando achar uma ordem, uma lógica na sequência de ondas. Como não conseguia, ficava ainda mais tenso do que quando chegou.

Mudei de cidade, país e continente, mas continuava no modo operária. É como o coreano Byung-chul Han, autor do livro *Sociedade do Cansaço*, diz: levamos a eficiência para todas as esferas da nossa vida. E o pior: nós somos nossos próprios carrascos, nos cobrando o tempo todo ações e resultados numa relação de autoexploração.

E era isso que estava acontecendo comigo. Ninguém, a não seu eu mesma, estava me cobrando fazer o máximo de coisas no menor espaço de tempo possível.

No meio da viagem mudei tudo! Reservei uma casinha num vilarejo no meio do nada na Itália! Foram quatro dias Sob o Sol da Toscana, como descreveu Frances Mayes. Sem plano algum. Nada de programação, guia, *bus tour* (que eu odeio mesmo), restaurante recomendado, sem ter que visitar os "9 lugares imperdíveis na Itália". Sinto muito, perdi.

Aliás... me perder se tornou minha especialidade. E, quer saber? Senti muito o caramba! Sentia que a partir do momento que entrei no carro, fugindo das autopistas, me embrenhado entre vilarejos sem planos é que, finalmente, entrei de férias.

Na época, fui com meu namorado e foi impressionante, como esse tempo de pausa pra gente foi importante. O ócio a dois reforça os laços de cumplicidade. Existe diálogo no silêncio. Foi importante trazer para o relacionamento um tempo longe das obrigações do trabalho ou das regras do local onde vivemos.

E você? Pense na última vez em que você tirou um tempo livre para se divertir com seu companheiro(a), seja namorado(a) ou marido(a). Se não tiver parceiro, pense em qual a última vez que dedicou tempo livre para seu filho, amigos mais próximos, seus pais ou irmãos.

Imagine como seria tirar um fim de semana para se divertir com eles. Como seria? O que vocês fariam? Pra onde gostariam de ir?

Que tal colocar um tempo para diversão compartilhada na agenda?

Aqui e agora

Agora que vimos a importância desse tempo de diversão, quero mostrar como colocar isso na sua agenda. Porque dá sim. A desculpa de quase todo mundo para não dedicar um tempo pra se divertir é:

- Ah, mais eu trabalho demais.

Ou então:

- Ah! Eu não tenho dinheiro.

Saiba que você não precisa ir pro outro lado do mundo para ter diversão e nem gastar uma fortuna. Um estudo da Universidade de Stanford mostra que existe uma associação direta entre uma simples caminhada e o desenvolvimento de novas ideias. É uma caminhada simples mesmo... Não precisa fazer o caminho de Santiago de Compostela para ter os benefícios de sair da rotina com o andar.

O estudo feito pelos pesquisadores Marily Oppezzo e Daniel Schawrtz conclui que mesmo uma caminhada curta, ajuda a pensar mais rápido e a aumentar a criatividade. Na pesquisa, a produção criativa dos participantes analisados chegou a aumentar 60% em relação aos que ficaram sentados.

Os pesquisadores reuniram 176 estudantes para fazer testes que medem a criatividade. Alguns estavam sentados e outros andando. O aumento de criatividade veio depois de apenas oito minutos de caminhada! Não custou nada e não tomou muito tempo.

Sempre fiz isso e é batata! Esse hábito me ajuda a clarear as ideias, a encontrar soluções que antes eu não estava vendo, a arejar o pensamento. Quando eu travo na hora de montar uma palestra, de escrever um post novo para o blog ou de decorar um texto pra entrar ao vivo na TV, eu começo a andar. É algo automático, levanto e saio andando sem rumo até que tudo volte ou encontre seu lugar.

Tem vez que mesmo às dez da noite, saio da cadeira, calço meu tênis e começo a andar pela cidade. E realmente não precisa ser uma caminhada longa não. Na maioria das vezes nem é. Mesmo se eu estiver com alguém. Eu simplesmente digo "peraí, preciso pensar" e me ponho a andar.

E existem outras inúmeras opções. Você pode descobrir, mesmo em momentos simples, formas de se divertir, de relaxar. E o fato de não ter grana pode ser, inclusive, a tônica dos seus hobbies. Uma das blogueiras que sigo no instagram tem como hobby se desafiar a cozinhar comida vegana saudável, gostosa e bonita com 50 reais por semana.

Outro exemplo é a jardinagem. Cuidar das plantas da sua casa ou bairro não exige muito. Um dos meus melhores amigos tem como passatempo reflorestar a região onde ele mora. É muito bonito ver ele passando os fins de semana abrindo berços pras mudinhas que ele mesmo faz, catando sementes no Cerrado e trocando mudas com colegas que têm a mesma paixão.

Outro exemplo que gosto de dar é o do meu priminho Davi. No aniversário de cinco anos dele, dei de presente um dia de vários passeios. Separei uma grana boa e fomos a vários lugares. Shopping, brinquedotecas, parque de diversões. No meio do caminho me questionei: o que será que ele nunca fez? Me veio à cabeça: andar de metrô. Aqui em Brasília não é algo comum. A linha não atende muitas cidades e nossa família só costuma se deslocar de carro mesmo.

Perguntei então pra ele se ele queria andar de metrô. Ele disse que sim e nós fomos. Deixei o carro no estacionamento, compramos o bilhete e entramos. Vocês tinham que ver o rosto dele. A partir do momento em que ele passou pela catraca tudo era novidade.

Ele olhava para tudo! Queria entender cada etapa do nosso percurso. Ficava ansioso esperando o trem chegar. Na hora de entrar no vagão, se agarrou a mim com receio de tudo. Depois relaxou e não parou de olhar lá fora. Tentou ficar em pé sozinho. Achou o maior barato quando veio o trem no sentido contrário.

Descemos numa estação que desemboca numa feira. Tomamos um sorvete e voltamos. Os olhos dele pareciam querer absorver tudo de uma vez. Ele olhava pra mim com cara de surpreso com tudo, até com a voz do alto-falante que vinha do piloto informando as estações.

Quando fui deixá-lo em casa, ele não falava de outra coisa. Contou pra mãe cada detalhe do passeio.

Eu gastei uma fortuninha com parquinho, playground, brinquedos eletrônicos e nosso tempo mais divertido e feliz custou cinco reais a ida, cinco reais a volta. No ano seguinte aprendi. Levei ele para um viveiro comunitário. Não custou nada, ele ajudou a cuidar das plantas, se sujou todo, aprendeu sobre a biodiversidade do Cerrado e ainda levou pra casa duas mudinhas.

Então, não tem desculpa. Da próxima vez que ficar empacado com algum projeto, experimente bater perna por aí!

Questão de escolha

Daí você me pergunta: E se eu não tiver tempo, Bárbara?

Eu respondo que você tem um belo desafio, que é fazer roubar. É um dos meus desafios atuais: me tornar um ladrão de tempo. Roubo de mim mesma. Eu me tornei hábil nisso depois de analisar cada hora do meu dia durante uma semana.

Esse é um excelente exercício! Durante sete dias seguidos, numa semana típica da sua vida, você anota num caderninho ou no seu celular o que fez.

O meu era basicamente assim: Acordei, mexi no celular, levantei, fui ao banheiro, fui pro trabalho, passava em média uma hora e meia em deslocamento nas minhas entrevistas para as reportagens, ficava no celular, almoçava, tinha reuniões ou escrevia pro meu blog, ia correr, ficava no celular, tinha um momento com a família, tomava banho e ia dormir.

Era obviamente mais detalhado do que isso e quando analisei, fiquei besta pelo fato de nunca ter percebido como o celular me roubava tempo. E o quanto eu enchia minha semana com reuniões que poderiam ter sido um telefonema ou e-mail.

Daí comecei a roubar meu tempo de volta pra mim. Hoje, na maioria das vezes, acordo e já sento para meditar. Sem nem pensar muito no que estou fazendo. Nem que seja cinco minutos.

Isso era algo que eu sempre quis incorporar na minha rotina, mas dizia que não tinha tempo. Mentira. Tinha sim. Pra ficar olhando meu insta, face, linkedIn, blog, eu arranjava.

Outra coisa foi ler. Eu não sei porque diabos gosto tanto de zapear o celular. Na verdade, sei sim. Celular e internet viciam. Estudos recentes apontam que as mudanças causadas no cérebro pelo abuso na utilização da internet são similares aos efeitos de drogas químicas, como a cocaína e o álcool.

Por causa desse vicio, meu hábito de ler foi substituído por olhar o que minha colega está jantando. Oi??? O que aconteceu comigo? Esse hábito é mais difícil quebrar, mas tenho conseguido trapacear meu cérebro viciado com gatilhos.

Essa ferramenta eu aprendi no livro *O Poder do Hábito*.

Funciona assim: Seu cérebro quer poupar energia, então usa os gatilhos. O gatilho é alguma coisa que acontece e o cérebro entende como um chamado para entrar no modo automático e escolher qual a rotina usar. A rotina é uma ação física, emocional ou mental, que é automaticamente acionada pelo gatilho. Essas rotinas são alimentadas por recompensas. A recompensa é um estímulo positivo que ocorre e diz ao seu cérebro que aquela rotina funciona e por isso deve ser armazenada.

O meu gatilho funciona quando eu estou lá zapeando o insta e olho uma imagem em que bate aquela invejinha. Esse sentimento acende uma sirene no meu cérebro, me lembra que eu estou presa naquilo, que instagram demais não colabora com saúde mental, aquilo é um fragmento da realidade, que não acrescenta nada na minha vida. Eu pego e saio na hora. Como fico feliz ao sair e ir para leitura de um livro ou para meditação ativa, isso me gera um bem-estar, que é minha recompensa.

A meditação tem sido ótima parceira nisso, pois me deixa mais ciente dos meus pensamentos e sentimentos. Assim, os gatilhos mentais que são essas associações que nosso cérebro cria entre dois assuntos, funciona bem melhor. Me fazem sair do automático e dar o fora dalí.

Daí, aquele tempo enorme que eu gasto de deslocamento entre marcações de entrevista, eu uso pra ler! É o mesmo que você pode fazer no ônibus, no Uber, no metrô.

Já se o seu tempo de deslocamento é dirigindo, que tal ouvir um podcast sobre algo que te dê prazer. Eu também incorporei isso na minha vida com gatilhos. Quando eu coloco a chave da ignição, já pego meu celular, coloco os podcasts que tanto amo e dou play antes mesmo de girar a chave.

Analisando bem o seu tempo, você também consegue trapacear seu cérebro viciado e roubar seu tempo de volta para você.

Para te ajudar, separei sugestões de hobbies pra quando a grana tá curta ou quando o tempo está corrido:

Correr	Costurar	Cozinhar
Jardinagem	Escrever um blog	Fotografar com celular
Ir ao cinema em dia de promoção	Frequentar clubes de leitura	Birdwatching
Assistir filmes e séries com amigos em casa	Customizar roupas	Desenhar
Jogar cartas com os amigos	Cuidar de animais	Aprender uma língua pela internet
Cantar	Jogar videogame	Voluntariado online
Origami	Pintura	Explorar sua cidade

O legal é que existem inúmeras comunidades na internet que reúnem pessoas apaixonadas pelo mesmo hobby que o seu. Este é um ótimo jeito de conhecer gente nova, interagir e abrir ainda mais sua mente.

Cap. 3 - Seu trabalho não conta como hobby

Por mais que você ame o que faz é importante desenvolver prazeres fora do seu escopo de trabalho. Até porque todo trabalho pede eficiência, prazo, meta, retorno financeiro ou prestígio. Hobbies não. Hobbies são atividades que envolvem paixões totalmente desvinculadas da sua profissão e que trazem reflexos na saúde e bem-estar.

Existem, inclusive, artigos que apontam alguns riscos de transformar seu hobby em trabalho. Antes de tomar essa decisão é preciso se planejar e levar em conta alguns itens.

Um deles é que talvez sua fonte de diversão não seja rentável e você não esteja preparado para mudar. Outro é que você pode amar seu hobby, mas não ser competente nele. Eu, por exemplo, amo fazer pães e bolos, mas daí para ser uma confeiteira ou padeira, tá longe.

Outra coisa é que você pode destruir sua fonte de prazer aplicando-lhe doses de obrigações. Como quem curtia viajar e agora que virou blogueiro de viagem não tem tempo de apreciar nada. Tem que ficar neurótica com uma bela foto do local e informações detalhadas para compartilhar.

Logo, se você não tem certeza, deixe seu hobby lá no cantinho que merece, que é o espaço do tempo livre para relaxar, para se aprofundar, por puro deleite, em determinada área.

Não é trabalho, mas ajuda lá

Quem é workholic pode pensar que ter momentos de diversão atrapalhe sua carreira, já que esse tempo poderia ser usado para algo mais produtivo como um curso de línguas ou a elaboração de um novo projeto.

Pois saiba que desenvolver outras áreas além das quais você desenvolve no trabalho pode ter forte impacto no seu desempenho. Um exemplo clássico é o ato de viajar.

Uma das poucas certezas que tenho é de que viajar é mais do que diversão. Quando a gente se propõe a experimentar uma nova cultura e sair do nosso quadradinho, ganhamos experiências que podem ser aplicadas em todos os setores da nossa vida, inclusive no profissional.

Conhecer pessoas de diferentes *backgrounds* e perspectivas amplia uma série de habilidades que fazem a diferença num mercado de trabalho cada vez mais competitivo. Quer saber como? Dá uma olhada!

Desenvolve *People Skills*

O quc o mundo corporativo chama de People Skills nada mais é do que saber como se relacionar bem com outras pessoas. Essa é uma das habilidades essenciais de um bom profissional.

Construir bons relacionamentos com sua nova equipe e clientes e estabelecer uma linha de comunicação eficaz e eficiente são características que as empresas buscam em seus futuros funcionários.

Quando viajamos nos deparamos com novas culturas, normas e práticas. Essa mudança faz com que nós tenhamos que nos comunicar melhor e desenvolver habilidades sociais.

Sorrir e conversar com estranhos aleatórios no ônibus ou nas filas nos traz para fora da nossa bolha social. Faz a gente participar ativamente do ambiente em que estamos.

Tem mais! Quem viaja para lugares mais fora do padrão já sabe: a gente se mete em cada furada... E pra sair delas, precisamos extrapolar nossa fronteira cultural, ficar atentos a sinais corporais, a tons de voz, olhares e interagir com quem aparecer na nossa frente. Isso nos torna ouvintes e comunicadores ainda mais atraentes.

É fonte de inspiração!

Uma pesquisa da Colombia Business School[1], publicada pela Acadcmy Manegement em Nova Iorque, mostra que profissionais com experiências em outros países têm maior capacidade inovadora do que os que não viajam. A diferença é gritante quando eles fazem uma imersão na cultura local, procuram entender diferentes costumes e não ficam isolados em locais para turistas.

As experiências viram inspiração e podem ser fonte para o seu trabalho. Se você é escritor, escreva sobre a viagem, professor, utilize exemplos do que viveu fora de sala de aula.

Se é empreendedor, faça contato para vender seu produto lá fora ou encontrar fornecedores para seu negócio. Você pode ter a ideia para um novo produto e serviço vendo processos e demandas diferentes das suas.

Numa viagem a Nova Iorque, por exemplo, vi como os mercados de orgânicos estavam crescendo por lá e acabei me questionando como estava esse movimento na minha cidade.

1 - https://journals.aom.org/doi/abs/10.5465/amj.2012.0575

A viagem acabou inspirando uma série de reportagens que fiz para o Bom Dia DF. Nela, contei em três matérias especiais todo a cadeia produtiva de orgânicos em Brasília. A série teve uma boa repercussão e acabou servindo como portfólio para voltar para Nova Iorque depois com uma bolsa de estudos.

Aprende a lidar com a diversidade

Recentemente eu estava ouvindo o podcast de um especialista em gerenciamento de projetos, o Ricardo Vargas. Ele estava dizendo que é essencial para qualquer profissional ter a cabeça aberta.

Isso envolve aprender diferentes perspectivas sobre o mesmo problema, ser livre de preconceitos, ser receptivo a novidades. E sabe qual o jeito mais eficiente de conseguir tudo isso? Ele disse que é viajando e interagindo com pessoas diferentes de você!

Saber conviver com a diversidade te fará perceber outras dimensões de um determinado problema. Também vai fazer você analisar opiniões diferentes da sua para ter um resultado melhor no seu produto ou serviço.

E você não precisa ir para uma tribo aborígene isolada do outro lado do mundo pra isso não. Em todas as trilhas que me meto, seja no Vale do Pati, na Bahia, ou no Caminho de Santiago, na Espanha, encontro pessoas completamente diferentes de mim com as quais acabo convivendo.

Em 2018, fiz o Caminho de Cora Coralina de bicicleta. Por uma série de acontecimentos esdrúxulos, acabei passando quatro dias com um grupo de Goiânia que nunca tinha visto na vida. No grupo, tinha médico, motoboy, mecânico, empresário, servidor público. Tivemos que negociar e respeitar a individualidade de cada um dos 18 ciclistas para que todos se entendessem e chegassem em paz depois dos 300 km de trilha. Foi um aprendizado e tanto.

Estimula a inovação

E essa conclusão não é nova! Em 1989, uma pesquisa norte americana determinou que viajar é uma forma eficiente de estimular a criatividade. Nela, Ernest Gurman separou dois grupos de estudantes universitários de psicologia e aplicou um teste de criatividade. Em seguida, um dos grupos viajou para Inglaterra, enquanto o outro ficou nos Estados Unidos. Na volta dos estudantes, ele aplicou o mesmo teste para todos os alunos. O grupo que viajou teve uma pontuação significantemente mais alta.

NOVAS OPORTUNIDADES

Quando você se joga neste mundão de Deus também fica mais aberto a reflexões. Daí vem um bando de questionamento. Será que eu tô no caminho certo? Tô feliz fazendo o que eu faço? É isso que quero fazer pro resto da minha vida?

Pois saiba que viajar pode te abrir portas. Você pode, por exemplo, ver pessoas ganhando a vida de um jeito que nunca imaginou e querer investir nisso. Pode descobrir um novo negócio.

Além disso, quando você se propõe a sair do seu mundinho, acaba se deparando com os mais variados tipos de pessoas, que podem virar seus sócios, chefes, funcionários. Você amplia sua rede de contatos.

Durante uma viagem, você pode estar aberto ainda para conhecer *coworkings*, para visitar uma empresa referência na área em que quer atuar, para sugerir troca de serviços, como fotógrafos que oferecerem seus serviços em troca de hospedagem num hotel, por exemplo, ou até fazer trabalho voluntário. Eu mostrei neste artigo aqui, como o voluntariado ajuda profissionalmente.

Eu dei o exemplo de viagem, que é o mais próximo de mim, mas isso serve pra outras coisas. Pegue hobbies que envolvam atividade física, por exemplo. Quantas pessoas você vê que extravasam sua energia e usam seu tempo livre em atividades como vôlei, futebol, crossfit, corrida, ciclismo.

Esses momentos fazem com que ela tenha uma saúde bem melhor, o que garante produtividade no trabalho, como diz uma pesquisa realizada pela Universidade de Bristol. Eles fizeram um teste com 200 participantes que fizeram exercícios físicos dia sim, dia não. Nos dias de treino, os participantes tiveram poder de concentração de 21% maior do que nos dias de folga. Além disso, 25% terminou o trabalho antes do tempo.

Além disso, são momentos de socializar. Na quadra de vôlei, pode estar seu futuro sócio ou marido. É um jogo de ganha-ganha.

ARSENAL CRIATIVO

E você pode usar suas habilidades adquiridas num momento de diversão da maneira mais improvável do mundo. Dou outro exemplo pessoal. Quando eu era adolescente, decidi sei lá porque, fazer bordado. Minha avó e minha prima mais velha bordavam e achava que poderia ser legal fazer isso também. Passei minhas tardes com as velhinhas da igreja bordando panos de prato e toalhinhas de tudo quanto é tipo.

Quinze anos depois, eu fui escalada para fazer uma reportagem especial. Minha personagem seria uma senhora de 80 anos que teria que contar histórias difíceis de vida. Não conseguia acessá-la de jeito nenhum. Não estava conseguindo fazer ela falar, se abrir comigo. Até que de canto de olho eu vejo uma agulha de bordado e um novelo de lã.

Era minha chance. Comecei a contar minhas histórias no bordado. Os olhos daquela senhora se encheram de vida. Aquilo era a paixão dela, que a partir dali foi se abrindo aos poucos comigo. Tinha achado a porta de entrada para aquele universo particular. No final, a história dela foi uma das mais emocionantes que eu já fiz. Tudo por conta das minhas aulas de bordado que achava que nunca teriam utilidade.

Faça um exercício. Alguma vez você já usou conhecimento que julgava ser apenas lazer em outra área da vida? Seja seu entendimento de cervejas para conquistar um cliente, seu interesse por games para aperfeiçoar o inglês ou seus dotes culinários para ganhar pontos com seu amor.

Loop infinito

Eu comecei este capítulo mostrando como foi que, com o intuito de aumentar minha criatividade, me joguei ao desconhecido e busquei as mais diversas experiências. Agora tem um segredo. Eu tomei gosto por esse desafio e tenho continuado a experimentar de tudo um pouco na vida e o mais louco é que esse ciclo se retroalimenta.

Como a criatividade está geralmente relacionada à neuroplasticidade, isso significa que nossos cérebros são sensíveis à mudança, especialmente quando influenciados por novos ambientes e experiências[2].

À medida em que experimento novas atividades, minha criatividade aumenta. Mais criativa, me ponho a fazer mais do que fazia anteriormente. Isso me dispõe a estar com pessoas e em situações diferentes, que me fazem ter mais criatividade. É só você se jogar nesse círculo para entender o loop infinito.

Mas além das experiências, existem outros fatores que aumentam sua criatividade e podem colocar combustível nesta engrenagem. Um deles é a predisposição ao erro, a se propor a sair da zona de conforto. Algo que dá arrepios e revira o estômago da maioria das pessoas, mas que é essencial.

Ser criativo inclui errar. Errar muito. Ser criticado. E eu entendo porque tantas pessoas preferem ficar na delas. Isso dói. Mas olha... dói em todo mundo. As

2 - https://www.researchgate.net/publication/232600626_Travel_abroad_A_way_to_increase_creativity

pessoas mais criativas só entendem que errar e fracassar são partes inerentes ao ato de criar. Hoje, esse é um dos meus principais desafios, entender que o fracasso faz parte. E tem um livro que vou compartilhar com você que me ajudou muito nesse processo. Já começo com essa citação:

"Perfeccionismo é um escudo de 20 toneladas que carregamos conosco, achando que ele nos protegerá, quando, de fato, é aquilo que realmente nos impede de sermos vistos."

Só por desmistificar o perfeccionismo, *A Coragem de ser imperfeito* já estaria na minha lista de livros prediletos, mas ele é muito mais do que isso.

Eu descobri o livro no stories de uma amiga, guardei o nome e coloquei na minha lista de desejos. Um mês depois, estava à toa no aeroporto e decidi comprar o e-book para ler no avião.

Tirando o fato de que eu parecia um chafariz chorando horrores enquanto lia no voo, não poderia ter feito coisa melhor. Se você se emociona fácil, compre o livro com uma caixa de lenços de papel.

E o motivo de eu chorar tanto é que me identificava em várias daquelas páginas. Entre outras coisas, Brené Brown explica que temos sempre a impressão de que não somos bons o suficiente. E que combatemos isso, agradando todo mundo, atuando, tentando ser quem nós achamos que deveríamos ser.

Além disso, costumamos falar apenas o que as pessoas querem ouvir. Dizemos sim o tempo todo, quando queremos dizer não. E isso nos deixa exaustos.

Você não é o que produz

Outro trecho do livro bem legal é a parte em que ela explica que compartilhar alguma coisa que você criou é uma parte vulnerável, mas essencial de uma vida comprometida e plena.

Ela conta que isso é viver com ousadia, "mas dependendo da maneira como a pessoa foi criada ou de como se relaciona com o mundo, ela, consciente ou inconsciente, atrela sua autoestima à maneira como seu produto ou obra é recebido pelos outros".

Desse jeito, se os outros gostam do que ela produz, a pessoa acha que tem valor; se não gostam, ela não tem valor. Com isso, duas coisas podem acontecer. "Uma vez que você descobre que sua autoestima está ligada ao que você produz ou cria, é pouco provável que vá mostrar o que fez, e, se mostrar, antes irá retirar uma camada ou mais do melhor de sua criatividade ou inovação afim de tornar a receptividade menos arriscada".

A outra possibilidade é de que se você mostrar o seu trabalho sem limitar o seu lado mais criativo e a receptividade não for das melhores, você fica arrasado. "Você se fecha. A vergonha lhe diz que você não é talentoso o bastante e que já deveria saber disso".

Esse trecho me ajudou muito. Escrevo muito para o LinkedIn. É um dos meus hobbies. Adoro divagar e compartilhar ideias por lá. Alguns posts fazem sucesso, outros não. Daí, depois de alguns posts sem muita repercussão pensei em parar. Só escrevi um texto do qual gostei muito. Era uma experiência pessoal que tive e que podia se aplicar ao mundo dos negócios.

Assim que ficou pronto, só de imaginar alguma crítica, fiquei com vergonha e pensei em guardar. Só que lembrei do livro, coloquei minha vergonha de lado e publiquei. Foi umas das publicações com mais envolvimento, ultrapassando 800 curtidas, o que é um número alto para o LinkedIn. Depois fiquei pensando nas inúmeras vezes em que fiquei me podando, cortando meu melhor por conta do medo.

Cap. 4 - A criatividade e o futuro

Por fim, se você não se convenceu da importância da criatividade, dos hobbies e da diversão pra sua vida, aqui vai minha última ficha. Seu emprego depende disso! Sou constantemente chamada para dar palestras sobre novas tecnologias e o futuro da comunicação. Estudo e pesquiso sobre o tema aqui no Brasil e no mundo.

Numa viagem para o Japão, para estudar sobre interatividade e TV Digital, o que mais os especialistas falavam era sobre a importância da criatividade. Hoje, as grandes empresas estão barateando seus custos com inteligência artificial. Se seu emprego não envolve criatividade, você será substituído por uma máquina.

Então, vamos aqui recapitular! Criatividade e diversão são fundamentais para fazer sua Roda da Vida girar. Para isso, proponha-se a experimentar novas músicas, filmes, amigos, caminhos. Aumente seu repertório aprendendo sobre assuntos e áreas diferentes. Assuma riscos, esteja disposto a fracassar, encare o erro como um experimento.

No mais, experimente compartilhar suas obras. Publique suas histórias, sua música, seus experimentos na fotografia ou na cozinha. Seja lá o que for, compartilhe. Você pode ajudar muito alguém e tornar esse mundo ainda melhor! Vale a pena!

Referências bibliográficas

01. inGenius: A Crash Course on Creativity. Tina Seelig, HarperOne, 2012.

02. O Elogio ao Ócio. Bertrand Russell. Sextante, 2002.

03. Sociedade do cansaço Byung Chul Han. Editora Vozes, 2015

04. Palomar. Italo Calvino São Paulo: Companhia das Letras, 1994

05. O poder do hábito. Charles Duhigg Editora: Objetiva, 2012

06. A Coragem de Ser Imperfeito. Brené Brown.Editora Sextante, 2013.

BÁRBARA LINS

FELICIDADE E PLENITUDE

CAROL
FERRER

Felicidade e Plenitude
@carolvicferrer

Sobre a Autora:

- Educadora Cultural e empresária no ramo educacional há 28 anos.
- Formada em Letras com especialização em Gestão Escolar.
- Pós graduanda pela PUCRS em Neurociência e Comportamento.
- Positive Coach e Master em Programação Neurolinguística.
- Co-fundadora do treinamento REPROGR{AMAR} Experience.

"Busco a felicidade e inspiro pessoas a fazerem o mesmo. Amor próprio, autoconhecimento e aprendizado constante nos levam à plenitude."

Cap. 1 - A origem da felicidade

Noroeste do Paraná, em meios a cafezais, canaviais e pastos extensos, próximo de uma cidade chamada Munhoz de Mello, com menos de 5 mil habitantes, ficava o local onde eu passava a maior parte das férias e finais de semana. Um colorido diverso fazia parte desse cenário que moldou a minha infância, um tempo em que tudo era fácil e possível. Tons de verde e amarelo, terra vermelha, terra boa, fértil e cheirosa. Quando a água caía no filtro, o perfume do café se misturava com o do pasto molhado e eu amava sentir aquele cheiro de fazenda.

Esses pequenos detalhes podem passar sem que tenham a devida importância, mas são eles que moldam nossa identidade. Eles fazem parte do mais profundo de quem somos. Nessa época, minha avó preparava as cestas de piquenique e meu avô arriava os cavalos. Saíamos, minha irmã, que é um pouco mais nova do que eu, minha prima, da mesma idade, e eu. Éramos as três mocinhas da cidade. Passávamos o tempo sem relógio, sem destino, nos guiando pelo sol e pelas revoadas de fim de tarde. Sem medo, plenas de felicidade. Toda criança tem em si a capacidade inata de ser feliz.

Voltávamos entregues ao jantar, lentamente preparado no fogão à lenha, e o cardápio geralmente trazia legumes frescos, colhidos na horta que de tudo tinha, de A à Z – variados sabores, texturas, alimentos vitaminados, amargos, raros, tinha de tudo, coleção de verdinhos trazidos de todos os cantos. E nós crescemos imersas em uma vida saudável, leve, lenta, amorosa, respeitosa e cheia de natureza. Uma verdadeira alegria, longe do caos e do estresse da vida moderna.

Seria essa a receita para a felicidade? Voltar ao simples e natural? Pois saiba que foi também nessa paisagem e memória indescritíveis que tive uma das experiências mais marcantes da infância. Era domingo, fim de tarde. Minha segunda mãe, madrinha e grande amiga confidente, na época, ela com 24 anos e eu com apenas 8, aconchegada em seu colo, ganhando um carinho gostoso de *dinda*, acreditando que daqueles lábios só vinham palavras de amor, fui surpreendida por um desconhecido humor negro.

- "Carol, minha querida, quando crescer, nunca deite no colo de seu namorado do jeito que estás deitada em meu colo agora, seu nariz é muito grande e quase enxergo seus miolos". Ela disse aquilo rindo, sem imaginar o quanto uma simples frase dita por alguém que amamos pode nos tocar profundamente.

As poucas palavras vindas da minha *dinda* sem grandes pretensões, ficaram gravadas em todos os níveis de minha consciência, e me tornei uma adolescente ciente de que tudo que precisava para ser feliz era uma cirurgia plástica em meu imenso nariz.

Para uma alma pisciana com ascendente em câncer, ambos signos suaves, sensíveis e muito emocionais, foi um estrago e tanto. Sabe a história do patinho feio? Imagina ela sem o cisne, só com o drama. Minha adolescência foi do tipo senta e chora, já que me havia sido dito, por quem eu amava muito, que eu não era perfeita e, talvez, não fosse amada exatamente por isso. Sim, é dessa forma que minha mente entendeu e registrou o fato.

Quais as consequências? Relacionamentos a qualquer custo, amar o próximo MAIS do que a si mesmo, estar muito disponível, não saber dizer não, entre outras atitudes que a baixa autoestima pode fazer conosco. Um período nada feliz. As crenças que nos são colocadas pelo meio em que convivemos podem causar traumas difíceis de serem reprogramados. Muitas vezes, na maioria delas, é necessário buscar lá fora a ajuda de que necessitamos. Com terapias, Coaching, meditação ou algo que consiga nos fazer alcançar o equilíbrio perdido no tempo.

Lembrando que a vida não é o que pensamos, mas o que pensamos é o que efetivamente molda nossa vida, é importante que tenhamos consciência dos nossos pensamentos. Das nossas crenças. Só assim conseguimos mudar. Para ressignificar a falta de amor próprio que me assombrava, eu fui em busca de respostas que me fizessem novamente feliz como a menina que brincava, solta, na fazenda. Com o passar dos anos, passei a me amar mais, um processo muito lento que apesar das muitas cicatrizes, me fortaleceram.

Aprendi que o dever de casa era meu.

Eu sou a única responsável pela minha felicidade.

Cap. 2 - Felicidade é uma escolha

A fazenda que ainda hoje, incrivelmente, tem o nome de Felicíssima, apesar de ter sido palco desse fatídico episódio envolvendo uma crença que me limitou em boa parte da vida, sempre foi uma referência de euforia, descobertas e muita alegria. Foi onde aprendi sobre respeito, tempo, natureza, hierarquia, paz, silêncio e comida saudável.

Felicidade não se ganha, não se compra, não se empresta. Se aprende, se cultiva, se apodera, se encontra em momentos e lugares onde menos esperamos. E é alimentada, especialmente, na infância, momento em que nos encontramos livres e abertos a experienciar felicidade, sem julgamentos, culpas ou limites. Em nossos primeiros anos, nos jogamos sem medo e as gargalhadas saltam da nossa garganta por pequenas coisas.

Com o passar do tempo, infelizmente, nos esquecemos de que como é bom ser criança. Somos ensinados que seriedade e felicidade não podem caminhar juntas, que ser leve e feliz é uma atitude que pode interferir diretamente na nossa produtividade.

E é um engano tão grande separar assim a alegria daquilo que produzimos. Pessoas felizes produzem mais, produzem melhor. Ser feliz nos garante entrega, honestidade de sentimentos e de ações e nos faz pessoas melhores. Mas, em algum momento, simplesmente desaprendemos a ser como nascemos: livres, plenos e felizes.

Quando pais, devemos saber que nosso modo de ver a vida e o que mostramos e especialmente falamos aos nossos filhos vai moldar a sua capacidade de serem felizes. Observar o que nos acontece (obstáculos, dificuldades, medos, inseguranças) como algo a ser aprendido e não como um castigo ou uma prisão é uma questão de escolha, mas só conseguimos escolher um caminho ou a melhor decisão a ser tomada se soubermos que temos essa capacidade. E nós temos. Todos os dias são novas oportunidades de fazer melhor do que ontem, isso se chama resiliência, superação, força. É você reagir às adversidades de forma positiva!

Criar pessoas capazes de se entender livres para gozar a vida deveria ser um objetivo de todo pai, mãe ou cuidador.

FELICIDADE É SEMPRE UMA ESCOLHA. A VIDA PODE SER DOLORIDA, OU PODE SER ALGO QUE TE TRAGA IMENSO PRAZER, VAI DEPENDER SEMPRE DE VOCÊ, DO SEU OLHAR.

Crescer acreditando que eu precisava mudar para agradar, não me fez menos feliz. Mas, descobrir que eu era livre para decidir se queria ou não me modificar, sem dúvidas, aumentou minha positividade diante da vida. Se tem uma coisa que faço todos os dias é lembrar a mim mesma o quanto sou merecedora da felicidade. Esse exercício, que no começo pode parecer bobo, provoca mudanças extremamente positivas em nosso posicionamento de mundo.

Quantos de nós não são felizes porque não acreditam que merecem a felicidade? Ou mais, colocam a felicidade como algo a ser alcançado, um objeto, uma posição social, um patamar de carreira. Ao chegarem lá, se não tiverem empreendido uma mudança na forma de ver a felicidade, talvez não se sintam felizes.

Sabem por que eu escolhi escrever sobre felicidade e plenitude? Porque **eu me sinto** uma pessoa plena e feliz. Não porque eu tenha ou seja mais do que ninguém. Mas porque aprendi, com a vida, com a minha origem e com os estudos que me trouxeram até aqui, a observar a vida com olhos de felicidade.

Para quem não sabe como empreender uma jornada feliz, inicie por colocar um sorriso no rosto. Sorria. Mesmo que sem motivo. Mesmo que no começo seja forçado, ou pareça falso. O próprio sorriso pode ser a sua motivação para ter um dia mais leve e feliz. Tente mais de uma vez, até que seja mais natural sorrir. A sua fisiologia, a forma com que você se porta, a sua postura faz toda diferença no seu humor.

Experimente agora. Sente-se de forma ereta, coluna posicionada, quadril encaixado, queixo levemente empinado e abra um sorrisão. Qual é a sensação? Qual é a conversa interna neste momento? O que mudou? Curta este momento. Alinhe seu pensamento com esta postura mais empoderada. A felicidade pode, e deve, ser simples, e é sempre uma questão de escolha!

O que é felicidade?

Eu já dei uma dica sobre o melhor conceito de felicidade que podemos ter: a de que ela é um estado do ser. Uma escolha sobre como ver e viver a vida, uma forma de enxergar o mundo sempre com disposição para encontrar o melhor lado de tudo.

Felicidade é daqueles conceitos com muitos significados, e pode ter uma conotação diferente para cada pessoa. Para alguns, pode estar ligada a um lugar, a posses, a um relacionamento, a uma forma de ver o mundo, a um objeto de desejo. Para outros, a alguma conquista, a uma mudança pessoal ou de vida. O que todos têm em comum? Querem conectar suas vidas a uma sensação mais leve e alegre. E, acredite, é possível.

Vejamos o que dizem as definições formais dos termos:

Felicidade

Substantivo feminino, qualidade ou estado de feliz; estado de uma consciência plenamente satisfeita; satisfação, contentamento, bem-estar.

Plenitude

Substantivo feminino, estado do que é inteiro, completo; totalidade, integridade.

Observando as definições, podemos perceber que estarmos inteiros, munindo-nos de bem-estar e de satisfação, nos faz pessoas mais felizes, certo? Então, por que será que conectamos o estado de felicidade muito mais ao TER do que ao SER? Vemos pessoas que têm tudo e ainda assim carregam uma dificuldade enorme de sentir alegria, leveza e de se sentirem plenos e cheios de vida.

Da mesma forma, vemos pessoas com dificuldades materiais que não perdem o sorriso no rosto, que são exemplo de gozo pela vida, que comemoram pequenas vitórias, que acreditam no próprio potencial e que, por isso, entendem a vida como algo a ser apreciado. Essa capacidade é inerente ao ser humano. Mas, como falei anteriormente, para muitos, ela se perde no caminho da vida adulta.

Uma vez que você se torna uma pessoa feliz, ninguém jamais poderá tirar essa lente de você. A vida passa a ter outras cores, se torna mais leve e plena.

Investigue o que é felicidade para você. A que você liga seus momentos felizes? Eles são em família? Estão relacionados a suas conquistas profissionais, a sonhos realizados? Eles acontecem raramente e logo passam? Ou sorrir para a vida é uma constante para você? Entender a que a felicidade está relacionada na sua mente pode ajudar a reprogramar as informações que impedem você de ser genuinamente feliz.

Porque felicidade não pode estar vinculada a algo ou alguém. Ela é um estado do ser, uma escolha. Não escolha terceirizar a sua felicidade. Uma vez que você se torna uma pessoa feliz, passa a ver os momentos de tristeza como passageiros, a aprender com eles, para retornar ao seu estado original, que é de plenitude. Comece a treinar ver o lado bom da vida. Os obstáculos nos ensinam, de uma forma ou de outra, mas eles não podem nos roubar o riso.

Você pode achar que ainda falta muito para conquistar na vida, e ainda assim ser grato por tudo que já alcançou até aqui. Você pode enfrentar as maiores dificuldades, e elas não serão mais fáceis se você passar por elas sofrendo e chorando demasiadamente. Mas poderão, sim, ser mais leves, se você pensar que tudo passa. É uma questão de escolha.

Pessoas felizes são, de alguma forma, pessoas mais saudáveis. E não estou apenas falando de saúde física, mas de saúde mental e emocional. Quando somos felizes, somos mais positivos em relação aos nossos problemas, desencadeando inclusive um processo de autocura, quando necessário. E, a partir dessa perspectiva, lidamos melhor com as adversidades. Quando alimentamos uma alma triste e um olhar pessimista sobre o mundo, tudo nos parece mais pesado e mais difícil. Um monte se torna uma montanha impossível de ser escalada, quanto mais transposta.

O que nos acontece está, na grande maioria das vezes, aquém do nosso controle. Não controlamos o que ocorre no nosso externo, somente no interno, iniciando pelo nosso pensamento. Se você medir a sua felicidade sempre pelo que lhe acontece, esperando que só seja o melhor, para, aí sim, ser feliz, pode sofrer pequenas frustações. Sim, nós vamos viver tristezas, desapontamentos, decepções, mágoas e dissabores, certo? Faz parte da vida. E praticamente nada é previsível, mesmo quando acreditamos que é. Quando chove, inesperadamente, em um dia lindo de sol, como você reage? Fica desolado porque a chuva estragou seus programas ou se adequa a ela, já que não tem como controlar as forças da natureza?

Pois bem, pense que é assim com tudo na vida, nós nunca sabemos tudo o tempo todo. E, nesse momento, você pode estar se perguntando: então, como ser feliz em um mundo mutável e que está em constante movimento? Quando eu me perguntei isso pela primeira vez, cheguei à conclusão de que a melhor forma era interagindo com as mudanças, e aprendendo com elas. A resposta é mais simples do que imaginamos: é preciso desenvolver um olhar leve sobre os acontecimentos e isso só acontece quando entendemos que não estamos no controle das situações.

JAMAIS HAVERÁ UM MOMENTO IMUTÁVEL NO SEU MUNDO, ASSIM COMO NO DE NINGUÉM. APRENDER A LIDAR COM A MUDANÇA E COM A ADVERSIDADE TAMBÉM NOS PERMITE SER MAIS FELIZES.

Quando entendemos que há algo maior, sobre o qual não temos controle, levamos a vida com leveza, com olhar de aprendizado, de evolução, tendemos a ser mais felizes. Pode parecer surreal sempre acreditar que existe algo maior por trás, mas é assim. Essa energia que rege tudo e a que chamam Deus, Universo, natureza, força primeira de todas as coisas, permite que nos aconteça exatamente aquilo que precisamos para nossa evolução.

Nos sentirmos felizes também parte de acreditarmos e termos fé. A fé nos fortalece para lutar pelo que acreditamos. E, quando estamos nessa coerência, estamos bem. Muitos acreditam que a felicidade é algo imenso e incompreensível e até mesmo inatingível, porque a imaginam grandiosa, enigmática e distante. Mas ser feliz é simplesmente estar bem. Olhe à sua volta: se está bom assim, aqui, onde estou agora, com quem sou, está tudo bem e isso é estar feliz e pleno, acredite.

Como está você agora? O que lhe falta?

No início deste livro, você entrou em contato com a Roda da Vida, certo? Quando desenhamos a Roda da Vida e começamos a classificar cada área, nos exercícios de Coaching, perguntamos, de 0 a 100, qual é seu nível de satisfação em cada uma dessas áreas. Então, seguindo a proposta deste livro, eu lhe pergunto: qual é o seu nível de satisfação, hoje, em relação ao seu estado de felicidade?

Coloque aqui seu indicador: ____________________________________

____

Agora, eu convido você a pensar sobre sua resposta, a refletir e meditar por alguns minutos sobre o número que escreveu acima. Quais as razões da sua resposta? Que nível isso representa em sua vida, o que você sente quando olha para ele e pensa no que respondeu? Qual a importância do seu nível de felicidade e plenitude hoje?

Feche seus olhos. Reflita sobre esta resposta.

Em seguida, escreva o que falta para que você atinja seu 100% de satisfação nessa área da sua vida. Quais questões devem ser trabalhadas para que você eleve seu nível, ou seja, o número referente à quantidade de sentimento de amorosidade e plenitude consigo.

Sugiro que você faça este exercício agora, enquanto este assunto está fresco em sua mente. Você pode escrever aqui mesmo:

Resposta: ______________________________

____

____

____

____

Agora, pense e escreva qual será o primeiro passo que você pode dar para estar mais próximo de alcançar esse estado de felicidade? O que você pode começar a fazer hoje, que está dentro das suas possibilidades? Lembre-se de duas coisas: primeiro, escrever torna nossas metas mais reais, nos faz mais comprometidos, e segundo, por menor que seja o movimento, você estará agindo e, assim, toda a sua Roda da Vida inicia o movimento necessário para chegar onde você deseja.

1º passo: ______________________________

____

____

____

____

Refletir e organizar as metas que nos levam à felicidade pode ser mais fácil do que parece. Você se sente feliz? O que falta na sua vida, hoje, para que você sinta felicidade? Observar a própria falta ou a maneira como olhamos para a felicidade pode ser imensamente rico. Quando alguém te pergunta: você é feliz? Qual é a sua resposta imediata?

Se eu pedisse que você fizesse uma lista do que falta na sua vida, o que estaria nela? E se, ao contrário, eu pedisse para você listar o que você tem de bom, qual das duas listas seria maior? Refletir sobre essas questões pode ser muito revelador.

O exercício da gratidão é algo para ser treinado diariamente. Primeiro, agradecemos por coisas muito óbvias, geralmente por objetos e bens conquistados. Entretanto, se nos propomos a agradecer a cada dia por um número maior de itens, e vem daí a importância de listar, vamos percebendo que temos muito mais a agradecer. O estado de felicidade é um pontinho lá dentro que, muitas vezes, não percebemos, mas que existe e está esperando ser alimentado.

Quando exercitamos ser felizes, independentemente do que nos acontece, começamos a sentir mais forte a sensação de plenitude, temos mais alegria com as pequenas coisas da vida, com as nossas vitórias cotidianas e começamos a desconectar o estado de felicidade de coisas, de objetos, de algo grandioso e inatingível, e a tornamos mais real.

Se você não conhece a história de Pollyana, do livro escrito por Eleanor H. Porter em 1913, sugiro que pesquise sobre o *Jogo do Contente*. No livro, a pequena Pollyana tem uma vida de muitas adversidades, mas nunca perdeu a alegria, porque aprendeu com seu pai a ver sempre o lado bom de tudo. Mesmo onde pareça não existir razão nenhuma para ser feliz.

FAÇA COMO POLLYANA, PROPONHA-SE UM DESAFIO: COMECE A VER TUDO PELO LADO BOM. SEMPRE HÁ ALGO A SER COMEMORADO.

Como disse, é um exercício, assim como a musculatura, o estado de ser feliz precisa ser alimentado e praticado. Não tem a ver com dinheiro. Dinheiro é energia de troca, não é algo que nos pertence, não existe. Assim como não existe o outro, na hora de medir a felicidade, só existo eu, sem comparações e sem interferências. Ou você é ou não feliz e isso depende muito menos das pessoas e coisas à sua volta, e muito mais da forma como você se acolhe e se cuida.

Somos um monte de gente que não se trabalha, não se cuida e por isso somos uma sociedade doente. Mas, se nos propusermos a cuidar de nós mesmos e equilibrarmos a busca individual com a convivência, com as diferenças, podemos encontrar um caminho para a felicidade.

É incrível como todos querem a felicidade e desejam que seus entes queridos sejam felizes. Mas a grande maioria das pessoas não sabe dizer o que é felicidade para elas! Pergunte e terá a prova. Muitos ficam buscando a resposta no futuro: quando eu for de uma determinada forma, quando eu tiver determinada coisa, quando eu estiver em um determinado lugar, eu serei feliz. Amanhã. Um tempo que não existe.

Nós só temos o hoje. Você é feliz hoje? Quando eu pergunto a essa mesma pessoa, que não sabe dizer o que é felicidade, se ela é feliz, a resposta, normal mente, é sim. E isso é incrível. Muitas vezes, nós já somos felizes. Ainda assim, percorremos uma eterna busca por algo que já temos, algo moldado socialmente, um conceito que, na verdade, não é real.

SE VOCÊ NÃO TEM CONCEPÇÃO DE FELICIDADE, COMO VAI EMPREENDER UM CAMINHO PARA ATINGI-LA?

Por isso, basear a felicidade na lista de objetivos que temos, seja ela de bens, "status", viagens, é algo que nos deixa em constante estado de alerta e ansiedade, acreditando que não TEMOS, porque não entendemos que já SOMOS. Da mesma forma, falar sobre a felicidade sem saber direito o que ela é para nós, vibra algo para o Universo que não necessariamente é o que realmente desejamos.

Vibrar felicidade real exige especificidade. Um exemplo bem simples é a felicidade que desejamos aos nossos filhos. Queremos que sejam felizes, mas imagine um adolescente querendo ser feliz! Ele vai desejar ser livre, viver entre amigos, ganhar o mundo, e não, necessariamente, essa é a felicidade desejada por nós, pais.

Por isso, eu acredito na especificidade da felicidade. E no agora da felicidade. Você é feliz agora? Você consegue enxergar o que é positivo na sua vida agora? Consegue ser grato pelo que tem agora? E consegue desejar algo específico que você acredita que o fará feliz? Você sabe exatamente o que é a felicidade para você?

Escreva sobre isso:

A felicidade que você busca é sua?

A percepção da falta da felicidade pode ser falta de compreender a si mesmo enquanto ser completo e único. Será que a felicidade que você busca é mesmo a sua? Ou você está indo atrás de objetivos socialmente impostos, ou de uma imagem que não é a que você verdadeiramente deseja? Mudar objetivos e adequar nossa rota pode ser suficiente para que tenhamos uma sensação de conexão com a felicidade e de plenitude.

Em tempos de redes sociais, a grama do vizinho tem filtros e parece ainda mais verde, certo? Existe até um movimento recente que fala sobre o *slow blogging*, ou seja, as pessoas estão vendo que postar na internet sobre tudo que acontece não gera ansiedade apenas em quem segue, mas também em quem posta. Ninguém é sempre alegre e leve, mas, nas redes sociais, aparentemente, não há sofrimento, nem falta de dinheiro, nem ambientes de trabalho tóxicos e nem famílias com problemas a resolver.

Ou seja, não há realidade. E quem se pauta pelo que vê no mundo virtual pode ter uma dificuldade ainda maior de olhar a própria vida com ternura e afeto. Esqueça o mundo lá fora e preste mais atenção ao seu interior. Comemore suas conquistas com base nas suas próprias metas e no seu ponto de partida pessoal. Ser feliz também parte de ser justo consigo, de entender a sua própria realidade e não viver de comparação.

Um ótimo exercício de autoconhecimento é escrever sobre seus sonhos. Sem pensar se estão condizentes com a realidade, sem pensar se são possíveis no hoje. Quais são seus sonhos, suas aspirações? O que te fará feliz? Observe sua lista: ela está compatível com a sua realidade hoje? O que você faz, pensa, consome está conectado ao que você acredita que te fará feliz?

Lembre-se: somos seres ilimitados!

Se não houver conexão, é preciso reprogramar. Ou suas crenças, ou sua vida. Será que o emprego dos sonhos é mesmo seu ou de seus pais? Será que a casa na praia é seu desejo íntimo ou ela é fruto de uma imposição social? Será que seu casamento é um catalizador de felicidade ou vocês estão juntos sem saber exatamente porquê? Será que a felicidade que você procura é mesmo sua ou ela está baseada em desejos construídos pelo seu círculo social mais próximo ou em metas sobre o que se acredita socialmente que é ser feliz?

É muito bom ter dinheiro, andar em um carrão, viajar de primeira classe, ficar em grandes *resorts*, andar sempre cheiroso, lindo, alinhado, poder ter tudo do bom e do melhor. Mas, desde que em seu interior você também esteja tranquilo. Só o externo não te preenche, chega uma hora em que não faz mais sentido. Não dá para ficar o tempo todo trocando de carro, só viajando, preenchendo o rosto para ser eternamente jovem. Se a juventude é absorvida por uma ânsia de consumo, o melhor perfume, um dia, ainda vai parecer pouco para você.

A busca da felicidade é incansável? Precisa ser? E quando você vai começar a curtir, efetivamente, o que tem, quem se tornou? É preciso que haja um limite, ou um equilíbrio, entre o que buscamos e o que já temos e somos. Se você é feliz hoje, se a sua postura de vida é essa, você será feliz amanhã, porque já fez uma escolha.

NOS ESCONDER DO MUNDO, AO CONTRÁRIO DE NOS TORNAR PESSOAS FELIZES, NOS AFASTA DAS INFINITAS POSSIBILIDADES DE APRENDER O QUE É FELICIDADE EM SI.

Mas, não podemos ser eremitas e nos esconder do mundo para preservarmos essa escolha. O homem é um ser social, viver em sociedade faz parte do ser humano. Devemos estar preparados, criar um escudo protetor de energia e pensamentos positivos, e não nos deixarmos abater. Este escudo protetor nos auxilia e nos leva a um estado de plenitude.

Se conseguirmos olhar em volta, perceberemos que tudo é feito da mesma matéria. A leveza dos pássaros, a beleza indescritível da natureza, um dia temos um broto em casa, no dia seguinte temos uma flor aberta. Nós também somos assim, somos feitos das mesmas moléculas, somos parte desse Universo. E, então, podemos tudo, não há fronteiras. Elas são apenas criadas e feitas daquilo em que acreditamos.

Você sabia que dependendo de quais são seus valores, você muda sua percepção sobre a vida? Vamos falar um pouco sobre valores. Seus valores pessoais são aqueles dos quais você não abre mão por nada nesse mundo e são eles que constroem os alicerces da nossa vida. Por isso, eu proponho um exercício. Desta lista abaixo, marque cinco valores que você considera indispensáveis para sua felicidade, para sua vida, e dos quais você jamais abriria mão. São esses os seus pilares fundamentais e é a eles que você deve retornar sempre que precisar tomar uma decisão.

Quais são seus valores pessoais?

Aventura	Honestidade	Conforto	Amizade
Autonomia	Desafio	Poder	Sabedoria
Excelência	Harmonia	Simplicidade	Conexão
Paixão	Paz	Contribuição	Trabalho
Evolução	Disciplina	Bem-estar	Solidariedade
Diversão	Prazer	Segurança	Família
Ética	Espiritualidade	Conhecimento	Companheirismo
Respeito	Sucesso	Dinheiro	Reconhecimento
Amor	Liberdade	Independência	Realização
Lealdade	Propósito	Status	Aprendizado
Alegria			

Escolha, na lista acima, 5 valores que condizem com a sua visão do que é uma vida plena e feliz. E coloque-os em ordem de prioridade.

1º____

2º____

3º____

4º____

5º____

Os nossos comportamentos buscam atender nossos valores. Então, quando sabemos claramente quais são eles, temos um fator motivacional sensacional a nosso favor!

Respeitar nossos valores pessoais é o grande segredo das relações duradouras, eu com o outro, eu com o meio, eu comigo mesmo.

Cap. 3 - Reprogramar

Se aquilo em que acreditamos molda a nossa realidade, então, o que acreditamos sobre a felicidade nos faz mais ou menos felizes, certo? Se você sabe o que é felicidade para você e se está em sintonia com seus valores pessoais, e mesmo assim não se sente feliz, então, pode ser que haja uma barreira invisível, que são suas crenças limitantes enraizadas em seu inconsciente, e que estejam te levando para fora e impedindo que você o seja, em vez de intensificar suas forças positivas.

Por isso é tão importante descobrir e reprogramar crenças limitantes. São elas os muros que nos separam da plenitude. Se você não acredita que merece ser feliz, como vai aceitar que é? Sua vida pode estar maravilhosa, mas sua visão não vai captar essa realidade, porque você está com as lentes da limitação.

Desde 2016, faço um trabalho com resultados excelentes com uma parceira Coach, que busca exatamente mexer nestas feridas que causam tanta dor. Nos atendimentos da experiência Reprogr(amar), que foi criada especificamente para ressignificar crenças que nos impedem de atingir a felicidade e nosso sucesso pessoal, o foco é sempre desenvolver um olhar mais amoroso conosco, com as nossas conquistas e com as dificuldades que enfrentamos.

Ele foi construído pensando exatamente em milhares de pessoas que desejam se sentir felizes, mas não entendem por que não conseguem. Que estão em ótimos cargos, têm lindas famílias, bem materiais, viagens constantes, e ainda assim não se sentem felizes. O sentimento é um alerta para enxergar nossos comportamentos. Nossos comportamentos são os maiores tradutores das nossas crenças. Na maioria das vezes, descobrimos crenças que funcionam exatamente como limitadoras da visão, e mais, como impedidoras da conexão pessoal com a felicidade.

É preciso empreender um caminho de autodesenvolvimento, questionar-se, vasculhar a própria mente. Encontrar o que nos limita é a forma para transformar a própria vida, que é plástica, no sentido que pode ser moldada e modificada a todo instante. Se você quer ser incrivelmente feliz na Roda da Vida, seja primeiramente incrível na sua jornada de autoconhecimento.

No Reprogr(amar), usamos algumas técnicas que ajudam nesse empreendimento pessoal: o Coaching, nos provoca a construir o que de fato nós queremos para nossas vidas; a Programação Neurolinguística, para construir a melhor expressão daquilo que buscamos; a Mecânica Quântica e a Neurociência, como ferramentas para entender nosso funcionamento e empreender processos mais conectados com quem somos e quem desejamos ser, utilizando as possibilidades infinitas do nosso corpo, mente e alma, para conquistar equilíbrio e bem-estar; o Thetahealing, levando-nos ao encontro com a fonte da criação para que nossos sonhos e desejos sejam manifestados da melhor e mais elevada forma.

Com a experiência Reprogr(amar), percebemos o quanto precisamos de um espaço em que nos sintamos livres para ser quem somos. Muitas vezes ficamos inseguros pelo medo do julgamento, e então guardamos nossos sentimentos mais profundos e nossas emoções. Proporcionar um local neutro, no qual tenhamos permissão de ser e expor o que realmente somos e sentimos é libertador.

Como vamos ressignificar algo que não enxergamos, que não conhecemos de verdade? Por isso, o primeiro passo desse caminho em busca de nossa felicidade é colocar os sentimentos para fora, expressar tristeza, raiva, rancor, amor intenso, insegurança, fragilidade. Permitir-nos buscar, no mais profundo da nossa alma, os sentimentos mais íntimos e simplesmente olhar para eles.

Muitas vezes, o que percebemos, surpresos, é que esses sentimento não eram assim tão grandes. O monstro que parecia nos vencer sempre, torna-se algo fácil de se encarar. E é a partir dessa visão mais real dos nossos sentimentos que conseguimos, se for o caso, reprogramá-los, mas o enfrentamento é sempre o momento mais importante e um passo grande a ser dado. Talvez não seja preciso mudar, podemos seguir sendo a mesma pessoa, mas sabemos com o que estamos lidando e nos responsabilizamos sobre aquilo.

O meio interfere em todos os momentos. Fortalecer-nos como pessoas, nos ajuda a ter um olhar mais preparado para aceitar ou não o que vem do externo. E buscar essa força é algo individual, porque a resposta está aí, dentro de você.

Você conhece suas crenças limitantes?

Escreva, aqui, no que você acredita. Siga os exemplos:

- Eu acho que preciso trabalhar demais para conquistar abundância
- Eu acredito que as coisas são sempre muito difíceis
- Eu acredito que as pessoas não são boas

____

____

Agora, pegue suas crenças e transforme-as em afirmações positivas, que possam ser um neutralizador de pensamentos e sentimentos ruins. Siga os exemplos relacionados às crenças que coloquei acima:

- Eu trabalho conectado com meu propósito e pelo tempo necessário para realizar minhas tarefas, por isso, sou naturalmente abundante.
- As situações se desenrolam de maneira fácil e tranquila na minha vida.
- As pessoas nos oferecem seu melhor, e eu só aceito acolher o que for realmente importante para mim.

Medite sobre o que escreveu, interiorize essas afirmações positivas.

A neurociência explica

Para começar, é importante nos lembrarmos de que todos nós temos a tecnologia mais avançada ao nosso dispor 24/7 (vinte e quatro horas por dia, sete dias da semana!). Nosso cérebro é incrivelmente poderoso e moldável. Esta plasticidade é uma ferramenta que está ao nosso dispor mas não temos acesso a um manual de leitura fácil e rápida, e é aí que mora o perigo... A verdade é que estamos em evolução constante e somos capazes de expandir e melhorar a forma como pensamos a nosso respeito e sobre o externo e também a forma como nosso cérebro funciona.

A neurociência estuda nosso funcionamento cerebral e explica como os neurotransmissores atuam na produção de felicidade. A melhor parte? É que entendendo o nosso funcionamento químico, podemos ajudar o organismo a produzir substâncias que nos deixem mais leves e felizes. Um passeio ao sol, um abraço, a comemoração de uma pequena vitória. Não é preciso nada grandioso, nosso cérebro entende rapidinho quando desejamos genuinamente ser felizes.

Vamos entender um pouquinho sobre a química da felicidade: algumas substâncias são as responsáveis pela sensação de plenitude e alegria que sentimos durante a vida. A dopamina, por exemplo, que é liberada quando cumprimos alguma meta ou conquistamos algo a que nos propomos, é responsável por nos manter motivados. Sem ela, tendemos a procrastinar, perder entusiasmo e nos tornarmos apáticos, inclusive. E como gerar dopamina? Mantendo-nos motivados, criando pequenos objetivos que nos levem a metas maiores. Comemorar sempre que atingir algum deles, permitir-se ser feliz quando riscar suas tarefas no *check-list* do dia!

ACREDITE, A FELICIDADE PODE, SIM, NASCER DE FORA PARA DENTRO, NO SENTIDO EM QUE PODEMOS USAR O AMBIENTE, A POSTURA, SONS, AROMAS, A NATUREZA, A NOSSO FAVOR!

Outra substância fundamental para nosso bem-estar é a serotonina. Sem ela, nos sentimos deprimidos, sozinhos e, sim, essas podem ser sensações simplesmente químicas. Nosso cérebro tem uma capacidade imensa de reviver sensações quando repassamos, mentalmente, os acontecimentos vividos. E qual é a nossa tendência, quando estamos desatentos? Remoer passagens tristes e complicadas, que geralmente nos causam novamente tensão. Mas, da mesma forma, quando lembramos de situações boas e alegres, nosso organismo libera a serotonina, exatamente como o fez quando o fato realmente aconteceu. Não é incrível?

Estudos da neurociência mostram que conversamos conosco durante aproximadamente 14 horas por dia, e que 90% dessa comunicação, palavras ou linguagem, são negativas!

Sabe quando falamos o quanto agradecer nos torna mais leves e felizes? É exatamente por isso: quando criamos uma prática de gratidão, de autovalorização, de agradecer pelo que nos acontece e lembrar de bons momentos, por menores que tenham sido, inundamos nosso organismo com serotonina e causamos uma sensação boa e feliz. Quer ver outra prática simples que nos ajuda a produzir serotonina? Tomar sol por 15 minutos ao dia é suficiente para ativar a vitamina D, responsável pela liberação de neurotransmissores, como dopamina e serotonina, que garantem a sensação de prazer, bem-estar e felicidade

A ocitocina, ou o hormônio do amor, como é conhecido, é responsável pelas nossas boas interações sociais e sua liberação aumenta quando recebemos um abraço! Imagine a importância dos nossos laços de amizade, de conexão familiar, para nossa felicidade. Ah, e temos também as endorfinas, que são liberadas, ao contrário, quando estamos sob estresse e ajudam a aliviar a ansiedade e a depressão.

Elas agem diminuindo, por exemplo, nossa percepção à dor, e são liberadas quando nos exercitamos ou quando sorrimos. Imagine só, a alegria libera substâncias que geram ainda mais alegria. Nosso corpo é uma máquina incrível e está preparada para a felicidade. Nós só precisamos dar uma ajudinha focando no que nos faz realmente felizes.

Alguns passos simples podem nos deixar felizes sem que precisemos mudar toda a nossa vida. Já experimentou voltar, mentalmente, a um tempo feliz? A música tem esse poder. Ainda assim, muitas pessoas parecem gostar de alimentar sentimentos negativos e tristezas. Pare! Busque memórias felizes!

Sorria. Sim, gargalhar é uma terapia e funciona. Experimente começar. Quando foi a última vez em que você riu até sua barriga doer? Pode ser que você não tenha motivos reais para fazê-lo e não tem problema. Engane seu cérebro, mostre a ele que você deseja estar sorrindo e feliz. Simplesmente gargalhe e veja como seu corpo, e sua mente, reagem a isso.

Pode ser que hoje tudo esteja ruim, o tempo, as contas, as pessoas à sua volta. Mas isso vai passar. Faça uma lista de seus sonhos e libere dopamina, tente se desconectar um pouco do ambiente, use a sua fisiologia a seu favor. Comece uma rotina mais saudável, busque ter boas noites de sono. "Não dá", "não posso", "não tenho como" são apenas desculpas da sua mente!

Lembre-se: talvez a sua infelicidade seja irreal! E se você pudesse, por alguns momentos, sair da sua realidade, de forma consciente, e entender que ela é só um recorte da sua vida, como será que você se sentiria. Pois tente! Crie rituais, ao acordar, seja grato por mais um dia. Antes de dormir, agradeça pelo que aconteceu. Proporcionar a nós mesmos boas sensações nos faz, aos poucos, pessoas mais leves e felizes.

Em invés de ficar focado no que te traz insegurança e incertezas, busque o que te traz paz. Comece a trabalhar a postura, levante os ombros, a cabeça, impeça seu corpo de se entregar, de ser infeliz. Observe como está seu tom de voz, como você se veste. A postura, a fisiologia. Quem você é, hoje, na sua forma de se apresentar.

A sua expressão verbal faz a energia física subir do coração para o corpo, e logo seu corpo recebe essa informação e você passa a ter outros sentimentos em relação ao que está acontecendo no momento.

Se por dentro você se sente mal, comece mudando o lado de fora. Ajuste a coluna, inspire e expire demoradamente e de forma consciente, olhe mais para o alto e menos para baixo. Coloque um sorriso no rosto, permita que seu corpo acredite que está feliz. E perceba a mudança acontecer. Use o externo como ferramenta do bem, e não apenas como algo que te coloca para baixo. Ser feliz é uma questão de atitude.

Cap. 4 - Transmutando a dor?

Quem fica esperando o dia certo para ser feliz pode viver uma vida inteira de arrependimentos. Por isso esse assunto é tão urgente, por isso precisamos falar sobre Felicidade e Plenitude. Quando preencher sua Roda da Vida, esse campo terá um poder avassalador de carregar sua alma com suavidade e com alegria, se você assim o permitir. Mas, se você ficar esperando o momento certo chegar, pode simplesmente perder o melhor de si.

Na vida, estamos escolhendo o tempo todo. E, por menor que seja, em cada escolha há uma renúncia, ou até mesmo várias. Não podemos ter tudo, não podemos ser tudo. Escolher é uma constante. Tomamos decisões a cada minuto de nossas vidas e a cada decisão há uma consequência que temos que enfrentar. Então, como agir, se desejamos ser felizes, mas nos deparamos com situações que fogem ao nosso controle, e com frases ditas sem maldade, mas que nos magoam profundamente, como a dita por minha madrinha quando eu tinha 8 anos?

QUEM É FELIZ NÃO FOGE DA ADVERSIDADE, APENAS PASSA POR ELA COM UM NOVO OLHAR, SABENDO QUE ALI ESTÁ ALGO A APRENDER, E NÃO A SE LAMENTAR.

Não existe, realmente, um cenário ideal para ser feliz. É preciso aprender a ser feliz do jeito que se é, com o que se tem, e, com isso, ampliar esse sentimento de forma que ele atraia mais e mais bons momentos. Os momentos ruins deixarão de existir? Não. Mas eles terão menor impacto em nossas emoções.

Quando, em invés de borboletas, sentimos um dragão enorme se remexendo dentro de nosso estômago, soltando fogo pela boca e lágrimas descontroladas pelos olhos, como reagir a esse terremoto emocional? É preciso permitir-se sentir a dor, e não anestesia-la somente. Ser feliz não significa não ter momentos tristes, mas ter mais capacidade de se levantar depois de uma queda, de entender que há sempre algo a aprender com cada dorzinha que nos invade a alma.

É válido, muitas vezes, viver o luto interno. Há que se respeitar. As dores que nos são apresentadas na vida fazem parte da nossa história, somos pessoas reais com questões delicadas e desafiadoras o tempo todo. E, nesse turbilhão de emoções, o que nos salva é aquela luz cintilante e clara, que nos cega e hipnotiza e que está lá, no final do túnel. Ela nos preenche a ponto de não querermos olhar para mais nada, apenas segui-la.

O túnel é longo e a luz, além de ser um farol, também aquece e conforta. São seus valores, chamando para o que realmente importa e faz sentido para você, ser único e especial, que merece, sim, SER FELIZ. Se você consegue entender que suas decisões são baseadas nesses valores, que eles são seu porto seguro e que é para eles que você deve voltar, não há noite que dure para sempre.

Desejo que tenha sido proveitosa nossa jornada juntos, espero encontra-lo em algum treinamento do Reprogr(amar), em algum outro material ou em encontros que a vida nos proporciona a todo instante.

Pensando novamente naquela menina que escutou de forma tão amorosa sobre um "defeito" seu, o qual deveria ser escondido do mundo, vejo, hoje, que ela passou tempo demais se sentindo pouco merecedora, acreditando que precisava mudar para ser perfeita, para ser feliz. Ela não sabia que somos todos incríveis e dignos da energia mágica e universal do amor e da alegria.

O que aprendi por meio das experiências e que ainda aprendo, nas turmas do Reprogr(amar), nos atendimentos que faço e com as pessoas que me procuram, na sala de aula e na minha vida, é que a felicidade está o tempo todo em nós. Ela é a maior e melhor escolha que podemos fazer.

Ajustar as lentes do amor-próprio e da auto responsabilidade é um grande passo rumo à felicidade e à plenitude.

Sorria!

ESPIRITUALIDADE

MONICA **OLIVEIRA**

Espiritualidade
@monicaoliveira4

Sobre a Autora:

- Especializada em Autoconhecimento.
- Terapeuta holística e Quântica; Master em Reiki; Thetahealer; Terapeuta de Barra De Access; Aromaterapia (Bella Prana Yoga & Meditation Miami, Tampa USA) e Meditação (Vipassana Meditation Center Bali - Indonésia e Meditation Technologies For Wellbeing - EUA).
- Apaixonada pela vida, Buscadora da Verdade, Viajante, Vegetariana!
- Carioca-americana, residente nos EUA há 14 anos!
- Contato: monicaoliveira4780@gmail.com • Instagram: @monicaoliveira4
- Website: monicaoliveiraterapias.com

Cap. 1 - Minha jornada pessoal

Meu interesse pela espiritualidade começou cedo, aos 15 anos. Tudo começou com um sentimento, uma espécie de chamado que me conduzia em uma determinada direção, mas que minha mente racional tinha dificuldades para compreender. Lembro-me de que, nesta mesma época, por meio de uma feliz coincidência, recomendaram-me um livro que tratava de vidas em outros planos, além do físico e material. Após concluir a leitura da obra, tive uma estranha sensação de familiaridade com o assunto, como se ela tivesse despertado em mim uma antiga lembrança. Depois desta experiência, senti-me impelida a aprofundar meus estudos.

Busquei conhecimento sobre as diversas religiões e sobre a espiritualidade e seus inúmeros caminhos e vertentes, dando início a uma verdadeira jornada pessoal por uma resposta. Em determinado ponto, porém, cheguei à conclusão de que se tratava mais de uma busca teórica do que prática. Aos poucos, acabei perdendo aquele impulso inicial e a espiritualidade acabou se tornando um tema secundário em minha vida, uma ferramenta utilizada apenas para os momentos de crise. Mesmo com toda a minha bagagem teórica, eu ainda tinha dificuldade para compreender - e principalmente valorizar - a espiritualidade como pilar fundamental para uma existência integral, saudável e equilibrada no plano terreno.

Com o passar do tempo, acabei afastando-me da minha essência e, infelizmente, isto trouxe consequências: foram muitos anos lidando com a depressão, tomada por um vazio interno que mal conseguia explicar e que só conseguia aplacar com o auxílio de remédios. Não havia qualquer sintonia entre meu corpo, minha mente e meu espírito. Lutava apenas para sobreviver, um dia após o outro.

Dizem que há duas maneiras pelas quais podemos despertar: pelo amor ou pela dor. Definitivamente, no meu caso, foi pela dor!

Aos 35 anos, quando me vi completamente esgotada diante de uma intensa crise depressiva e sem conseguir vislumbrar uma saída, optei por uma simples atitude: da forma mais sincera possível, orei e pedi ajuda a Deus. Foi um momento de entrega, de tomar coragem para mergulhar no Seu Amor.

Após a minha oração, recebi a ligação de uma prima. Em nossa conversa, ela recomendou muito que eu assistisse a um documentário sobre Santiago de Compostela, cidade espanhola mundialmente famosa pela sua mística, conexão espiritual e principalmente pela sua peregrinação de milhares de quilômetros. O primeiro sinal fora dado! Não só assisti ao documentário como, dois meses depois, eu mesma estava lá, sozinha com minha mochila, minhas botas e... minha fé! Ali, tive o "marco-zero" do meu despertar espiritual!

Depois da minha oração, não houve mais crise, dúvidas ou vontade de voltar atrás. No auge da minha dor, tive a bênção de ser reconduzida à minha luz! Em pouco tempo, percebi que estava sendo guiada para um propósito maior: sinais, pessoas, mensagens e vídeos chegavam até mim sem que precisasse fazer qualquer esforço, como se apontassem o caminho a ser trilhado dali em diante! E, quanto mais eu compreendia os sinais, mais o Universo me presenteava! Percebi que, quanto mais eu me abria para a mudança dentro de mim, mais meu entorno respondia à minha presença! As pessoas passaram a notar minha transformação e reagiam positivamente a ela. Era como um "contágio" do bem!

Decidi, então, que era o momento certo para retomar meus estudos sobre Espiritualidade. Desta vez, porém, estava mais consciente de que meu comprometimento com a parte prática deveria ser total.

O esforço gerou resultados. Ao me aprofundar nos estudos da meditação, pude descobrir o "melhor remédio" disponível para o ser humano: além de funcionar a qualquer hora e em qualquer local, quanto maior a dosagem, melhor! Ao praticar Yoga, pude experimentar um enorme salto na consciência corporal e, através dos exercícios de respiração, aprendi a equilibrar corpo, mente e espírito.

Em paralelo, procurei buscar o conhecimento direto da fonte: estudei e frequentei o xamanismo e participei de diversos retiros espirituais realizados em silêncio absoluto. Também tive a oportunidade de realizar uma imersão espiritual em Bali, na Indonésia e, durante a viagem, pude testemunhar o que significa viver a devoção e o amor ao próximo no dia a dia , além de perceber o quão desconectado se encontra o nosso tão racional Ocidente.

Por fim, procurei também não ignorar os mais recentes avanços científicos na área. Foi através do estudo da Física Quântica que pude melhor compreender a relação das energias que nos circundam com a nossa saúde e bem-estar.

Depois de todo este intenso e lindo aprendizado, de todos os picos luminosos e vales tenebrosos, pude finalmente compreender que a vida estava me preparando para algo maior. Ela estava me preparando para, através da minha história e vivência íntima com a espiritualidade, manifestar meu verdadeiro propósito: ajudar as pessoas, por meio de práticas e ferramentas simples e diretas, a redescobrirem a verdade sobre quem realmente são (e que, na verdade, nunca deixaram de ser): puro Amor e pura Luz!

Cap. 2 - O que é espiritualidade?

Apesar do título deste capítulo, não tenho qualquer pretensão de chegar a uma definição final para algo tão íntimo e subjetivo. Sinto, porém, que preciso compartilhar com você a minha própria definição de Espiritualidade, elaborada após estes longos e desafiadores anos de estudo e prática. Para mim, a Espiritualidade é sinônimo de conexão com o "Eu Maior" - que pode ser compreendido como o divino que nos habita e que tem o coração como guia.

Meu objetivo, com este capítulo, é incentivá-lo a procurar a sua própria definição. O que é Espiritualidade para você? Mas, talvez, antes de elaborar uma resposta que o satisfaça, seja necessário um mergulho ainda mais profundo nesta aventura chamada "vida".

Mais cedo ou mais tarde ao longo da nossa existência, todos nós nos depararemos com os seguintes questionamentos: "quem sou eu?"; "o que estou fazendo aqui?"; "será que nasci somente para estudar, construir uma carreira, casar, ter filhos, me aposentar e morrer?". Inevitavelmente, após um período de reflexão, a pergunta mudará de escala: "será mesmo que, diante da diversidade e tamanho do nosso planeta, da imensidão da nossa galáxia e da quase infinidade do Cosmos, eu existo apenas para cumprir este roteirinho pré-estabelecido? Será mesmo este o propósito de Deus?"

Muitos deixarão estas perguntas sem resposta - por medo ou simplesmente por julgarem-nas irrelevantes para as suas vidas. Por outro lado, se você for vítima de um insistente e desagradável incômodo ao se debruçar sobre estas questões, este pode ser o tão aguardado chamado para se iniciar uma busca espiritual.

No meu caso, este incômodo era recorrente: sempre fui curiosa para saber o que movia o ser humano e se, em seu interior, haveria algo a mais do que apenas tecidos, ossos e órgãos. Talvez existisse algo que pudesse ser captado apenas pelas emoções e sensações e que meus olhos não eram capazes de enxergar. Algo como uma alma - ou espírito - talvez?

Não vou mentir: o início da jornada espiritual se assemelha a um tateamento no escuro. Para complicar, a nossa mente, tão condicionada e ávida por ruídos, fará de tudo para tirar o nosso foco e roubar-nos o silêncio e a presença - condições fundamentais para a percepção da dimensão espiritual. Aprender a silenciá-la é fundamental. Aos poucos, vamos aprendendo a discernir nossos pensamentos e, à medida que avançamos no processo, vamos aprendendo a nos desapegar deles. Percebemos que podemos nos colocar como meros observadores, sem a necessidade de seguir este ou aquele pensamento. Este aprendizado é essencial se desejamos estabelecer uma real conexão com o nosso ser e passarmos a ser guiados pelo coração. Para os que buscam amar sem querer nada em troca, perdoar, sentir compaixão e servir ao próximo desinteressadamente, não há outro caminho a trilhar. Pouco a pouco, com muito empenho, comprometimento, abertura e paciência, conseguimos incorporar essas virtudes em nosso dia a dia . Trata-se de um exercício, cujo objetivo final é uma verdadeira e inquebrantável conexão com o nosso Ser.

Sem dúvida, é tempo de valorizar a Espiritualidade como um componente primordial em nossa vida! Até porque, no mais profundo, não há qualquer diferença entre a nossa vida e a espiritualidade. De início, a tratamos como uma ferramenta, um mero exercício inserido na nossa atribulada rotina. Porém, com o passar do tempo e aprofundamento nas práticas, passaremos a confundi-las: vida e espiritualidade como uma coisa só, juntas e indissociáveis. Nosso ego, antes o senhor das nossas ações, vai perdendo espaço. E passamos a ser comandados pela voz do coração, a única que verdadeiramente sabe o caminho.

Assim foi a minha experiência!

Espiritualidade e religião

Quando falamos de espiritualidade, é natural que surjam dúvidas e questionamentos sobre a sua relação com as diferentes religiões. Muitos ainda tendem a confundi-las, colocando-as na mesma balança. Portanto, é fundamental que possamos compreender a diferença entre estes dois conceitos, evitando conflitos e tabus desnecessários.

Religião pode ser definida por um conjunto de ritos, crenças, valores morais, símbolos e narrativas particulares que têm a função de facilitar a compreensão do Mistério pelos seres humanos. Espiritualidade, por sua vez, trata da adoção de práticas, hábitos e atitudes que favorecem a experiência direta e individual da essência contida nos ensinamentos religiosos. Os dois conceitos são independentes entre si, o que significa dizer que podemos encontrar uma pessoa que segue os ensinamentos de uma determinada religião, mas ignora a espiritualidade no dia a dia . Da mesma forma, podemos identificar outra que desenvolve a espiritualidade e não possui uma religião específica. E há, ainda, aquela que possui uma religião específica, e também considera a espiritualidade como parte fundamental da sua vida.

Gostaria de reforçar que, independentemente dos caminhos e práticas adotadas, é essencial que não caiamos na tentação do julgamento ou na armadilha dos rótulos. Quando insistimos em classificar as práticas espirituais em "melhor" ou "pior" ou afirmar que só a nossa religião é a "verdadeira", estamos, na verdade, erguendo mais muros e gerando mais separação. Como consequência, ferimos um princípio fundamental e universal, contido nas principais religiões do mundo, que é o cultivo do amor ao próximo.

Não devemos nos esquecer de que, mesmo entre as principais religiões do mundo, é muito comum que haja discordância de interpretação entre os seguidores de uma religião particular quanto à simbologia e trechos contidos nas escrituras sagradas. Se levarmos em consideração as particularidades de cada ser humano e a forma como cada um constrói as suas relações com os símbolos sagrados e os associa à própria vida, podemos dizer que existem hoje cerca de sete bilhões de religiões diferentes - uma para cada habitante do planeta!

Cada um de nós deve assumir a responsabilidade pelo seu próprio caminho, compreendendo que, independentemente de escolhermos frequentar um culto religioso ou optarmos por práticas espirituais solitárias, nosso objetivo final e comum é despertar a nossa melhor parte. Todos nós ansiamos por uma revolução interna, que acorde o ser divino que nos habita!

Na minha trajetória, eu tive contato com diversas religiões. Conheci seus diversos pontos de vista, narrativas e rituais e penso que foi fundamental para o meu desenvolvimento e amadurecimento como ser humano.

Hoje em dia, não me vejo como seguidora de uma religião específica, mas uma pessoa dedicada a ensinar e aprender sobre a essência presente em todas elas: o cultivo do Amor!

A espiritualidade e a ciência moderna

O ser humano ainda possui uma enorme resistência ao desconhecido - principalmente quando este lida diretamente com seus sentimentos e emoções. Temos a necessidade de compreender e elaborar o que se passa conosco, a cada instante. Por esse motivo, é compreensível que haja um certo ceticismo e até mesmo um certo temor com relação à dimensão espiritual, porque a própria Ciência ainda tem dificuldades para explicá-lo de uma forma objetiva.

Nos anos recentes, porém, temos testemunhado o quanto a Física Quântica e a Neurociência têm se destacado como as principais pontes para integrar Ciência e Espiritualidade.

A Física Quântica, ao tratar da escala atômica dos corpos, nos lembra que há energia em todos os corpos do Universo e que o nível de vibração dos átomos será fundamental para estabelecer a característica de um determinado corpo.

Ao longo da minha jornada espiritual, por exemplo, experimentei muitas sensações diferentes, as quais estava longe de compreender. Ao estudar Física Quântica, porém, percebi que existia, sim, um respaldo científico para aquilo que eu estava vivenciando - e isso me trouxe um enorme alívio!

A Neurociência, por sua vez, tem trazido um número crescente de informações sobre o funcionamento do nosso cérebro, esclarecendo muitas questões até então misteriosas sobre o comportamento humano. A mente humana, possivelmente a mais poderosa ferramenta já criada pela natureza, está sendo desbravada a um ritmo jamais visto e isso nos permitirá compreender cada vez mais nosso verdadeiro potencial como espécie e também entrar em contato com nossas fragilidades e limitações. Quanto à sua interconexão com as práticas espirituais, muitos neurocientistas estão, neste exato momento, empenhados em estudar os efeitos da meditação sobre o nosso cérebro e como ela pode atuar para diminuir ou até mesmo extinguir sintomas de estresse, ansiedade e depressão.

Ainda existe um longo caminho para compreender melhor como as vibrações dos átomos se relacionam com a nossa mente, nossos pensamentos, emoções e sensações, ou mesmo como a energia do ambiente e das pessoas ao nosso redor podem impactar a nossa própria energia. Porém, no seu próprio ritmo, a ciência começa a adentrar um território que, há pouco tempo, era considerado místico e, para alguns, até mesmo fantasioso.

Enquanto não temos todas as respostas, precisamos aprender a confiar em nossas sensações e intuições, utilizando-as como um termômetro - porque não precisamos aguardar por nenhuma comprovação científica para começar a transformar nossas vidas!

Cap. 3 - A espiritualidade e seu papel na vida moderna

Neste início de século XXI, a humanidade tem sofrido as consequências pela adoção de um ritmo frenético de vida. Doenças como ansiedade, estresse e depressão são vistas de modo cada vez mais corriqueiro e são os frutos colhidos de uma sociedade que optou por permanecer conectada de forma ininterrupta. Por outro lado, ao mesmo tempo que escolhemos estar presentes e atuantes nas redes sociais, nunca estivemos tão desconectados e ausentes de nós mesmos.

Esta desconexão nos é revelada a todo momento, por meio da forma como conduzimos a nossa própria existência: ignoramos o tipo e a qualidade dos alimentos que nutrem o nosso corpo, somos incapazes de estabelecer relacionamentos profundos com outro ser humano e trabalhamos em empregos que nos tornam pessoas amargas e infelizes. Infelizmente, a lista poderia continuar por mais algumas linhas e só demonstra o quanto temos negligenciado partes fundamentais da nossa vida. Partes que, se ignoradas por muito tempo, transformam-se em doenças.

Não precisamos refletir muito para concluir que o modelo vigente é insustentável e muitas pessoas já perceberam que uma mudança radical de paradigmas se faz necessária. Contudo, muitos se veem confusos ou inseguros diante deste cenário, sem saberem por onde começar.

O desenvolvimento da espiritualidade surge como um dos possíveis caminhos para atravessar o turbilhão de mudanças e não é difícil perceber a razão pela qual cada vez mais indivíduos se dedicam a ela: em um mundo onde tudo muda a cada instante, o nosso maior desafio como humanidade passou a ser a busca por um sentido.

Entretanto, ainda é um enorme desafio conciliar a prática espiritual com a atribulada rotina moderna. Temos a impressão de que o tempo tem se tornado cada vez mais escasso e tendemos a desanimar quando precisamos encaixar atividades que requerem tempo, dedicação, concentração e que, muitas vezes, não promovem resultados imediatos. Além disso, nossos filhos, esposo(a), a nossa carreira, afazeres domésticos e família também demandam nosso tempo e atenção. Independentemente dos desafios que você possa estar enfrentando agora, o que posso afirmar, com toda a certeza é o seguinte: nunca a espiritualidade foi tão necessária como nos nossos dias!

Na maioria das vezes, muitos dos problemas e situações que estamos enfrentando - e que julgamos intransponíveis -, podem ser resolvidos ou melhor compreendidos através das práticas espirituais, pois elas nos ajudam a restaurar a paz e equilíbrio internos, oferecendo-nos uma outra perspectiva e um olhar mais sóbrio diante do desafio. Ao mesmo tempo, elas impedem que sejamos tragados pelos turbilhões do medo, da raiva e da desesperança.

Se nós, seres humanos, não desejamos colher um mundo ainda mais doente, precisamos, com urgência, considerar a espiritualidade como parte essencial de nossas vidas!

4. A Espiritualidade e seus aspectos sutis

Uma das consequências do desenvolvimento da Espiritualidade é o aumento da nossa sensibilidade. À medida que nossa percepção se expande, estabelecemos uma nova relação com o nosso campo emocional e com o nosso corpo. Passamos a discernir melhor entre os elementos que ajudam a mantê-los em equilíbrio e aqueles que contribuem para o aumento das tensões, dores e até mesmo doenças.

Algumas filosofias antigas já reconheciam a existência de um corpo sutil, dotado de diversos centros de energia, que seria responsável pelo nosso estado de saúde e pelo bom funcionamento do nosso corpo físico.

Os hindus, por exemplo, possuem uma notável tradição no estudo dos Chakras (Rodas, em sânscrito) que data, pelo menos, de cinco mil anos atrás! Os Chakras, segundo esta tradição, seriam responsáveis pela condução da nossa energia vital e pelo nosso equilíbrio físico, mental, emocional e espiritual. Os diversos centros de energia distribuídos pelo nosso corpo estariam, todos eles, associados a uma glândula específica do nosso sistema endócrino.

As energias presentes no nosso entorno também influenciam nosso corpo sutil e seus respectivos centros de energia, podendo modificar seu padrão vibracional.

Podemos dizer que a realidade que criamos está condicionada à frequência que vibramos. Estamos o tempo todo emitindo e absorvendo energia em nossas interações, por meio dos nossos pensamentos, tipos de relacionamento, ambientes que frequentamos, o que falamos, assistimos ou escutamos. Como consequência, atraímos para as nossas vidas tudo aquilo que vibra na mesma frequência e, dependendo da qualidade destas interações, podemos expandir ou contrair nosso campo energético.

A tabela a seguir ilustra a relação entre as frequências vibracionais e os sentimentos:

	PADRÃO	FREQUÊNCIA (HZ)
EXPANDIDO	CONSCIÊNCIA FINAL	1.000
	ILUMINAÇÃO	700 OU +
	PAZ	600
	ALEGRIA	540
	AMOR	500
	RAZÃO	400
	ACEITAÇÃO	350
	DISPOSIÇÃO	310
	NEUTRALIDADE	250
	CORAGEM	200
	ORGULHO	175
	RAIVA	150
	DESEJO	125
CONTRAÍDO	MEDO	100
	PESAR	75
	APATIA	50
	CULPA	30
	VERGONHA	20

TABELA DE FREQUÊNCIA VIBRACIONAL POR MONICA OLIVEIRA BASEADA NO MÉTODO DE DAVID HAWKINS

Fonte: Dr. David Hawkins

É essencial que possamos avaliar em que estado nos encontramos e que tipo de realidade estamos construindo com as nossas escolhas. Além das nossas interações cotidianas (pessoas e ambientes), é sempre importante avaliar se estamos conseguindo cultivar nosso padrão vibratório. O termômetro mais eficaz é uma avaliação honesta do que se passa no nosso interior. Como andam os seus hábitos? Qual a qualidade das suas relações? Que tipo de música você está escutando? Você é capaz de agradecer pela sua vida?

Não se preocupe, caso não tenha conseguido chegar a um consenso. No próximo capítulo, apresentarei ferramentas que te auxiliarão no processo de avaliar, elevar e proteger sua vibração energética!

Cap. 5 - Ferramentas para despertar a espiritualidade no dia a dia

Neste capítulo, gostaria de compartilhar com você algumas práticas espirituais que podem ser facilmente incorporadas ao seu dia a dia .

Como terapeuta e praticante, gostaria de fazer uma observação quanto à importância de não desistir logo nas primeiras semanas, pois as resistências fazem parte do processo. Assim como nos exercícios físicos, nossa mente tende a botar empecilhos quando alteramos nossas rotinas. Portanto, faço um pedido: insista!

Neste primeiro momento, peço, também, que não se preocupe com o tempo de dedicação. Comecemos com o tempo que você tem disponível, sejam cinco minutos ou uma hora. O importante é que, uma vez adotado o exercício, você se comprometa com ele diariamente e, se possível, realize-o sempre no mesmo horário. À medida que os benefícios vão sendo percebidos, naturalmente haverá maior disposição para aumentar o tempo e variar e/ou incluir práticas.

Entenda a prática espiritual como uma espécie de "musculação" para a mente: com paciência e disciplina, vamos aprendendo a silenciá-la, abrindo um espaço cada vez maior no nosso interior para a paz e para a presença.

Autoconhecimento

Arrisco dizer que o autoconhecimento é a verdadeira porta de entrada para a espiritualidade. Por meio dele, impulsionamos a mudança de dentro para fora, levando em consideração todas as particularidades do nosso SER: nossa história de vida, nossos relacionamentos, nossas forças, fraquezas e traumas. Para que sejamos bem-sucedidos, todo o nosso universo interior deve ser considerado em nossos estudos.

Embora o autoconhecimento possa existir sem o desenvolvimento das práticas espirituais, é natural que, à medida que avançamos no estudo das nossas particularidades - e em especial das nossas limitações -, começamos a desenvolver um certo interesse pela transcendência, pela superação daquilo que impede a nossa autorrealização.

Existem muitas formas de aprofundar o autoconhecimento, seja com ajuda de terceiros, por meio de terapias e cursos, ou por meio de um processo individual de autoinvestigação, que inclui a observação ininterrupta dos próprios pensamentos, emoções e comportamentos.

Ao longo do caminho, é esperado que surjam muitas questões angustiantes, tais como:

Quem sou eu?

Quem habita este corpo?

O que gosto de fazer?

No meu caso, poderia dizer que meu nome é Monica Oliveira, que nasci no Rio de Janeiro, que amo a minha cidade, o meu trabalho e o que mais gosto de fazer é viajar.

O autoconhecimento nos leva a desafiar essa descrição simplificada, de forma a aprofundá-la. Passamos a questionar esta ideia que temos de nós mesmos, partindo do princípio de que há algo a mais por detrás do que pensamos ser nossa identidade. À medida que envelhecemos, ou mesmo quando passamos por situações emocionalmente difíceis (uma doença grave, um acidente ou a perda de um ente querido), percebemos o quanto esta ideia de "eu" nos limita, nos sufoca e nos assusta.

Podemos compreender o processo de autoconhecimento como um trânsito da falsa para a verdadeira identidade. Ou, ainda, poderíamos dizer que se trata de um desvendamento do Eu Maior - a parte em nós que permanece indivisível e que podemos chamar de nossa essência.

A percepção crescente da dualidade permite que consigamos distinguir o que é originado na esfera do Ego (a falsa identidade forjada pela mente condicionada, caracterizada pelo medo, competição, autopreservação e dominada por crenças limitantes), daquilo que é determinado pelo Eu Maior (nossa verdadeira identidade, caracterizada por um estado de plenitude, paz e pertencimento).

O autoconhecimento nos permite ampliar o discernimento entre os aspectos que estão contribuindo para o nosso desenvolvimento e os aspectos que estão nos sabotando, nos fazendo andar em círculos e impedindo a plena manifestação do nosso Ser.

Uma das decorrências naturais deste aumento de percepção sobre nossas atitudes é a autorresponsabilidade. Quando nos encontramos infelizes ou em apuros, ao invés de tentarmos investigar a situação e aprender com ela, temos uma tendência natural a botar a culpa em fatores externos a nós (outras pessoas, situações, o governo, etc.) e evitamos olhar a pequena parte que compete a nós, sobre a qual podemos atuar e fazer a diferença. O autoconhecimento nos faz perceber o quanto deixamos de realizar em nossas vidas quando culpamos os outros pela nossa estagnação.

Naturalmente, todas as áreas da nossa vida serão revisitadas à medida que ampliamos a percepção sobre as causas e consequências das nossas ações. Podemos citar o exemplo da alimentação, uma área crítica para a maioria das pessoas. Quando avançamos no autoconhecimento, ficamos mais responsáveis em relação aos tipos de alimentos que escolhemos para servirem de combustível ao nosso corpo. À medida que vamos percebendo a dinâmica e o impacto das nossas escolhas, adquirimos um grau de maior honestidade com o nosso próprio Ser, percebendo com maior nitidez como nossas fraquezas e contradições têm contribuído para nos sabotar.

Caminhamos em direção à Verdade quando começamos a reconhecer todos os aspectos internos que estão em desacordo com ela, e que são sustentados pelos nossos amortecimentos e vícios. Para se atravessar essa etapa com sucesso, é necessário desenvolver e fortalecer a humildade - pois não é fácil reconhecer que as palavras que saem da nossa boca, nossas ações e pensamentos são os verdadeiros responsáveis pelos contratempos que enfrentamos!

A etapa final do autoconhecimento é a percepção irrefutável de que somos co-criadores do nosso entorno e que possuímos o poder para transformar tudo o que não é do nosso agrado. Mas, antes que isto seja possível, é preciso que alinhemos este poder com a nossa essência.

Trata-se de uma tarefa que nos demandará foco, disciplina, humildade e, acima de tudo, coragem!

Coragem para assumir quem realmente somos!

Exercício sugerido: "Diário do autoconhecimento"

Separe um bloco ou caderno específico e tome nota de todos os acontecimentos que tiveram impacto nas suas emoções ao longo do dia.

Identifique a atividade, o local e as pessoas envolvidas. Avalie se a situação contribuiu para elevar sua energia (através de sensações como bem-estar, pertencimento ou alegria) ou para rebaixá-la (através de sentimentos como cansaço, desânimo, tristeza e desencaixe). Atente-se também para aquelas situações em que você se percebe procrastinando (que ocorre quando não priorizamos ou adiamos com frequência a realização de uma tarefa essencial para as nossas vidas).

Depois de um tempo de prática, é bem possível que você note um padrão: certos locais, atividades e pessoas tenderão a fazê-lo se sentir desconfortável e outros contribuirão para tornar seu dia mais prazeroso.

Destaque as características das pessoas, atividades e locais que o incomodam e depois faça o mesmo com aqueles que lhe propiciam uma sensação de prazer.

Você tomará consciência de um incômodo ciclo de repetições, que é alimentado sempre que reage da mesma maneira à simples presença de uma pessoa ou diante de um problema.

Pergunte-se até que ponto as interações com as pessoas, tarefas e locais que lhe desagradam poderiam ser transformadas, diminuídas ou simplesmente excluídas do seu dia a dia .

Qual a SUA responsabilidade nessas interações e sob quais circunstâncias elas passaram a ser parte da sua vida? O que VOCÊ poderia fazer a respeito delas?

Faça as mesmas reflexões para os momentos que considerou como positivos em seu dia.

Será que eles poderiam ocorrer com mais frequência? Pergunte-se até que ponto ocorre uma autossabotagem para impedir que eles ocorram.

Sugiro realizar este exercício com leveza e com um olhar compassivo para si mesmo. Note que o objetivo desse diário é lhe trazer um certo grau de distanciamento, fazendo com que você enxergue a situação com mais objetividade.

É necessário recordar que somos os criadores da nossa própria realidade. Os outros são meros reflexos do nosso estado interno e não teremos qualquer chance de mudar nosso destino enquanto não aprendermos a diferenciar o REAGIR, que nasce a partir da inconsciência das nossas emoções, do AGIR, que nasce a partir da consciência e da nossa sabedoria interna.

Lembre-se de que o seu objetivo final é assumir a responsabilidade por cada minuto do seu dia!

Meditação

A meditação é a prática espiritual que favorece o encontro consigo mesmo, no momento presente. Trata-se da contemplação e compreensão consciente da experiência do ser. A prática exige que o praticante empenhe toda a sua atenção no que está fazendo naquele exato momento, sem se dispersar. É caracterizada por um silêncio profundo, pela atenção plena e pelo relaxamento

O objetivo da prática é promover uma desaceleração gradual da atividade cerebral. Existe uma região em nosso cérebro denominada tálamo, localizada no córtex, cuja função é integrar todas as informações captadas do mundo externo por meio dos nossos cinco sentidos (visão, olfato, paladar, audição e tato). Com a prática da meditação, ocorre uma diminuição da atividade do tálamo e as informações sensoriais chegam ao nosso cérebro mais lentamente. Ao ficarmos menos expostos a estímulos, conseguimos desacelerar os pensamentos, focando apenas na atividade em si.

Neste tão atribulado início de século, em que a falta de concentração e o constante "estado de alerta" (insônia e estresse crônicos) tornaram-se lugar-comum em nossa sociedade, a meditação nunca foi tão necessária. E, pelos mesmos motivos, ela nunca foi tão levada a sério pela Ciência como nos nossos dias. Melhoria da concentração, aumento da criatividade e diminuição da ansiedade foram apenas alguns dos resultados comprovados pelos cientistas, além de também ser indicada para o tratamento de pessoas que sofrem com a depressão.

A lógica por trás da meditação não poderia ser mais simples: uma mente cheia de ruídos não produz outra coisa senão resultados cheios de ruídos. Os ruídos brotam do nosso inconsciente, ou seja, são produzidos por meio das nossas crenças, medos e desejos. Como temos dificuldade em lidar e aceitar certos conteúdos da nossa psique, eles passam a agir à revelia da nossa vontade consciente, retirando-nos da nossa presença e nos mantendo em um ciclo de repetições. A meditação, por sua vez, contribui para fortalecer a nossa mente, treinando-a para permanecer no momento presente. Buscamos, assim, reeducá-la para que ela passe a agir a favor das nossas verdadeiras intenções e pare de nos sabotar com o bombardeamento de pensamentos e sensações - pois, na maioria das vezes, estes não possuem qualquer conexão com a realidade do nosso entorno.

A meditação também pode ser um excelente veículo para a identificação do nosso propósito de vida pois, à medida que fortalecemos nossa presença e nossa autopercepção, começamos a ficar mais atentos às atividades e projetos com os quais estamos envolvidos e começamos a perceber a influência deles em nossas sensações e emoções. Podemos, assim, começar a buscar atividades que nos preencham de fato e que nos tragam sensações de pertencimento e encaixe.

Como praticante da meditação por alguns anos, pude comprovar verdadeiramente os seus benefícios. Não só encontrei mais paz e equilíbrio para o meu dia a dia , mas hoje consigo enxergar melhor as coisas como elas realmente são, sem exagerá-las (o que todos nós, de maneira geral, estamos acostumados a fazer quando não estamos atentos). Outra grande surpresa que a prática me revelou é que podemos chegar a estados de pura alegria, sem que nada especial esteja acontecendo ao nosso redor. É uma alegria sem causa, propiciada apenas pelo contato com o nosso "eu" mais íntimo! Foi por meio da meditação que cheguei à conclusão de que a nossa mente funciona como uma espécie de "árvore dos desejos" - e que, absolutamente tudo que se manifesta na nossa vida originou-se, primeiro, em nossa própria mente.

A princípio, pode parecer que estamos lidando com algo difícil e complexo, mas a eficácia da meditação reside em sua simplicidade. Isto não significa dizer que ficaremos livres dos desafios, pois precisaremos desenvolver nossa paciência, disposição e disciplina, principalmente nos dias em que estamos mais agitados. É preciso aceitar que alguns dias serão melhores do que outros, e que nem tudo que ocorre durante a prática está sob nosso controle.

Outra característica positiva da meditação é sua flexibilidade: podemos praticá-la de muitas formas diferentes, a qualquer hora do dia.

Para pessoas que sofrem com transtorno depressivo, por exemplo, recomendo a meditação logo ao acordar. Este é um momento crucial do dia e, se não estivermos atentos, estes poucos minutos podem definir como será o restante dele. No momento em que percebermos a formação de um padrão negativo em nossos pensamentos, a meditação pode nos ajudar a "sintonizar" em outra estação, tal como um aparelho de rádio. Basta que imaginemos nosso cérebro como um modulador de frequência, e que, logo nas primeiras horas do dia, já podemos escolher os tipos de pensamento que desejamos escutar. Podemos escolher olhá-lo sob uma nova perspectiva - uma que nos traga mais leveza e disposição.

Já para os que sofrem de transtornos de ansiedade e que têm dificuldades para desacelerar, recomendo que pratiquem a meditação antes de irem para a cama. O excesso de pensamentos neste período do dia (incerteza sobre o futuro, pendências não resolvidas durante o dia, eventos importantes no dia seguinte, etc.) poderão resultar em horas de insônia e inquietação. A meditação contribuirá para reduzir o nível de atividade cerebral até que a pessoa retorne ao momento presente, no aqui e agora - onde passado e futuro não existem e, portanto, são indignos de qualquer preocupação.

Quanto à postura, também não existe um padrão rígido. Ainda que a posição de lótus seja a primeira que nos venha à cabeça quando falamos de meditação, devemos sempre optar por uma posição confortável e que, acima de tudo, favoreça nosso relaxamento. Eu, por exemplo, costumo meditar deitada, observando sempre alguns cuidados básicos. Mantenho a coluna sempre reta, fico atenta ao ritmo da respiração e, por me encontrar na posição horizontal, tomo cuidado redobrado para não cair no sono.

O último ponto que gostaria de destacar refere-se à preparação do ambiente. Recomendo reservar um cantinho da casa para a prática. Um local que seja silencioso e que tenha, por exemplo, um altar ou objetos que inspiram paz e tranquilidade.

É importante recordar que os resultados da meditação são de natureza subjetiva. Buscamos, por meio dela, uma melhor percepção de nós mesmos, de modo que seremos sempre livres para fazer ajustes e buscar novas abordagens. O formato, em si, não é o mais importante. O mais importante é permitir que a prática nos leve até o nosso silêncio interior - aquele núcleo tão conhecido e tão desejado pelo nosso Ser, onde reinam a paz, a harmonia e o equilíbrio. Sensações estas que, no mais profundo, são inatas à nossa essência divina!

Exercício sugerido: roteiro prático para meditação

Escolha um lugar silencioso e calmo na sua casa, um lugar que você possa ter como seu "cantinho Zen". Fique à vontade para decorá-lo com flores, plantas, velas - o que preferir. O importante é que você se lembre que se trata do seu lugar de RECONEXÃO!

Antes de iniciar, você pode optar pelo silêncio ou por uma música suave.

Procure sentar-se ou, se preferir, deitar-se, buscando uma posição confortável e alinhando a coluna. É muito importante que a coluna permaneça alinhada durante toda a prática e, para o caso da meditação deitada, sugiro abrir mão de qualquer tipo de travesseiro ou almofada.

Feche os olhos com suavidade, colocando a atenção no fluxo da respiração. Respire profundamente por 3 vezes, buscando o relaxamento. Em seguida, respire suavemente, sempre pelas narinas.

Permaneça ali com você, apenas observando o ar que entra e sai.

Para começar, sugiro o período de 5 a 10 minutos. Este tempo pode ser aumentado de forma gradual, até que se chegue ao ciclo de 20 minutos, que considero como ideal.

Vale lembrar que existem muitas outras formas de se realizar este exercício. Ao invés do foco na respiração, pode-se considerar também técnicas de visualização ou afirmações, por exemplo. O importante é a plena atenção naquilo que se deseja.

Independentemente de qual seja a sua intenção, o que vale é que busquemos essa clareza em nosso próprio interior - pois, quando se trata das nossas questões mais profundas, não existe outro lugar para procurar!

Amor próprio, caridade e serviço

O amor próprio é a base de todo amor. Ele nos conecta ao nosso "Eu Maior" e, se não o cultivamos, torna-se impossível amar o outro de forma verdadeira ou mesmo perceber o amor que emana dele em nossa direção.

Dentro do meu processo, percebi que o olhar amoroso para o meu próprio ser mudou muito a forma como as pessoas passaram a me tratar. Quanto mais eu cuidava de mim, respeitava minhas vontades, decisões e meu próprio corpo, mais o meu entorno respondia positivamente. Consegui perceber o quanto o meu modo de agir impactava no meu próximo. Ao perceber esta dinâmica, passei a fazer mais coisas que me agradavam, sem me importar em agradar os outros exclusivamente. Ser verdadeira comigo mesma passou a ser a prioridade.

Para conseguirmos colocar o amor próprio em prática, recomendo fazer afirmações pela manhã. Por exemplo, logo ao acordar, você pode se olhar no espelho com um sorriso, afirmando: "Eu sou Amor"; "Eu sou perfeito(a) exatamente como sou"; "Eu abro meu coração para amar e irradio amor"; "Eu confio no poder do amor que habita em mim." Permita-se declarar e sentir o amor a você mesmo: ele é o caminho mais curto para que possa perceber e valorizar o amor que o rodeia!

Em relação à caridade, considero-a como um "treino do amor". Por meio dela, abdicamos do nosso egoísmo e voltamos toda a nossa atenção às necessidades do nosso irmão, contribuindo para tornar sua vida mais leve e significativa.

Talvez soe estranho para você considerar a caridade como uma prática espiritual. Muitos consideram a caridade como o dom natural de um indivíduo, como se esta característica estivesse embutida em sua personalidade. Mas eu garanto que ela é um dom natural a todos nós(!) e, como todos os dons, necessita ser praticado para que renda frutos. Por outro lado, ainda que todos nós tenhamos este potencial dentro de nós, cabe lembrar que todo dom esquecido e não desenvolvido tende a enrijecer. Assim, quando nos fechamos à caridade e não a consideramos em nossas relações, tendemos a fechar nosso coração e a caminhar no sentido do isolamento e do egoísmo, os quais inevitavelmente nos tornam infelizes.

Muitos podem dizer a si mesmos que não têm nada a oferecer ou até mesmo descobrirem que não têm coragem para ajudar os irmãos que passam por tribulações. Costumamos imaginar os caridosos como pessoas além do nosso alcance, caracterizadas por um nível de bondade que simplesmente não conseguimos alcançar. Mas, se damos o primeiro passo e encaramos o desafio, descobrimos que podemos fazer muito com apenas um olhar, um sorriso e uma presença firme e atenta.

Aos poucos, vamos nos abrindo para fazer cada vez mais e percebendo que, na realidade, quando praticamos o ato de caridade, somos nós mesmos os verdadeiros beneficiados. É como se sentíssemos uma leveza na alma, um estado de paz e tranquilidade que nos permite compreender, com o coração, o verdadeiro sentido do ensinamento do Mestre Jesus:

"Mais bem-aventurada coisa é dar do que receber."

Gratidão

A GRATIDÃO TEM O PODER DE NOS HARMONIZAR COM A NOSSA PRÓPRIA REALIDADE. ELA NOS TRAZ UM SENSO DE PERTENCIMENTO E ACEITAÇÃO.

Em qualquer situação, por mais adversa que seja, sempre será possível agradecer por alguma coisa, ainda que isto nos demande um certo esforço.

Ao agradecer por todos os eventos que ocorrem em nossa vida, tanto os agradáveis como os desafiadores, expandimos nosso padrão vibracional e reforçamos a nossa conexão com o Eu Maior - aquela parte em nós que apenas observa o que acontece, sem julgamentos e sem se identificar com a impermanência das coisas e das situações. Desta forma, abrimos as portas do nosso Ser para a abundância do Universo e, mais importante, abrimos as portas para o perdão.

EXERCÍCIO SUGERIDO: "DIÁRIO DA GRATIDÃO"

A gratidão, assim como a caridade, também pode ser praticada e cultivada em nosso dia a dia e, com este objetivo em mente, gostaria de propor um simples (mas poderoso!) exercício, que costumo chamar de "Diário da Gratidão".

Antes de dormir, recapitule mentalmente os principais fatos que marcaram o seu dia. Procure identificar 5 situações pelas quais você pode agradecer e as anote em um pedaço de papel. Sugiro que não só procure por eventos grandiosos, mas que você possa também exercitar sua sensibilidade para identificar pequenos gestos que fizeram a diferença no seu dia, como por exemplo: uma palavra gentil que alguém lhe dirigiu, um favor recebido, um prato especial que alguém lhe preparou, etc. Procure sentir o efeito que a simples memória delas causa em você e observe o que acontece. Compare como você se sente antes e depois do exercício.

No início, principalmente em dias corridos e atribulados, talvez você tenha dificuldade de encontrar motivos para ser grato - e admito que há dias em que eles parecem não existir. Mas, aos poucos, vamos aprendendo também a enxergar o lado "positivo" das adversidades e das tribulações, pois sem elas não conseguiríamos discernir quando as coisas boas nos acontecem.

Meu desejo sincero é que você possa encarar a gratidão como um antídoto diário; uma espécie de fórmula mágica com poder de elevar sua vibração e dar um novo significado para a sua vida.

Yoga

Por último, não poderia deixar de mencionar o Yoga como uma poderosa ferramenta de autoconhecimento.

A palavra Yoga vem do Sânscrito e seu significado está atrelado à ideia de união: no caso, a união de Corpo, Mente e Espírito. Trata-se de uma extensa e complexa filosofia, estabelecida na Índia há mais de 5.000 anos. Cabe ressaltar que ele não se limita apenas à sua forma mais conhecida de treino de posturas. Por exemplo, existe sua forma devocional, conhecida como Bhakti Yoga e sua forma meditativa, denominado Dhyana Yoga. Outro aspecto interessante é que o Yoga não está associado a nenhuma religião específica e, desta forma, é praticado mundialmente por pessoas de diferentes religiões e até mesmo por pessoas avessas ao conceito de Deus. Todas, porém, compartilham o fato de não abrirem mão do seu bem-estar e da possibilidade de conhecerem um pouco mais sobre si mesmas!

Como praticante e testemunha dos seus benefícios, afirmo que ele funciona como uma terapia para mim. Durante a prática, sinto que o meu estado de presença é absoluto: toda a minha atenção se volta à manutenção da postura do exercício. Em decorrência da diminuição do fluxo de pensamentos, a conexão com o Ser é total.

As posturas movimentam o corpo sutil, desbloqueando energias estagnadas e contribuindo para minha harmonia interna. Como resultados obtidos ao longo destes anos de prática, percebi um profundo relaxamento mental, um aumento da minha concentração e maior clareza nos pensamentos. Além disso, percebi o fortalecimento contínuo do meu corpo físico.

O Yoga, ao integrar teoria e prática, oferece uma estrutura sólida e completa para quem busca o autoconhecimento.

Cap. 6 - Despedida

Todos nós queremos habitar um mundo em que reinem a paz e a prosperidade. Mas como exigi-las dos nossos governantes, líderes espirituais e religiosos, dos nossos cientistas e das pessoas de nossa convivência se nós mesmos não conseguimos encontrá-las dentro de nós?

Por este motivo, gostaria de, mais uma vez, reforçar que a única alternativa para promover uma verdadeira e duradoura cura individual e planetária, é o desenvolvimento da espiritualidade em conjunto com o autoconhecimento.

Não é um caminho fácil e trivial. Pelo contrário: escolher o coração, como guia, é uma opção exigente e sem volta. Precisamos estar dispostos a romper com muitas camadas ilusórias, crenças e vícios que cultivamos ao longo de toda uma vida.

Espero, sinceramente, que estas páginas, nas quais pude compartilhar um pouco da minha história de vida e minhas experiências, tenham contribuído para lhe trazer um novo olhar sobre a espiritualidade. Mas, do fundo do meu coração, minha verdadeira torcida é para que elas também tenham despertado em você um profundo desejo para começar a fazer mudanças verdadeiras em sua vida. Quem sabe, a partir de AGORA!?

Se você se identificou com a minha história e sentiu um chamado em seu coração, estou aqui à sua espera!

Coloco-me à disposição para ajudá-lo a trilhar o caminho interno e ficarei muito feliz com o seu contato!

Fique à vontade para esclarecer dúvidas, compartilhar sua opinião sobre o conteúdo ou saber um pouco mais sobre o meu trabalho.

Um abraço caloroso e que a paz e a prosperidade estejam sempre presentes em sua vida!

Namastê!

("O Deus que que habita em Mim saúda o Deus que habita em Ti!")

MONICA OLIVEIRA

Gostaria de expressar minha imensa gratidão ao Mario Meireles, pelo convite. Participar deste lindo projeto, em conjunto com outros especialistas em suas áreas, foi uma experiência única e gratificante! Tenho plena certeza de que esta obra contribuirá para a transformação de muitas vidas!

Gostaria de agradecer também a TODOS aqueles que contribuíram, de algum modo, para que eu chegasse até este momento e pudesse compartilhar um pedaço da minha história. Cada um à sua maneira, com seus pequenos e grandes gestos, me moldaram e fizeram de mim quem eu sou. Sem vocês, não me reconheceria como a pessoa realizada e plena que sou hoje. E, se posso oferecer este tão belo testemunho, é porque VOCÊ fez parte da minha caminhada!

Fechamento

Nos encontramos novamente! Falo, seguramente, em nome de todos os autores, que estou orgulhoso de você ter chegado ao final desta jornada. Foram páginas desafiadoras, cheias de exercícios e reflexões profundas.

Tenho a certeza de que sua vida será tocada pela leitura deste livro. Desde sua concepção, ele nascerá com o propósito de causar impacto. Sua missão é ser um instrumento para ajudar os leitores na resolução de seus problemas, aflições e dores.

É também um instrumento, a todos aqueles que cruzarem o seu caminho e desafiarem seus parágrafos, para alcançarem mais qualidade de vida, produtividade, saúde e intensidade!

Acredito que todos os especialistas, pessoas dedicadas a essa mesma missão diariamente, deixaram um pouco deles na sua vida. Conecte-se com eles. Mantenha essa conexão próxima e íntima.

Afirmo que, igualmente, a sua história agora é parte da história deles!

Leve este livro como uma ferramenta para a vida toda. Sempre que houver algum desafio em uma das áreas, volte e leia novamente a respeito.

É um livro atemporal e, com toda a certeza do mundo, você voltará diferente na próxima visita que nos fizer aqui. Voltará assim como um filho que retorna ao lar após muitos anos. Estará maior, mais sábio e com histórias para contar! Tenho certeza disso.

Sinta-se sempre bem vindo e querido por nós a qualquer momento.

Somos irmãos de caminhada a partir de hoje.

Nos Vemos no Topo.

Conecte-se com o Instituto Life Coaching

O Livro Life Design é uma publicação do Instituto Life Coaching, o ILC.

Nascido com a missão de promover desenvolvimento pessoal por meio de diferentes canais, o ILC publica novas obras e novos autores em diferentes temas do conhecimento humano.

Por meio de nosso portal de notícias, divulgamos conteúdos e autores que se alinham à nossa missão, educando a população sobre os benefícios do Coaching e também impulsionando outros profissionais de diferentes áreas do desenvolvimento humano.

Através de seus Workshops e cursos online, o ILC também promove interação, conexão social, networking e amizade entre seus participantes.

Participe de nossa comunidade. Tanto online como presencialmente.

Siga nossas redes sociais e visite nosso site para ver a agenda de curso e eventos. Acesse: www.institutolifecoaching.com.br

Nos vemos lá!

Outras Publicações do ILC

Título: À Prova de Crise – Um guia de *Coaching* para o empoderamento pessoal e profissional (2016)

Tema: *Coaching* de Carreira e Profissional

Sinopse: À PROVA DE CRISE é um livro que transformará a sua carreira. Embasado nas técnicas e conhecimentos do Coaching Profissional, seus autores agregam influências da psicologia positiva e do Life Coaching, ampliando, assim, o olhar sobre o que realmente torna um profissional em alguém indispensável para a sua organização.

Título: LIFE COACHING – Equilibrando as 7 áreas fundamentais da vida. (2015)

Tema: Coaching Pessoal, Felicidade e Bem-estar.

Sinopse: Sua vida já esteve uma bagunça tão grande que você não soube por onde começar a arrumar a casa? Então este livro é perfeito para você. Ele foi pensado para as pessoas que estão tendo seu primeiro contato com o Coaching de Vida (Life Coaching) ou já tiveram algum contato, mas não atingiram seus resultados.

Outras Publicações do ILC

Título: LIFE COACHING Vol. 2 – Ansiedades, medos, bloqueios e a vitória pessoal. (2016)

Tema: Coaching Pessoal, PNL, Psicologia, Ansiedade.

Sinopse: Será que você está, neste momento, assim como milhares de pessoas, querendo mudar de vida, mas alguma coisa inexplicável simplesmente está te impedindo? Então este livro é perfeito para você. Vamos entender – e eliminar – forças inconscientes que mantêm você estagnado, patinando e sem progresso na vida. Você merece uma vida feliz e plena. O grito de liberdade está próximo. É hora da vitória.

Título: LIFE COACHING Vol. 3 – Encontrando o propósito de vida. (2018)

Tema: Coaching Pessoal, Propósito de Vida, Motivação, Felicidade.

Sinopse: Este livro traz uma promessa poderosa: felicidade plena e uma vida com sentido. Para cumprir esta promessa conduziremos o leitor em uma viagem sincera para dentro de si mesmo, buscando um reencontro legítimo com seu eu original.

Você carrega dentro de si uma missão a ser distribuída durante toda a sua caminhada pela vida. Chegou a hora de encontrá-la e assumir o seu lugar.